Der Autor über sein Buch:

Die Arbeit bietet eine systematische Darstellung und Kritik bedeutender formaler Ansätze zur universellen Begründung von Verteilungsprinzipien. Zu Beginn der Untersuchung wird gezeigt, daß die paretianischen Annahmen der traditionellen Wohlfahrtsökonomie für die normative Analyse von Verteilungsproblemen gänzlich ungeeignet sind. Der Hauptteil der Studie beschäftigt sich mit den axiomatischen und entscheidungstheoretischen Argumenten, die in der neueren Wohlfahrtsökonomie und „Social Choice Theory" sowie von John Rawls zur Rechtfertigung des utilitaristischen Kriteriums bzw. des Differenzprinzips vorgebracht wurden. Da mit jedem dieser Argumente der methodologische Anspruch erhoben wird, die allgemeine Akzeptierbarkeit eines speziellen Verteilungsgrundsatzes ausschließlich mit elementaren ethischen Bedingungen zu untermauern, werden im Detail die formalen und substantiellen Implikationen aller Annahmen geprüft, die explizit oder implizit in die Begründungen der beiden rivalisierenden Positionen eingehen. Es zeigt sich, daß sowohl die entscheidungstheoretischen als auch die axiomatischen Ansätze ihr methodologisches Ziel klar verfehlen: Solange sich die Argumentation tatsächlich nur auf schwache und allgemein akzeptierbare ethische Postulate stützt, eröffnet sich ein breites Spektrum konkurrierender Verteilungsgrundsätze. Die exklusiven Fundierungen des utilitaristischen bzw. Rawls'schen Prinzips beruhen demgegenüber entweder auf einer starken ethischen Bedingung, die nicht mehr als konsensfähig betrachtet werden kann, oder auf einer restriktiven technischen bzw. deskriptiven Prämisse, die keine genuin moralische Forderung zum Ausdruck bringt.

Dr. phil. Johannes Schmidt, Diplom-Volkswirt, M.A., geb. 1954, ist wissenschaftlicher Assistent am Institut für Soziologie und Gesellschaftspolitik der Universität der Bundeswehr München. Veröffentlichungen zu Problemen der Rawls'schen Gerechtigkeitstheorie.

Johannes Schmidt

Gerechtigkeit, Wohlfahrt und Rationalität

Alber-*Reihe*
Rechts- und Sozialwissenschaft

Herausgegeben von
Ernesto Garzón Valdés,
Hartmut Kliemt,
Lothar Kuhlen
und Ruth Zimmerling

Johannes Schmidt

Gerechtigkeit, Wohlfahrt und Rationalität

Axiomatische und entscheidungstheoretische Fundierungen von Verteilungsprinzipien

Verlag Karl Alber Freiburg/München

Die Deutsche Bibliothek – CIP-Einheitsaufnahme

Schmidt, Johannes:
Gerechtigkeit, Wohlfahrt und Rationalität: axiomatische
und entscheidungstheoretische Fundierungen von
Verteilungsprinzipien / Johannes Schmidt. – Freiburg
(Breisgau); München: Alber, 1991
(Alber-Reihe Rechts- und Sozialwissenschaft)
ISBN 3-495-47709-8

Gedruckt auf alterungsbeständigem Papier (säurefrei)
Printed on acid-free paper

Satz und Druck: Presse-Druck Augsburg
Gedruckt mit Unterstützung des Förderungs- und
Beihilfefonds Wissenschaft der VG Wort.
ISBN 3-495-47709-8

Inhalt

I. Einführung

1. Die folgende Studie beschäftigt sich mit einigen Ansätzen zur normativen Fundierung öffentlicher Entscheidungen. Das gemeinsame Anliegen der hier zu betrachtenden Theorien besteht darin, eine eindeutige und allgemein akzeptierbare Beantwortung der Frage zu ermöglichen, an welchen Prinzipien sich die gesellschaftliche Bewertung von Verteilungsproblemen orientieren sollte. Da man sich dieser Frage in der neueren Wohlfahrtsökonomie und axiomatischen *social choice theory* mit einem beträchtlichen formalen Aufwand gewidmet hat, wird sich ein sehr abstrakter und technischer Zug dieser Untersuchung über weite Strecken nicht vermeiden lassen. Um der überwiegend formalen Diskussion der folgenden Kapitel einen konkreten Hintergrund zu geben, wollen wir mit einem einfachen Beispiel beginnen:[1] Ein fester Geldbetrag („Kuchen") sei unter den drei Mitgliedern einer Minigesellschaft aufzuteilen. Die Menge der realisierbaren Verteilungen sei auf die folgenden Alternativen beschränkt:[2]

[1] Die Idee zu diesem Beispiel geht auf Suzumura zurück, dessen Überlegungen im folgenden allerdings erheblich erweitert werden. Vgl. Suzumura (1983b), 125–127.

[2] Die i-te Komponente jedes dieser Vektoren bezeichnet den Anteil des Kuchens, der in der jeweiligen Verteilungslösung auf Individuum i (i = 1, 2, 3) entfällt.

$$p = (1, 0, 0), \quad q = (0, 1, 0), \quad v = (0, 0, 1)$$
$$w = (\tfrac{1}{2}, \tfrac{1}{2}, 0), \quad x = (\tfrac{1}{2}, 0, \tfrac{1}{2}), \quad y = (0, \tfrac{1}{2}, \tfrac{1}{2})$$
$$z = (\tfrac{1}{3}, \tfrac{1}{3}, \tfrac{1}{3})$$

Das Problem bestehe darin, die alternativen Verteilungen nach Maßgabe eines Kriteriums der gesellschaftlichen Wünschbarkeit bzw. sozialen Gerechtigkeit in eine konsistente Rangordnung zu bringen. Aus der Fülle der Prinzipien, die sich auf dieses einfache Beispiel anwenden ließen, wollen wir im folgenden einige prominente Kandidaten herausgreifen.

1.1. Beginnen wir mit dem Pareto-Kriterium. Es besagt bekanntlich, daß ein gesellschaftlicher Zustand x einem alternativen Zustand y gesellschaftlich vorzuziehen ist, wenn wenigstens ein Individuum x gegenüber y bevorzugt und kein anderes Individuum die entgegengesetzte Präferenz vertritt (starke Pareto-Präferenz). Werden zwei Zustände von allen Individuen als gleich gut erachtet, so soll dies auch für die Gesellschaft gelten (Pareto-Indifferenz). Um das Pareto-Kriterium auf unser Beispiel anwenden zu können, müssen wir Informationen über die subjektiven Präferenzen der drei Gesellschaftsmitglieder einführen. Es ist sicherlich nicht unplausibel, von den folgenden Präferenzordnungen auszugehen:[3]

[3] Mit R_i wird die Präferenzordnung des Individuums i (i = 1, 2, 3) bezeichnet, während R die gesellschaftliche Präferenzordnung repräsentiert. Die Präferenzordnungen sind von links nach rechts zu lesen, weisen also den als besten (zweit besten etc.) erachteten Zustand an erster (zweiter etc.) Stelle aus. Als gleich gut bewertete Alternativen werden durch eckige Klammern zusammengefaßt. – Die im Beispiel unterstellten subjektiven Präferenzordnungen resultieren im übrigen aus den bei der Analyse reiner Verteilungsprobleme üblicherweise verwendeten Annahmen. Man geht in diesem Kontext nämlich regelmäßig davon aus, daß die Individuen bei der Bewertung der Alternativen nur ihr ei-

$(R_1$: p, [w, x], z, [q, v, y])
$(R_2$: q, [w, y], z, [p, v, x])
$(R_3$: v, [x, y], z, [p, q, w])

Versucht man nun, die sieben Alternativen mit dem Pareto-Kriterium in eine Rangordnung zu bringen, so gerät man in ein arges Dilemma. Es gibt nämlich kein einziges Alternativenpaar, das nach der Pareto-Regel vergleichbar wäre. Damit ist klar, daß das Pareto-Kriterium zur Lösung unseres Verteilungsproblems überhaupt nichts beitragen kann. Nach der Ursache dieser Malaise braucht man nicht lange zu suchen. Die Pareto-Regel erlaubt einen Vergleich zweier gesellschaftlicher Zustände nur unter der speziellen Voraussetzung, daß die individuellen Präferenzen nicht konfligieren. Da Verteilungsprobleme typischerweise durch Konflikte gekennzeichnet sind, kann es niemanden überraschen, daß das Pareto-Kriterium für die Lösung derartiger Probleme ganz und gar untauglich ist.[4]

Betrachten wir nun eine Methode, die sich bei der kollektiven Bewertung von Konflikten einer besonderen Beliebtheit erfreut: die einfache Mehrheitsregel. Nach diesem Kriterium ist ein gesellschaftlicher Zustand x einem alternativen Zustand y gesellschaftlich vorzuziehen, wenn die Zahl der Individuen, die x gegenüber y bevor-

---

genes Verteilungsergebnis berücksichtigen *(selfish preferences)* und einen höheren Einkommensanteil einem geringeren durchweg vorziehen (Nichtsättigung).

[4] Es ist leicht zu erkennen, daß das Pareto-Kriterium unter den üblichen Annahmen zu den individuellen Präferenzen einen Vergleich zweier Zustände nur dann erlaubt, wenn die Menge der realisierbaren Lösungen eines reinen Verteilungsproblems auch Alternativen enthält, die den Kuchen nicht vollständig aufteilen. So würden in unserem Beispiel etwa die zusätzlichen Alternativen $r = (\frac{1}{4}, \frac{1}{4}, \frac{1}{4})$ bzw. $s = (\frac{1}{2}, 0, 0)$ von z bzw. p, w und x dominiert.

zugen, größer ist als die Zahl der Individuen mit der umgekehrten Präferenz. Sprechen sich für x ebenso viele Individuen aus wie für y, so sind die beiden Alternativen gesellschaftlich als gleich gut zu erachten. Obwohl die Mehrheitsregel im Gegensatz zum Pareto-Kriterium offensichtlich für jedes Alternativenpaar eine gesellschaftliche Bewertung erzeugt, führt auch sie in unserem Beispiel zu erheblichen Schwierigkeiten. Ein Teil des Problems wird bereits sichtbar, wenn wir uns zunächst auf die Bewertung der Alternativen w, x, y und z beschränken. Es ist leicht zu ersehen, daß die einfache Mehrheitsregel in bezug auf diese Teilmenge der zu berücksichtigenden Verteilungslösungen die folgende gesellschaftliche Präferenzordnung erzeugt:

(R: [w, x, y], z)

Da w, x und y in jedem Paarvergleich als gesellschaftlich indifferent erachtet werden und sich jede dieser Alternativen gegen z mit einer 2:1-Mehrheit durchsetzt, repräsentiert R zweifellos eine konsistente gesellschaftliche Rangordnung. Bei aller Konsistenz hat diese Rangordnung aber doch den entschiedenen Nachteil, daß sie keine Alternative als die eindeutig beste (und daher: gesellschaftlich zu realisierende) ausweist. Hinzu kommt der moralische Einwand, daß ausgerechnet die egalitäre Verteilungslösung z von allen übrigen Alternativen dominiert wird.

Daß die Mehrheitsregel überdies zu einem massiven Problem ganz anderer Art führen kann, läßt sich leicht demonstrieren, wenn man die bisher außer acht gelassenen Verteilungen p, q und v zusätzlich ins Bild bringt. Da die Mehrheitsregel diese drei Alternativen als einander paarweise indifferent ausweist und gleichzeitig die Zustände p und w für gesellschaftlich gleich gut erklärt, ist aus

Konsistenzgründen zu erwarten, daß die gesellschaftliche Präferenzordnung in bezug auf alle realisierbaren Verteilungslösungen so aussieht:

(R: [p, q, v, w, x, y], z)

Es läßt sich leicht feststellen, daß diese unseren Konsistenzerwartungen entsprechende Rangordnung von der einfachen Mehrheitsregel in vielfältiger Weise verletzt wird. Die bei Berücksichtigung der Alternativen p, q und v zusätzlich durchzuführenden Paarvergleiche liefern nämlich unter anderem die folgenden gesellschaftlichen Bewertungen: y und z werden p vorgezogen, q wird von x und z dominiert, und v wird mehrheitlich von w und z geschlagen. Damit zeigt sich, daß auch die einfache Mehrheitsregel nicht imstande ist, unser einfaches Verteilungsproblem in befriedigender Weise zu lösen. Während sie nämlich für jedes Alternativenpaar eine gesellschaftliche Bewertung erzeugt, kann sie keine konsistente Rangordnung aller Zustände gewährleisten.[5]

1.2. Mit dem Pareto-Kriterium und der einfachen Mehrheitsregel haben wir bisher zwei Prinzipien betrachtet, die die gesellschaftliche Bewertung der Verteilungszustände auf die individuellen Präferenzordnungen zurückzuführen versuchen. Eine alternative Möglichkeit, mit Verteilungskonflikten umzugehen, besteht offensichtlich darin, unmittelbar an den Verteilungsergebnissen der Individuen anzusetzen. Dies ist – grob gesprochen – die Logik des Rawls'schen Differenzprinzips, das wir nun

---

[5] Diese Eigenschaft der einfachen Mehrheitsregel wird üblicherweise mit dem klassischen Beispiel des *paradox of voting* illustriert. Vgl. dazu z. B. Arrow (1951), 2f. und Sen (1970a), 38.

analog[6] auf unser Beispiel anwenden wollen. Unter den Bedingungen unseres einfachen Verteilungsproblems wäre dieses Prinzip so zu formulieren: Eine Verteilung x ist einer alternativen Verteilung y gesellschaftlich vorzuziehen, wenn der Einkommensanteil des am schlechtesten gestellten Individuums in x größer ist als in y. Ist der Einkommensanteil des am schlechtesten gestellten Individuums in beiden Verteilungen identisch, so sind sie gesellschaftlich als gleich gut zu erachten. Man erkennt auf den ersten Blick, daß das Differenzprinzip im Beispiel die folgende gesellschaftliche Präferenzordnung erzeugt:

(R: z, [p, q, v, w, x, y])

Da das Differenzprinzip die sieben Zustände – wie sich leicht nachprüfen läßt – in eine konsistente Rangordnung bringt und die egalitäre Verteilung z als strikt beste Alternative ausweist,[7] haben wir es mit einer Lösung unseres Verteilungsproblems zu tun, die zwei attraktive Eigenschaften aufweist. Man könnte allenfalls einwenden, daß das Differenzprinzip nicht imstande ist, zwischen den extrem inegalitären Verteilungen (p, q, v) und den Alternativen zu differenzieren, die den Kuchen wenigstens auf zwei Individuen verteilen (w, x, y).
Dieses Manko läßt sich mühelos beheben, wenn man

[6] Von einer analogen Anwendung muß aus mehreren Gründen gesprochen werden. Das Differenzprinzip ist nämlich weder als kollektive Auswahlregel konzipiert noch als Kriterium zur Lösung reiner Verteilungsprobleme gedacht. Außerdem setzt die ursprüngliche Formulierung dieses Prinzips nicht an den Positionen einzelner Gesellschaftsmitglieder an. Zu Rawls' eigener Präsentation des Differenzprinzips vgl. unten IV.1.

[7] Über das Ergebnis unseres Beispiels hinaus gilt allgemein, daß die Anwendung des Differenzprinzips auf reine Verteilungsprobleme immer die Gleichverteilung als optimale Lösung erzeugt.

eine lexikographische Version des Differenzprinzips verwendet. Unter den speziellen Vorgaben unseres Beispiels wäre das lexikographische Differenzprinzip[8] so zu formulieren: Eine Verteilung x ist einer Verteilung y gesellschaftlich vorzuziehen, wenn entweder

(1) der Einkommensanteil des am schlechtesten gestellten Individuums in x größer ist als in y

oder (2) bei gleichem Anteil der am schlechtesten gestellten Individuen der Einkommensanteil des am zweit schlechtesten gestellten Individuums in x größer ist als in y

oder (3) bei je gleichen Anteilen der Individuen in der schlechtesten und zweit schlechtesten Position der Einkommensanteil des am besten gestellten Individuums in x größer ist als in y.

Zwei Verteilungen sind nach diesem Kriterium nur dann als gesellschaftlich indifferent zu erachten, wenn auf die Individuen in allen drei Rangpositionen jeweils der gleiche Einkommensanteil entfällt. Die Anwendung des lexikographischen Differenzprinzips auf unser Verteilungsproblem resultiert offensichtlich in der folgenden gesellschaftlichen Präferenzordnung:

(R: z, [w, x, y], [p, q, v])

Da die primäre Maxime des Differenzprinzips in der lexikographischen Formulierung erhalten bleibt, wird die egalitäre Lösung z nach wie vor als strikt beste Alternati-

---

[8] Die lexikographische Erweiterung des Rawls'schen Differenzprinzips geht auf einen Vorschlag von Sen zurück. Vgl. Sen (1970 a), 138 (Fußnote 12). Die allgemeine Definition des lexikographischen Differenzprinzips hat selbstverständlich für eine beliebige Anzahl individueller Positionen zu erfolgen.

ve ausgewiesen.[9] Während jedoch das einfache Differenzprinzip wegen der ausschließlichen Konzentration auf die jeweils schlechteste Einkommensposition alle übrigen Zustände für indifferent erklärt, erzeugt seine lexikographische Variante durch die zusätzliche Berücksichtigung auch der besseren Positionen eine unterschiedliche Bewertung der beiden Typen inegalitärer Verteilungen, ohne die Konsistenz der gesellschaftlichen Rangordnung zu gefährden.

1.3. Betrachten wir zum Schluß die Empfehlungen, die uns das utilitaristische Prinzip an die Hand gibt. Nach diesem Kriterium ist ein gesellschaftlicher Zustand x einem alternativen Zustand y gesellschaftlich vorzuziehen, wenn die Summe der individuellen Nutzen in x größer ist als in y. Führt die Addition der Einzelnutzen in beiden Zuständen zum gleichen Ergebnis, so sind sie gesellschaftlich als indifferent zu erachten.[10] Um das utilitaristische Prinzip auf unser Beispiel anwenden zu können, sind zusätzliche Informationen über die individuellen Nutzenfunktionen nötig. Unsere Annahmen zu den individuellen Präferenzordnungen erlauben nämlich lediglich den Schluß, daß die Nutzenfunktionen aller drei Gesellschaftsmitglieder die folgenden Ungleichungen erfüllen müssen:[11]

$$U_i(0) < U_i(\tfrac{1}{3}) < U_i(\tfrac{1}{2}) < U_i(1) \qquad (i = 1, 2, 3)$$

[9] Aus diesem Grund liefert auch das lexikographische Differenzprinzip – angewandt auf reine Verteilungsprobleme – immer die Gleichverteilung als optimale Lösung.

[10] Die in der utilitaristischen Ethik grundsätzlich vorgesehene Möglichkeit, zwischen Zuständen mit gleicher Nutzensumme durch die Anwendung verschiedener *tie-breaking rules* zu differenzieren, wird hier ignoriert.

[11] Die individuellen Nutzenfunktionen U_i werden hier – wie in der

Da diese ordinale Information als Grundlage einer Nutzenaddition offensichtlich nicht ausreicht, müssen wir sie durch die numerischen Werte ergänzen, die die Nutzenfunktionen der drei Individuen an den vier relevanten Punkten annehmen. Um uns die mit dieser Operation verbundenen technischen Probleme zu ersparen (vgl. dazu unten II.3.), wollen wir im folgenden davon ausgehen, daß in unserer Minigesellschaft eine natürliche Nutzenskala existiert.

Werfen wir nun einen Blick auf das Menü der verschiedenen Lösungen, die das utilitaristische Kriterium für unser Verteilungsproblem anzubieten hat. Daß das Nutzensummenprinzip zu extrem divergierenden Bewertungen der sieben Alternativen führen kann, läßt sich bereits unter der restriktiven Annahme identischer Nutzenfunktionen demonstrieren. Man betrachte die folgenden Zahlenbeispiele:

(1) $U_i(0) = 0$, $U_i(\frac{1}{3}) = 3$, $U_i(\frac{1}{2}) = 4$, $U_i(1) = 7$ $(i = 1, 2, 3)$
(R: z, [w, x, y], [p, q, v])

(2) $U_i(0) = 0$, $U_i(\frac{1}{3}) = 3$, $U_i(\frac{1}{2}) = 4{,}5$, $U_i(1) = 9 (i = 1, 2, 3)$
(R: [p, q, v, w, x, y, z])

(3) $U_i(0) = 0$, $U_i(\frac{1}{3}) = 3$, $U_i(\frac{1}{2}) = 5$, $U_i(1) = 11$ $(i = 1, 2, 3)$
(R: [p, q, v], [w, x, y], z)

Es ist ohne weiteres zu erkennen, daß das utilitaristische Prinzip in allen drei Fällen eine konsistente gesellschaftliche Rangordnung erzeugt. Während jedoch die im ersten Beispiel resultierende gesellschaftliche Bewertung exakt

ökonomischen Theorie üblich – als reelle Repräsentationen der R_i interpretiert. Unsere Annahmen zu den individuellen Präferenzordnungen haben die technische Konsequenz, daß der Nutzen, den ein Individuum aus einer Verteilung zieht, nur von seinem eigenen Einkommen abhängt und mit wachsendem Anteil zunimmt.

mit der egalitären Lösung übereinstimmt, die uns das lexikographische Differenzprinzip beschert hat, wird diese Rangordnung unter (3) ins glatte Gegenteil verkehrt. Legt man der Nutzenaddition die Zahlen des zweiten Beispiels zugrunde, so weist das utilitaristische Kriterium gar alle sieben Alternativen als gesellschaftlich indifferent aus.[12]

Dieses Ergebnis ist angesichts der spezifischen Logik, die das utilitaristische Prinzip zur Bewertung von Verteilungsproblemen verwendet, nicht sonderlich überraschend. Da es nämlich ausschließlich an den Nutzen ansetzt, den die Verteilungsergebnisse für die Individuen stiften, hängt die gesellschaftliche Rangordnung der Alternativen nur von der konkreten Gestalt der individuellen Nutzenfunktionen ab. Die Verteilung der Einkommensanteile spielt demgegenüber bei der gesellschaftlichen Bewertung keine genuine Rolle.[13] Die möglichen Konsequenzen der utilitaristischen Logik werden vollends sichtbar, wenn man die Annahme identischer Nutzenfunktionen aufgibt. Durch eine geeignete Wahl der

---

[12] Die drei Fälle unseres Zahlenbeispiels illustrieren wieder ein allgemeines Ergebnis. Unter der Annahme identischer Nutzenfunktionen (und den üblichen Prämissen zu den individuellen Präferenzen) hängt die utilitaristische Lösung eines reinen Verteilungsproblems nämlich ausschließlich vom Grenznutzenverlauf der U_i ab. Unter der üblichen Annahme abnehmender Grenznutzen wird die Gleichverteilung als optimale Lösung ausgewiesen. Geht man dagegen von konstanten Grenznutzen aus, so werden alle denkbaren Lösungen des Verteilungsproblems als gleich gut bewertet. Unter der Annahme zunehmender Grenznutzen führt das utilitaristische Kriterium zur Empfehlung, den ganzen Kuchen einem Individuum zu geben.

[13] Da mit der Nutzensumme eine Aggregatgröße maximiert werden soll, wird bei der gesellschaftlichen Bewertung auch die Verteilung der individuellen Nutzen vernachlässigt. Die Minimierung der Ungleichheit in der Nutzenverteilung könnte allenfalls als *tie-breaking rule* verwendet werden.

Nutzenfunktionen unserer drei Gesellschaftsmitglieder läßt sich dann nämlich jede beliebige Rangordnung der Alternativen erzeugen.[14] Das abschließende Zahlenbeispiel soll diesen Befund in exemplarischer Weise illustrieren:

$U_1(0) = 0, U_1(\frac{1}{3}) = 5, U_1(\frac{1}{2}) = 7, U_1(1) = 13$
$U_2(0) = 0, U_2(\frac{1}{3}) = 3, U_2(\frac{1}{2}) = 4, U_2(1) = 7$
$U_3(0) = 0, U_3(\frac{1}{3}) = 2, U_3(\frac{1}{2}) = 2{,}5, U_3(1) = 4$
(R: p, w, z, x, q, y, v)

2. Sobald man von einem allgemein akzeptierbaren Verteilungsprinzip zumindest eine vollständige und konsistente Lösung von Interessenkonflikten verlangt, scheiden das Pareto-Kriterium und die einfache Mehrheitsregel ganz offensichtlich aus dem Kreis der Kandidaten aus. Die gegen die Verwendung dieser beiden speziellen Kriterien erhobenen Einwände lassen sich auf ein allgemeines Dilemma zurückführen, wenn man Arrows Konzept einer Sozialen Wohlfahrtsfunktion betrachtet (II.1.). Die mit diesem Konzept verbundene Vorentscheidung, die gesellschaftliche Rangordnung der Alternativen grundsätzlich von den individuellen Präferenzordnungen abhängig zu machen, hat die Konsequenz, daß der Spielraum für eine akzeptable Bewertung von Verteilungsproblemen tendenziell bereits drastisch eingeengt wird. Vor dem Hintergrund dieser konzeptuellen Restriktion genügt es dann, an die kollektive Lösung von Interessenkonflikten einige schwache ethische Bedingungen zu knüpfen, um alle potentiellen Verteilungsprinzipien als

[14] Dies gilt selbst dann, wenn man von der üblichen Annahme abnehmender Grenznutzen ausgeht. Diese Annahme liegt auch der folgenden Illustration zugrunde.

inakzeptabel auszuschließen (Arrow-Theorem). Dieses negative Ergebnis beruht im wesentlichen auf der Tatsache, daß die Informationsgrundlage der gesellschaftlichen Präferenzordnung mit Arrows ethischen Postulaten ausschließlich auf die individuellen Präferenzordnungen reduziert wird. Da im Zuge dieser Reduktion alle Informationen über die relativen Verteilungspositionen der Gesellschaftsmitglieder verloren gehen, ist aus Arrows Theorem zu schließen, daß sein Konzept einer Sozialen Wohlfahrtsfunktion für die normative Analyse von Verteilungsproblemen gänzlich ungeeignet ist. Die begrenzte Leistungsfähigkeit des Arrow-Ansatzes läßt sich auch mit einem positiven Resultat verdeutlichen, das auf dem allgemeineren Konzept einer kollektiven Auswahlregel und einer spezifischen Modifikation der Arrow-Bedingungen beruht. Auf diesem Wege gelangt man nämlich zur axiomatischen Charakterisierung eines Verteilungsprinzips, das zwar eine vollständige und konsistente Rangordnung der Alternativen erzeugt, die genuine Bewertung von Interessenkonflikten aber letztlich verhindert, weil es alle mit der Pareto-Regel nicht vergleichbaren gesellschaftlichen Zustände für indifferent erklärt (Sen).

Mit dem von Bergson und Samuelson entwickelten Konzept einer reellwertigen Sozialen Wohlfahrtsfunktion ist – im Gegensatz zu Arrows Ansatz – die ausdrückliche Absicht verbunden, der normativen Analyse von Verteilungsproblemen ein leistungsfähiges Instrumentarium zur Verfügung zu stellen (II.2.). Da Bergson und Samuelson lediglich eine pareto-inklusive Rangordnung der Alternativen fordern, ohne die Informationsgrundlage der für die Bewertung von Interessenkonflikten erforderlichen ethischen Urteile *(interpersonal ethical judgments)* zu reglementieren, bietet ihr Konzept einer individualistischen Sozialen Wohlfahrtsfunktion grundsätzlich die Chance, dem Arrow-Verdikt zu entgehen. Diese Chance wird allerdings vertan, wenn man das Konzept – seiner herrschenden Interpretation folgend – mit den Annahmen identifiziert, die Ermittlung der sozialen Wohlfahrt habe sich erstens ausschließlich an den Nutzenwerten der Gesellschaftsmitglieder zu orientieren (*welfarism*-Postulat), könne sich zweitens nur auf ordinale Informationen über die individuellen Präferenzen stützen und müsse drittens auf die Durchführung interpersoneller Nutzenvergleiche verzichten. Unter diesen speziellen Prämissen überträgt sich das Arrow-Dilemma auf das Bergson-Samuelson-Konzept, weil die individuellen Präferenzordnungen faktisch zur ausschließlichen Informationsgrundlage der *interpersonal ethical judgments* avancieren (Parks, Pollak). Nun läßt sich zeigen, daß die Intentionen Bergsons und Samuelsons mit der üblichen Interpretation ihres Konzepts klar verfehlt werden. Die beiden Autoren gehen nämlich – der Robbins'schen Tradition folgend – nicht nur davon aus, daß die Nutzenwerte verschiedener Gesellschaftsmitglieder auf der Grundlage empirischer Evidenz nicht verglichen werden können, sondern betonen gleichzeitig auch die Unverzichtbarkeit normativer interpersoneller Nutzenvergleiche, wenn es darum geht, eine vollständige Rangordnung aller Verteilungszustände zu erzeugen. Da sich ein konsistentes System von *interpersonal ethical judgments* unter der deskriptiven Annahme ordinaler und interpersonell nicht vergleichbarer Nutzenfunktionen nur mit ethischen Prinzipien untermauern läßt, die auf andere Informationen als die Nutzenwerte der Gesellschaftsmitglieder zurückgreifen, müssen Bergson und Samuelson zwangsläufig das *welfarism*-Postulat opfern, um ihr Konzept vor dem Arrow-Verdikt zu retten.

Will man dem Arrow-Dilemma entgehen, ohne das *welfarism*-Postulat zu verletzen, so muß die in der neueren Wohlfahrtsökonomie übliche Annahme ordinaler und interpersonell nicht vergleichbarer Nutzenwerte durch anspruchsvollere deskriptive Informationsprämissen ersetzt werden. Mit dem von Sen vorgeschlagenen Konzept eines Sozialen Wohlfahrtsfunktionals lassen sich die normativen Spielräume untersuchen, die einer „welfaristischen" Lösung von Verteilungskonflikten unter alternativen Meßbarkeits- und Vergleichbarkeitsannahmen verbleiben (II.3.). Dabei stellt sich zunächst heraus, daß Arrows negatives Ergebnis erhalten bleibt, wenn man seine restriktive Informationsprämisse lediglich um die Berücksichtigung kardinaler Nutzenwerte erweitert, ohne gleichzeitig eine Vergleichbarkeitsannahme einzuführen (Sen). Geht man demgegenüber davon aus, daß sich die gesellschaftliche Bewertung von Verteilungsproblemen auf kardinale und interpersonell völlig vergleichbare Informationen über die individuellen Präferenzen stützen kann, so eröffnet sich ein breites Spektrum konkurrierender Prinzipien, die sowohl Arrows ethischen Bedingungen genügen als auch über Sens triviale Erweiterung der Pareto-Regel hinausgehen. Dieses Spektrum enthält neben dem utilitaristischen Kriterium unter anderem auch eine „welfaristische" Version des Rawls'schen Verteilungsgrundsatzes (Maximin-Prinzip). Die substantielle Rivalität dieser beiden Prinzipien läßt sich auf die Tatsache zurückführen, daß sie jeweils nur einen spezifischen Ausschnitt der Informationen verwenden, die unter der Annahme kardinaler und interpersonell völlig vergleichbarer Nutzenwerte zur Verfügung stehen. Während das utilitaristische Kriterium lediglich auf interpersonellen Vergleichen der individuellen Nutzendifferenzen beruht, stützt sich das Maximin-Prinzip ausschließlich auf interpersonelle Vergleiche der individuellen Nutzenniveaus. Da das utilitaristische Kriterium (bzw. das Maximin-Prinzip) aus dem Kreis der akzeptablen Verteilungsgrundsätze ausscheidet, wenn man die Informationsgrundlage der gesellschaftlichen Präferenzordnung auf ordinale (bzw. kardinale) Nutzenwerte mit interpersonell vergleichbaren Niveaus (bzw. Differenzen) reduziert, ist dieser deskriptive Kontrast von großer normativer Bedeutung.

3. Sieht man von den speziellen Intentionen Bergsons und Samuelsons einmal ab, so läßt sich auch das Konzept einer reellwertigen Sozialen Wohlfahrtsfunktion grundsätzlich mit unterschiedlichen Annahmen zur Meßbarkeit und Vergleichbarkeit der individuellen Nutzenwerte verknüpfen. Dieser Weg wird mit den verschiedenen Versuchen eingeschlagen, die allgemeine Akzeptierbarkeit der utilitaristischen Ethik im formalen Rahmen der neueren Wohlfahrtsökonomie zu begründen (Fleming, Harsanyi). Um das Bergson-Samuelson-Konzept auf das utilitaristische Prinzip zuzuspitzen, verwendet Fleming über das Pareto-Kriterium hinaus nur eine einzige ethische Bedingung (III.1.). Da er auf eine ausdrückliche Formulierung der relevanten Meßbarkeits- und Vergleichbarkeitsannahmen verzichtet, bleiben die substantiellen Implikationen seiner ethischen Postulate zunächst im dunkeln. Bringt man die erforderlichen deskriptiven Prämissen explizit ins Spiel, so stellt sich heraus, daß Flemings Axiome von einer äquivalenten Fundierung der utilitaristischen Verteilungsethik weit entfernt sind, weil sie der relativen Gewichtung der individuellen Nutzenwerte keine Beschränkung auferlegen. Während Flemings Postulate um eine spezifische Lösung sowohl des deskriptiven Meß- und Vergleichsproblems als auch des

normativen Gewichtungsproblems zu ergänzen wären, um eine axiomatische Charakterisierung des utilitaristischen Prinzips zu erzeugen, beruht der Beweis des Fleming-Theorems auf einer impliziten Vermengung dieser beiden Probleme. Die in Flemings Resultat immerhin enthaltene neoutilitaristische Tendenz ist im übrigen keineswegs auf die verwendeten substantiellen Bedingungen, sondern vielmehr auf eine formale Repräsentationsprämisse zurückzuführen, der sich nur schwerlich eine fundamentale ethische Bedeutung beimessen läßt.
Im Gegensatz zu Fleming präsentiert Harsanyi sowohl ein axiomatisches als auch ein entscheidungstheoretisches Argument, um sein Plädoyer für die Verwendung einer utilitaristischen Wohlfahrtsfunktion zu untermauern. Beiden Fundierungsansätzen liegt die metaethische Überzeugung zugrunde, daß moralische Prinzipien als hypothetische Imperative zu rekonstruieren sind (III.2.a.). Vor dem Hintergrund dieser methodologischen Position steht Harsanyi vor dem Problem, eine Reihe allgemeiner ethischer Bedingungen zu benennen, die zum einen als so schwach gelten dürfen, daß jedermann ihnen zustimmen kann, zum anderen aber stark genug sind, um alle Rivalen des utilitaristischen Kriteriums zu eliminieren. Harsanyi versucht dieses Problem im wesentlichen dadurch zu lösen, daß er die klassischen Bedingungen der Unparteilichkeit und Sympathie mit den Bayes'schen Rationalitätspostulaten verknüpft. Da Harsanyi das Fällen moralischer Urteile als spezielle Form des rationalen individuellen Handelns interpretiert, ist sein Rückgriff auf die Ergebnisse der modernen Entscheidungstheorie von besonderer methodologischer Bedeutung. Die Bayes'sche Version dieser Theorie begründet für individuelle Entscheidungsprobleme bei Risiko (bzw. Unsicherheit) nicht nur eine spezielle Maxime

des rationalen Verhaltens, sondern zugleich auch die Existenz einer kardinalen Repräsentation der individuellen Präferenzen.

Der axiomatische Ansatz, den Harsanyi zugunsten des Neoutilitarismus ins Feld führt, operiert im wesentlichen mit der Idee, daß sich das Bayes'sche Rationalitätskonzept auch auf gesellschaftliche Entscheidungsprobleme anwenden läßt (III.2.b.). Da Harsanyi sowohl die individuellen Bewertungen von Verteilungskonflikten als auch deren kollektive Lösung an die Bayes'schen Rationalitätspostulate bindet, genügt ihm die übliche Pareto-Bedingung, um alle nicht-linearen Sozialen Wohlfahrtsfunktionen als inakzeptabel auszuschließen. Mit dem Harsanyi-Theorem wird das Bergson-Samuelson-Konzept einer formalen Restriktion unterworfen, die weit über die Implikationen der Fleming-Postulate hinausgeht. Auch dieses stärkere Ergebnis läßt sich allerdings nur dann für die axiomatische Charakterisierung des utilitaristischen Prinzips nutzen, wenn es um einige substantielle Vorkehrungen ergänzt wird. So ist bereits eine spezielle Annahme vonnöten, um unter Harsanyis Bedingungen zumindest eine positive Gewichtung aller individuellen Nutzenwerte zu gewährleisten. Da die substantiellen Konsequenzen seiner Postulate auch unter dieser zusätzlichen Prämisse weitgehend offen bleiben, sieht sich Harsanyi überdies zur Einführung einer Symmetrie-Bedingung gezwungen, die sowohl den interpersonellen Informationsgehalt als auch die relative Gewichtung der individuellen Nutzenwerte unmittelbar im Sinne der utilitaristischen Ethik festlegt. Während sich Harsanyis eigentliches Ziel nur mit dieser ungemein starken Bedingung erreichen läßt, bieten seine ursprünglichen Postulate lediglich die Gewähr für eine identische ex-ante- und ex-post-Bewertung riskanter gesellschaftlicher Alternativen. An diese spezifische Leistung des Harsanyi-Theorems knüpft sich der Einwand, den Diamond gegen die Übertragung des Bayes'schen Rationalitätskonzepts auf kollektive Entscheidungen erhoben hat. Bei einer genaueren Betrachtung dieses Einwands stellt sich heraus, daß seine Prämissen weit über die Postulate hinausgehen, die Harsanyi für die Fundierung einer linearen Wohlfahrtsfunktion benötigt. Darüber hinaus läßt sich zeigen, daß Diamonds Argument auch unter diesen stärkeren Prämissen allenfalls dann kritisch gegen das Harsanyi-Theorem gewendet werden kann, wenn man von sehr speziellen Verteilungsproblemen ausgeht.

Mit dem *impersonality*-Modell unternimmt Harsanyi den Versuch, das utilitaristische Prinzip als exklusives Ergebnis einer hypothetischen Entscheidung auszuweisen, die sowohl den ethischen Bedingungen der Unparteilichkeit und Sympathie als auch den Bayes'schen Rationalitätspostulaten genügt (III.2.c.). Obwohl Harsanyi bei der Konstruktion dieses hypothetischen Entscheidungsproblems – im Gegensatz zum axiomatischen Ansatz – mit Prämissen operiert, die die interpersonelle Vergleichbarkeit *(imaginative empathy)* und eine grundsätzliche Gleichgewichtung *(equiprobability)* der individuellen Nutzenwerte sichern, bleibt auch sein entscheidungstheoretisches Argument hinter einer zwingenden Fundierung des utilitaristischen Kriteriums weit zurück. Die Bayes'schen Rationalitätspostulate erzeugen unter Harsanyis Annahmen nämlich lediglich ein eindeutiges formales Ergebnis, dessen substantielle Implikationen von der Risikoneigung des jeweils betrachteten Individuums abhängen. Da eine risikofreudige (bzw. risikoscheue) Haltung zur rationalen Wahl eines antiutilitaristischen Verteilungsprinzips führte, das bevorzugt die Interessen der besser (bzw. schlechter) gestellten Gesellschaftsmitglieder durchsetzte, müssen die expliziten Prämissen des *impersonality*-Modells um die Annahme einer risikoneutralen Bewertung der Alternativen ergänzt werden, um Harsanyis Unternehmung erfolgreich abzuschließen. Erst diese zusätzliche Prämisse bringt die für den Neoutilitarismus zentrale moralische Forderung zur Geltung, bei der Ermittlung der sozialen Wohlfahrt allen individuellen Nutzenniveaus das gleiche Gewicht einzuräumen.

4. Im Mittelpunkt der Rawls'schen Theorie steht der Versuch, mit dem Differenzprinzip eine nicht-„welfaristische" Alternative zur utilitaristischen Verteilungsethik zu fundieren. Rawls stützt diese spezielle Unternehmung auf eine allgemeine metaethische Konzeption, die die Rechtfertigung eines moralischen Grundsatzes an einen umfassenden Reflexionsprozeß bindet (IV.1.). Folgt man dieser methodologischen Position, so besteht das Problem einer universellen Normenbegründung darin, die Existenz eines für alle Gesellschaftsmitglieder identischen reflektiven Gleichgewichts zu gewährleisten. Mit der Konstruktion einer hypothetischen Ausgangssituation *(original position)*, die an die klassische Idee des Naturzustands anknüpft, glaubt Rawls eine Lösung dieses Problems gefunden zu haben. Da er den der *original position* zugrunde liegenden Reflexionsprozeß nur in abstrakter Weise kennzeichnet, läßt sich seine Beschreibung der Ausgangssituation allerdings über die methodologische Konzeption des reflektiven Gleichgewichts hinaus auch mit den konkurrierenden Rechtfertigungsmodellen einer reinen Kohärenz- bzw. Verfahrenstheorie vereinbaren. Betrachtet man die Prämissen der *original position* im einzelnen, so ist überdies zu erkennen, daß Rawls' Rückgriff auf die klassische Vertragstheorie letzt-

lich ohne substantielle Folgen bleibt. Mit dem *veil of ignorance* und einer allgemeinen Rationalitätsbedingung beschreibt Rawls nämlich faktisch ein hypothetisches Entscheidungsproblem, dessen Lösung völlig unabhängig von genuin individuellen Überlegungen zu erfolgen hat. Vor diesem Hintergrund kommt die zentrale Aussage der Rawls'schen Theorie in der Behauptung zum Ausdruck, daß sich jedes rationale Individuum in der *original position* für eine Konzeption der sozialen Gerechtigkeit entscheiden würde, die das Differenzprinzip als exklusiven (Allgemeine Konzeption) bzw. genuinen Verteilungsgrundsatz (Spezielle Konzeption) enthält.
Die Prämissen der *original position* modellieren – technisch gesprochen – ein spezifisches Problem der rationalen individuellen Entscheidung bei Ungewißheit (IV.2.). Da der *veil of ignorance* die konkreten Ausprägungen der wichtigsten Determinanten dieses Entscheidungsproblems verhüllt, ist jedes Individuum in der *original position* gezwungen, sein Votum ausschließlich auf abstrakte Überlegungen zu stützen. Eine zwingende Fundierung des (allgemeinen bzw. speziellen) Differenzprinzips hätte unter Rawls' restriktiven Informationsprämissen den Nachweis zu erbringen, daß die Bedingungen der *original position* eine extreme Risikoaversion erzeugen, die einem rationalen Individuum nur noch die Option ließe, seiner Entscheidung ein abstraktes Maximin-Kalkül zugrunde zu legen. Rawls gelingt es nicht, diesen Nachweis zu führen, weil er die zu begründende Risikoscheu entweder ad hoc voraussetzt (Fundierung der Allgemeinen Konzeption) oder mit Überlegungen zu untermauern versucht, die per se nicht ausreichen, um auch nur irgendeine spezifische Risikopräferenz als irrational auszuschließen (Ablehnung von Wahrscheinlichkeitskalkülen). Das Maximin-Argument, das Rawls zur Fundierung der

Speziellen Konzeption ins Feld führt, operiert nicht mit einer massiven Risikoaversion der Individuen, sondern mit der Idee einer „quasi-risikoscheuen“ Entscheidung. Da dieses Argument tatsächlich keineswegs die Rationalität eines genuinen Maximin-Kalküls, sondern vielmehr die Anwendung einer Versicherungsstrategie begründet, läßt es sich für die Fundierung des Differenzprinzips selbst dann nicht nutzen, wenn man von der Tatsache absieht, daß seine zentrale Prämisse gegen die Bedingungen der *original position* verstößt.

Obwohl Harsanyi und Rawls zwei grundsätzlich verschiedene metaethische Positionen vertreten, liegt ihren entscheidungstheoretischen Ansätzen letztlich der gemeinsame methodologische Anspruch zugrunde, die universelle Fundierung eines Verteilungsprinzips ausschließlich auf formale ethische Bedingungen zu stützen (IV.3.). Es läßt sich zeigen, daß dieser Anspruch weder mit dem *impersonality*-Modell noch mit der *original position* tatsächlich eingelöst wird. Um eine zwingende Begründung des utilitaristischen Kriteriums bzw. des Differenzprinzips zu erzeugen, kommen Harsanyi und Rawls nämlich nicht umhin, die formale Modellierung einer rationalen und unparteiischen Entscheidung durch die implizite Einführung materialer moralischer Urteile zu ergänzen, die die für die beiden rivalisierenden Verteilungsgrundsätze jeweils charakteristische Abbildung und relative Gewichtung der individuellen Interessen eindeutig festlegen. Da die substantiellen Ergebnisse des *impersonality*-Modells und der *original position* im wesentlichen von diesen zusätzlichen Prämissen abhängen, liegt es nahe, die Harsanyi-Rawls-Kontroverse unmittelbar auf die dem utilitaristischen Kriterium bzw. dem Differenzprinzip zugrunde liegenden materialen Urteile zurückzuführen.

5. Die in der neueren *social choice theory* formulierten Axiomatisierungen alternativer Gerechtigkeitsprinzipien sind den von Harsanyi und Rawls präsentierten entscheidungstheoretischen Ansätzen insofern grundsätzlich überlegen, als sie die allgemeine Akzeptierbarkeit eines Verteilungsgrundsatzes mit einer expliziten Menge elementarer formaler und materialer ethischer Postulate zu untermauern versuchen (V.1.). Um zu einer universellen Fundierung des lexikographischen Differenzprinzips bzw. des utilitaristischen Kriteriums zu kommen, werden dabei die Konzepte einer Verallgemeinerten Sozialen Wohlfahrtsfunktion (Hammond) bzw. eines Sozialen Wohlfahrtsfunktionals verwendet. Da Hammonds Konzept auf die speziellen Informationsgrundlagen des Differenzprinzips zugeschnitten ist, lassen sich die axiomatischen Charakterisierungen der Rawls'schen und utilitaristischen Verteilungsethik nur dann unmittelbar miteinander vergleichen, wenn man vom allgemeineren Konzept eines Sozialen Wohlfahrtsfunktionals ausgeht. Die Entscheidung, die grundsätzlich zur Wahl stehenden Verteilungskriterien als Soziale Wohlfahrtsfunktionale zu modellieren, hat allerdings zur Folge, daß mit der „welfaristischen" Reformulierung des lexikographischen Differenzprinzips ein zentrales Element der Rawls'schen Ethik verloren geht (lexikographisches Maximin-Prinzip). Darüber hinaus läßt sich zeigen, daß der methodologische Anspruch, im Zuge der universellen Fundierung eines Verteilungsgrundsatzes nur genuin ethische Bedingungen zu verwenden, im Rahmen dieser konzeptuellen Entscheidung nicht eingelöst werden kann. Da nämlich das Spektrum der als grundsätzlich akzeptabel zu betrachtenden Sozialen Wohlfahrtsfunktionale von den jeweils favorisierten Meßbarkeits- und Vergleichbarkeitsannahmen abhängt, geht in die axiomatische Charakteri-

sierung eines Gerechtigkeitsprinzips über die verwendeten ethischen Postulate hinaus immer auch eine deskriptive Prämisse ein, die den empirischen Informationsgehalt der individuellen Nutzenwerte spezifiziert. Vor diesem Hintergrund besteht das gemeinsame Merkmal aller Rawlsianismus- und Utilitarismus-Theoreme darin, daß sie das *welfarism*-Postulat mit einer jeweils spezifischen Erweiterung der Arrow'schen Informationsprämisse verknüpfen.

Die beiden bedeutendsten Versuche, das lexikographische Maximin-Prinzip mit einem äquivalenten Satz elementarer ethischer Bedingungen zu untermauern, gehen auf Hammond bzw. d'Aspremont und Gevers zurück (V.2.). Um das Konzept eines Sozialen Wohlfahrtsfunktionals auf das lexikographische Maximin-Prinzip zuzuspitzen, verwendet Hammond im wesentlichen eine starke Gerechtigkeitsbedingung, die die gesellschaftliche Bewertung von Interessenkonflikten nicht nur (unmittelbar) an eine rawlsianische Gewichtungsmaxime, sondern auch (mittelbar) an deren charakteristische Informationsprämisse bindet. Während sich Hammonds Ergebnis mit jeder deskriptiven Annahme vereinbaren läßt, die zumindest die interpersonelle Vergleichbarkeit der individuellen Nutzenniveaus sichert, sind d'Aspremont und Gevers gezwungen, die Informationsgrundlage der gesellschaftlichen Präferenzordnung explizit auf ordinale und interpersonell vergleichbare Nutzenwerte zu beschränken. Die von den beiden Autoren verwendeten ethischen Bedingungen sind nämlich nur unter dieser typisch rawlsianischen Informationsprämisse stark genug, um Hammonds Gerechtigkeitsaxiom zu implizieren. Auf der Annahme, daß sich die gesellschaftliche Bewertung von Verteilungsproblemen nur auf ordinale (intra- und interpersonelle) Informationen über die individuellen Präferenzen stützen kann, beruht im übrigen auch ein Resultat, das – in direkter Analogie zum Arrow-Theorem – die Klasse aller rang-diktatorischen Kriterien kennzeichnet (Roberts). Da das lexikographische Maximin-Prinzip als spezielles Mitglied dieser Klasse zu betrachten ist, liegt es nahe, die von Hammond bzw. d'Aspremont und Gevers bewiesenen Theoreme vor dem Hintergrund dieses allgemeineren Ergebnisses zu interpretieren.

Um zu einer axiomatischen Charakterisierung des utilitaristischen Kriteriums zu kommen, werden in der neueren *social choice theory* drei grundsätzlich verschiedene Wege beschritten (V.3.). Der erste Ansatz nützt die Chance, das Konzept eines Sozialen Wohlfahrtsfunktionals durch die für den Utilitarismus typische Prämisse zu spezifizieren, daß der kollektiven Bewertung von Interessenkonflikten nur empirische Informationen über die relativen interpersonellen Nutzendifferenzen zur Verfügung stehen. Da diese deskriptive Annahme bereits unter Arrows schwachen ethischen Bedingungen eine starke Restriktion erzeugt, die dem Ergebnis des Harsanyi-Theorems entspricht (Roberts), genügt eine spezifische Verschärfung der Arrow-Postulate, um eine äquivalente Fundierung des utilitaristischen Prinzips zu gewährleisten (d'Aspremont und Gevers). Der zweite Ansatz stützt sich im wesentlichen auf eine materiale moralische Bedingung, die – analog zu Hammonds Gerechtigkeitsaxiom – neben der expliziten Einführung einer utilitaristischen Gewichtungsmaxime implizit auch deren typische Informationsprämisse ins Spiel bringt (Deschamps und Gevers). Der dritte Ansatz verknüpft die von d'Aspremont und Gevers zur axiomatischen Charakterisierung des lexikographischen Maximin-Prinzips verwendeten ethischen Postulate mit der deskriptiven Annahme kardinaler und interpersonell völlig vergleichbarer Nutzenwerte (Maskin). Die auf diesem Wege gewonnene Fundierung des utilitaristischen Kriteriums beruht auf der zusätzlichen Einführung eines Stetigkeitsaxioms, das das rawlsianische Prinzip aus dem Kreis der zulässigen Verteilungsgrundsätze ausschließt. Es läßt sich zeigen, daß der von Fleming erhobene substantielle Anspruch erst mit Maskins Utilitarismus-Theorem tatsächlich eingelöst wird.

Der gemeinsame Ertrag aller Rawlsianismus- und Utilitarismus-Theoreme besteht im Nachweis, daß die beiden rivalisierenden Prinzipien unter der neutralen Annahme kardinaler und interpersonell völlig vergleichbarer Nutzenwerte gleichzeitig einer ganzen Reihe elementarer (formaler und materialer) ethischer Bedingungen genügen (V.4.). Dieser Befund läßt sich zu einem Ergebnis verdichten, das den Kreis der allgemein akzeptierbaren Verteilungsgrundsätze auf das lexikographische Maximin-Prinzip und das utilitaristische Kriterium reduziert (Deschamps und Gevers). Betrachtet man vor dem Hintergrund dieses Resultats die verschiedenen Versuche, die zwischen dem Rawlsianismus und dem Utilitarismus bestehende Konkurrenz eindeutig zu entscheiden, so stellt sich heraus, daß sie allesamt gegen die methodologische Intention einer universellen Fundierung verstoßen. Die axiomatischen Charakterisierungen der beiden rivalisierenden Positionen beruhen nämlich im wesentlichen entweder auf einer Bedingung, die sich nicht sinnvoll als Repräsentant einer genuin moralischen Forderung interpretieren läßt, weil sie in erster Linie eine deskriptive (d'Aspremont und Gevers) bzw. technische Restriktion (Maskin) zum Ausdruck bringt, oder auf einem materialen ethischen Postulat, das nicht mehr als konsensfähig betrachtet werden kann, weil es die zu begründende Gewichtungsmaxime auf direktem Wege einführt

(Hammond, Deschamps und Gevers). Daß jedem Versuch, im konzeptuellen Rahmen eines Sozialen Wohlfahrtsfunktionals zu einer universellen Fundierung des utilitaristischen bzw. rawlsianischen Prinzips zu kommen, sehr enge Grenzen gezogen sind, läßt sich zeigen, wenn man die Annahme kardinaler und völlig vergleichbarer Nutzenwerte durch eine noch komfortablere Informationsprämisse ersetzt. Die von Deschamps und Gevers zur gleichzeitigen Charakterisierung der beiden konkurrierenden Kriterien verwendeten ethischen Postulate lassen unter dieser anspruchsvolleren deskriptiven Prämisse nämlich über eine typisch rawlsianische oder utilitaristische Bewertung von Verteilungskonflikten hinaus auch eine Fülle von Kompromißlösungen zu (Roberts).

II. Soziale Wohlfahrtsfunktionen

1. Arrow

1. Die einfache Mehrheitsregel und das Pareto-Kriterium sind Vertreter einer Klasse von Prinzipien, die kollektive Entscheidungen auf die individuellen Präferenzordnungen zurückzuführen versuchen. Die allgemeine Problematik all dieser Prinzipien läßt sich demonstrieren, wenn man auf Arrows Konzept einer Sozialen Wohlfahrtsfunktion („SWF“) zurückgreift. Dieses Konzept ist sehr abstrakt und bietet einen formalen Rahmen für die normative Analyse der verschiedensten Typen kollektiver Entscheidungen. Wir wollen hier eine spezielle Interpretation wählen und das Konzept einer SWF als formales Instrument zur normativen Analyse von Verteilungsprinzipien betrachten. Diese Interpretation ist – wie sich zeigen wird – völlig legitim, schöpft aber die Reichweite des Konzepts in keiner Weise aus.

1.1. Eine endliche Menge $N = \{1, 2, \ldots, i, \ldots, n\}$ soll eine Gesellschaft repräsentieren, die aus n Individuen i besteht. Die Menge der realisierbaren gesellschaftlichen Zustände sei durch $X = \{x, y, z, \ldots\}$ gegeben und enthalte mindestens drei Elemente ($|X| \geq 3$). Ein gesellschaftlicher Zustand ist im Rahmen dieser abstrakten Analyse nur formal (nämlich als Vektor) definiert und kann inhaltlich in vielfältiger Weise spezifiziert werden (vgl. Arrow [1951], 11 f.). Es steht uns daher völlig frei, die Elemente der Menge X als alternative Verteilungszustände zu interpretieren. Als einfachsten Fall könnte man sich etwa vorstellen, daß ein gesellschaftlicher Zustand x eine Einkommensverteilung ($x_1, \ldots, x_i, \ldots, x_n$) repräsentiert, wobei x_i das Einkommen des Individuums i ($i = 1, \ldots, n$) angibt. Eine zweite Möglichkeit bestünde darin, einen gesellschaftlichen Zustand x als Allokation von m Konsumgütern j ($j = 1, \ldots, m$) auf die n Mitglieder der Gesellschaft zu interpretieren (vgl. z. B. Samuelson [1981], 229). Das auf ein Individuum i entfallende Verteilungsergebnis x_i würde dann durch ein Güterbündel ($x_{i1}, \ldots, x_{ij}, \ldots, x_{im}$) repräsentiert, wobei x_{ij} die Menge des Gutes j bezeichnet, die dem Individuum i in der Allokation x zur Verfügung gestellt wird. Auf die Fülle der weiteren Möglichkeiten, die Elemente der Menge X als Verteilungszustände zu spezifizieren, braucht hier nicht näher eingegangen zu werden (vgl. dazu etwa Yaari [1981], 3f.). Für unsere Zwecke genügt es nämlich, die gesellschaftlichen Zustände ganz abstrakt als Alternativen zu interpretieren, die verteilungsrelevante Konsequenzen erzeugen, und anzunehmen, daß sich ein gesellschaftlicher Zustand x durch die Auflistung der individuellen Verteilungsergebnisse x_i vollständig beschreiben läßt.

1.2. Die subjektiven Bewertungen der Gesellschaftsmitglieder werden durch binäre Präferenzrelationen modelliert, die über der Menge X definiert sind. Betrachtet man ein beliebiges Individuum i, so lassen sich – ausgehend von der grundlegenden, schwachen Präferenzrelation R_i („mindestens so gut wie“) – die strikte Präferenzrelation P_i („besser als“) und die Indifferenzrelation I_i („ebensogut wie“) in folgender Weise definieren:[1]

[1] Zu binären Präferenzrelationen und ihren Eigenschaften vgl. Arrow

$$xP_iy \leftrightarrow [xR_iy \wedge \neg(yR_ix)]$$
$$xI_iy \leftrightarrow (xR_iy \wedge yR_ix)$$

Eine binäre Präferenzrelation R_i wird als Präferenzordnung bezeichnet, wenn sie die folgenden drei Eigenschaften besitzt:

(1) $\forall\, x \in X: xR_ix$ (Reflexivität)

(2) $\forall\, x, y \in X: (x \neq y) \rightarrow (xR_iy \vee yR_ix)$ (Vollständigkeit)

(3) $\forall\, x, y, z \in X: (xR_iy \wedge yR_iz) \rightarrow xR_iz$ (Transitivität)

Arrow geht davon aus, daß alle R_i ($i = 1, \ldots, n$) diese drei Eigenschaften aufweisen. Während die formalen Anforderungen an die R_i mit dieser Annahme präzise geregelt sind, ist ihre materiale Interpretation lediglich durch die allgemeine Vorgabe beschränkt, daß sie die tatsächlichen Präferenzen der Gesellschaftsmitglieder zum Ausdruck bringen (vgl. Sen [1974 a], 390). Vor dem Hintergrund unserer spezifischen Interpretation der Alternativen liegt es nahe, die R_i als Repräsentanten der individuellen Interessen im Verteilungskonflikt zu betrachten.

(1951), chap. II und Sen (1970 a), chap. 1*. In dieser Studie wird die folgende Notation verwendet:

$\neg$	Negation („nicht")
$\wedge$	Konjunktion („und")
$\vee$	Disjunktion (einschließendes „oder")
$\rightarrow$	Implikation („wenn, dann")
$\leftrightarrow$	Äquivalenz („genau dann, wenn")
$\forall$	Alloperator („für alle")
$\exists$	Existenzoperator („es gibt ein")
$\in$	Element einer Menge
$\subseteq$	Teilmenge
$\subset$	echte Teilmenge
$\setminus$	Mengendifferenz
$\times$	Cartesisches Produkt

Diese Interpretation ist ohne weiteres mit Arrows Intentionen vereinbar, wenn man als mögliche Ausdrucksform individueller Interessen nicht nur egoistische Präferenzen *(tastes)* zuläßt, sondern auch Bewertungen, die neben dem eigenen Verteilungsergebnis die Resultate anderer Individuen berücksichtigen *(values)*.[2]

1.3. Repräsentiert man die kollektive Bewertung der Alternativen analog zu den R_i (bzw. P_i und I_i) durch eine gesellschaftliche Präferenzrelation R (bzw. die abgeleiteten Relationen P und I), so läßt sich das von Arrow formulierte Aggregationsproblem allgemein mit dem Konzept einer kollektiven Auswahlregel (*collective choice rule*: „CCR") beschreiben (vgl. Sen [1970 a], 28):

Definition 1: Eine CCR ist eine funktionale Beziehung f, die jedem n-Tupel individueller Präferenzordnungen (R_1, …, R_n) genau eine gesellschaftliche Präferenzrelation R zuordnet: $R = f(R_1, \ldots, R_n)$.

Geht man davon aus, daß die gesellschaftliche Präferenzrelation R den gleichen formalen Anforderungen zu genügen hat wie die R_i (Transitivität, Reflexivität und Vollständigkeit in X), so erhält man Arrows Konzept einer

[2] Zur Unterscheidung von *tastes* und *values* vgl. Arrow (1951), 17f. Während *tastes* eindeutig als *selfish preferences* gekennzeichnet sind, eröffnet die Kategorie der *values* einen extrem breiten Interpretationsspielraum, der von allen Formen nicht-egoistischer persönlicher Präferenzen (externe Effekte, vollkommener Altruismus) bis zu Bewertungen unter Standards reicht, die – wie etwa das „öffentliche Interesse" – von den persönlichen Präferenzen grundsätzlich unabhängig sind. Die R_i lassen sich demnach als Repräsentanten sowohl individueller Interessen *(interests)* als auch interessensunabhängiger Bewertungen *(judgements)* interpretieren. Zur Unterscheidung von *interests* und *judgements* vgl. Sen (1977 c), 53 f.

Sozialen Wohlfahrtsfunktion (vgl. Arrow [1951], 23 und Sen [1970 a], 41):

Definition 2: Eine SWF ist eine funktionale Beziehung f, die jedem n-Tupel individueller Präferenzordnungen (R_1, …, R_n) genau eine gesellschaftliche Präferenzordnung R zuordnet: $R = f(R_1, \ldots, R_n)$.

Eine SWF ist also eine CCR, die die individuellen Präferenzordnungen in eine kollektive Präferenzordnung transformiert. Im Rahmen unserer spezifischen Interpretation des Arrow-Ansatzes repräsentieren die Konzepte einer SWF bzw. CCR offensichtlich die Klasse der Prinzipien, die bei der gesellschaftlichen Bewertung von Verteilungsproblemen an den individuellen Präferenzordnungen anzusetzen versuchen.

1.4. Vor diesem Hintergrund lassen sich die von Arrow für Soziale Wohlfahrtsfunktionen formulierten Axiome als schwache ethische Postulate interpretieren, denen ein „akzeptables" Verteilungsprinzip in jedem Fall zu genügen hätte.[3] Die von Arrow verwendeten Bedingungen lauten:[4]

---

[3] Zur Funktion der Axiome vgl. allgemein Arrow (1951), 30f. und Sen (1970a), 36.

[4] Arrow verwendete ursprünglich fünf Axiome zum Beweis seines Theorems (vgl. Arrow [1951], chap. III und chap. V). Dieser Beweis enthielt jedoch einen Fehler, der – wie Blau (1957) gezeigt hat – im wesentlichen auf einer zu schwachen „domain assumption" (Arrows [1951] „Condition 1") beruhte. Unsere Darstellung des Arrow-Theorems folgt der in Arrow (1963), chap. VIII präsentierten, korrigierten Version, wenngleich die Axiome – wie in Sen (1970a), chap. 3* – nicht speziell für Soziale Wohlfahrtsfunktionen, sondern allgemein für kollektive Auswahlregeln formuliert werden.

Axiom U: Der Definitionsbereich von f umfaßt alle logisch möglichen n-Tupel individueller Präferenzordnungen.

Axiom I: Für je zwei n-Tupel individueller Präferenzordnungen $(R_1, \ldots, R_n)$ und $(R'_1, \ldots, R'_n)$, denen f die gesellschaftlichen Präferenzrelationen R bzw. R' zuordnet, und jedes Alternativenpaar x, y ∈ X gilt:
$[(\forall i \in N: xR_iy \leftrightarrow xR'_iy) \wedge (\forall i \in N: yR_ix \leftrightarrow yR'_ix)]$
$\rightarrow [(xRy \leftrightarrow xR'y) \wedge (yRx \leftrightarrow yR'x)]$.[5]

Axiom P: $\forall$ x, y ∈ X: $(\forall i \in N: xP_iy) \rightarrow xPy$.

Axiom D: Es gibt kein Individuum i ∈ N, so daß für alle n-Tupel individueller Präferenzordnungen im Definitionsbereich von f und alle Alternativenpaare x, y ∈ X gilt: $xP_iy \rightarrow xPy$.

Mit der Bedingung U *(unrestricted domain)* wird von einem Verteilungsprinzip (bzw. allgemein: von f) verlangt, daß es für jede beliebige Kombination individueller Präferenzordnungen eine gesellschaftliche Bewertung erzeugt. Das bedeutet vor allem, daß die individuellen Präferenzen inhaltlich keinerlei Restriktionen unterworfen sind. Axiom I *(independence of irrelevant alternatives)* macht die gesellschaftliche Bewertung zweier Alternativen von den individuellen Rangordnungen nur dieser beiden Alternativen abhängig. Solange sich die individuellen Bewertungen zweier Zustände x und y nicht verän-

[5] Im Gegensatz zu Arrows Formulierung der *independence*-Bedingung (vgl. Arrow [1951], „Condition 3“) operiert die hier präsentierte Version unmittelbar mit einer binären gesellschaftlichen Präferenzrelation, ohne auf das Konzept einer *choice function* (vgl. Arrow [1951], 15) zurückzugreifen. Im konzeptuellen Rahmen einer SWF sind diese beiden Formulierungen des Axioms I äquivalent. Vgl. dazu Sen (1977 c), 59.

dern, muß auch die kollektive Rangordnung dieses Alternativenpaars erhalten bleiben. Damit ist vor allem dafür gesorgt, daß die individuellen Bewertungen der jeweils nicht zur Wahl stehenden (und insofern „irrelevanten“) Alternativen z, v, w etc. die gesellschaftliche Rangordnung der Zustände x und y nicht beeinflussen.[6] Axiom P ist eine schwache Version des Pareto-Prinzips, nach der eine Alternative im Paarvergleich gesellschaftlich vorzuziehen ist, wenn sie von allen Individuen strikt präferiert wird (schwache Pareto-Präferenz). Mit der Bedingung D *(nondictatorship)* wird die Möglichkeit ausgeschlossen, daß sich die strikte Präferenz eines bestimmten Individuums unabhängig von den Bewertungen aller anderen Gesellschaftsmitglieder im Kollektiv ohne Ausnahme durchsetzt.

Die vier Axiome sind zweifellos sehr schwach und scheinen auf den ersten Blick viel eher geeignet, ganz und gar unakzeptable Kriterien auszuschließen, als die von einem Verteilungsprinzip zu fordernden Eigenschaften hinreichend zu formulieren. Das folgende, von Arrow bewiesene, Theorem muß daher jeden beunruhigen, der sich dem Problem der gesellschaftlichen Bewertung von Verteilungskonflikten im formalen Rahmen einer SWF zu nähern versucht:

[6] Zu einer ausführlichen Diskussion der Bedingung I vgl. Sen (1970 a), 89–92 und Hansson (1973). Die hier gewählte Formulierung des *independence*-Axioms ließe sich im übrigen durch eine schwächere Version ersetzen, mit der die Unabhängigkeit von irrelevanten Alternativen nicht für jedes Alternativenpaar („Axiom I_2“), sondern für jede strikte Teilmenge A der Alternativenmenge X ($A \subset X$ mit $|A| = m$ und $1 < m < |X|$) gefordert wird („Axiom I_m“). Die Formulierungen I_2 und I_m sind nämlich äquivalent, wenn eine SWF der Bedingung U genügt. Vgl. dazu Blau (1971).

Theorem 1: Es gibt keine SWF, die die Axiome U, I, P und D erfüllt.[7]

Die einfache Mehrheitsregel und das Pareto-Kriterium sind lediglich zwei prominente Vertreter der Klasse kollektiver Auswahlregeln, die ausnahmslos dem allgemeinen Verdikt des Arrow-Theorems unterliegen. Beide Prinzipien erfüllen zwar offenkundig die Axiome I, P und D, verletzen aber unter der Bedingung U (wie unser Eingangsbeispiel gezeigt hat) die mit dem Konzept einer SWF geforderte Transitivität (Mehrheitsregel) bzw. Vollständigkeit (Pareto-Kriterium) der gesellschaftlichen Präferenzrelation R.

2. Untersucht man die Relevanz des Arrow-Theorems vor dem Hintergrund unserer spezifischen Interpretation des Aggregationsproblems, so empfiehlt es sich, zunächst nicht an den einzelnen Axiomen, sondern am Konzept der SWF (bzw. allgemeiner: der CCR) selbst anzusetzen. Es läßt sich nämlich zeigen, daß der von Arrow gewählte Ansatz, bei der gesellschaftlichen Bewertung der Alternativen lediglich die individuellen Präferenzordnungen zu berücksichtigen, für die normative Analyse von Verteilungskonflikten denkbar ungeeignet ist.[8]

2.1. Die Konsequenzen dieses Ansatzes werden besonders drastisch sichtbar, wenn eine SWF (bzw. allgemein: eine CCR) die Eigenschaft der „starken Neutralität" („SN") besitzt:

---

[7] Vgl. Arrow (1963), Theorem 2 (97) und Sen (1970 a), Theorem 3*1.

[8] Zum folgenden vgl. Sen (1977 c), 76–78 und Sen (1979 c), 539–545.

Axiom SN: Für je zwei n-Tupel individueller Präferenzordnungen $(R_1, \ldots, R_n)$ und $(R'_1, \ldots, R'_n)$, denen f die gesellschaftlichen Präferenzrelationen R bzw. R' zuordnet, und alle Alternativen x, y, z, w $\in$ X gilt:
$[(\forall i \in N: xR_iy \leftrightarrow zR'_iw) \land (\forall i \in N: yR_ix \leftrightarrow wR'_iz)]$
$\rightarrow [(xRy \leftrightarrow zR'w) \land (yRx \leftrightarrow wR'z)]$.[9]

Erfüllt eine SWF dieses Axiom, so hängt die kollektive Bewertung zweier Alternativen ausschließlich von den individuellen Rangordnungen dieser beiden Alternativen ab. Werden zwei Zustände x und y von allen Gesellschaftsmitgliedern in jeweils genau der gleichen Weise geordnet wie zwei andere Zustände z und w, so muß die SWF eine identische gesellschaftliche Bewertung der Alternativenpaare (x, y) und (z, w) erzeugen.
Daß die Eigenschaft der starken Neutralität fatale Folgen hat, wenn es um die Bewertung von Verteilungsproblemen geht, läßt sich mit einem einfachen Beispiel demonstrieren (vgl. Sen [1977 c], 76). Wir betrachten wieder unsere Minigesellschaft und gehen davon aus, daß ein fester Geldbetrag von 100 Einheiten auf die drei Individuen zu verteilen sei. Das Problem bestehe darin, die beiden folgenden Alternativenpaare (x, y) und (z, w) unter den üblichen Annahmen zu den individuellen Präfe-

9 Sen (1970 a) bezeichnet diese Bedingung einfach als *neutrality* („Condition N", 72). Unter „Neutralität" wird jedoch üblicherweise eine schwächere Eigenschaft verstanden, die von May (1952) zur Axiomatisierung der einfachen Mehrheitsregel verwendet wurde (vgl. Mays „Condition III"). Das Axiom der starken Neutralität enthält über Mays Neutralitätsbedingung hinaus Arrows *independence*-Axiom (in der Formulierung I_2), was aus der Definition des Axioms SN leicht zu erkennen ist, wenn man x = z und y = w setzt. Mays Theorem beruht im übrigen faktisch auf der starken Neutralitätsbedingung, weil er nur zwei Alternativen betrachtet und damit das Axiom I_2 implizit voraussetzt. Vgl. dazu May (1952), 684 und Sen (1970 a), Theorem 5*1.

renzen (*selfishness,* Nichtsättigung) gesellschaftlich zu bewerten:

(1) x = (100, 0, 0) versus y = (98, 1, 1)
(2) z = (2, 49, 49) versus w = (0, 50, 50)

Da die individuellen Rangordnungen in (1) und (2) identisch sind (xP_1y und zP_1w, yP_2x und wP_2z, yP_3x und wP_3z), muß jede SWF (bzw. CCR), die der Bedingung SN genügt, die Verteilungen x und y im Verhältnis zueinander genauso bewerten wie die Alternativen z und w ($xPy \leftrightarrow zPw$, $yPx \leftrightarrow wPz$, $xIy \leftrightarrow zIw$).[10] Das Axiom der starken Neutralität hat also im Beispiel zur Folge, daß ein „Reicher" nur dann etwas ärmer gemacht werden darf (yPx), wenn man gleichzeitig in einem anderen Fall einen „Armen" noch ärmer macht (wPz).[11] Umgekehrt ist es nur dann erlaubt, zwei Gutsituierten ein wenig wegzunehmen (zPw), wenn man gleichzeitig in einer anderen Situation zwei ohnehin schlecht postierten Individuen alles wegnimmt (xPy).

Die merkwürdigen Empfehlungen, die uns das Axiom SN im Beispiel liefert, haben einen einfachen Grund: Die Probleme (1) und (2) sind zwar identisch, was die R_i betrifft, unterscheiden sich aber gravierend in ihren Vertei-

---

[10] Wir gehen hier der Einfachheit halber davon aus, daß die individuellen Präferenzordnungen R_i (i = 1, 2, 3) gegeben sind. Das Beispiel illustriert daher strenggenommen die Problematik einer dem Axiom SN eng verwandten Bedingung *(single-profile neutrality).* Zur Verwendung der starken Neutralitätseigenschaft im *single-profile*-Kontext vgl. unten II.2.

[11] Zu diesem gleichzeitigen Votum für die Alternativen y und w führt z.B. die Anwendung der einfachen Mehrheitsregel, die offensichtlich die Eigenschaft der starken Neutralität besitzt. Das Beispiel macht daher unter anderem deutlich, daß die einfache Mehrheitsregel als potentielles Verteilungsprinzip selbst dann massiven Einwänden ausgesetzt wäre, wenn bei ihrer Anwendung keine Konsistenzprobleme aufträten.

lungsaspekten. Da eine SWF (bzw. CCR), die der starken Neutralität genügt, die individuellen Präferenzordnungen als ausschließliche Informationsgrundlage der gesellschaftlichen Bewertung verwendet, muß sie die beiden Probleme gleich behandeln. Die unterschiedlichen Verteilungsmerkmale der Situationen (1) und (2) werden unter diesen Umständen völlig ignoriert. Es ist daher sinnlos, im formalen Rahmen der Arrow-SWF von „arm“ oder „reich“ bzw. „gut gestellten“ und „schlecht postierten“ Individuen zu sprechen. Diesen – für die Bewertung von Verteilungsproblemen zweifellos erheblichen – Unterscheidungen ist nämlich jegliche Grundlage entzogen, wenn die gesellschaftliche Rangordnung der Alternativen ausschließlich von Informationen über die individuellen Präferenzordnungen abhängig gemacht wird (vgl. Sen [1979 c], 544).[12]

2.2. Das Beispiel hat gezeigt, daß die Konzepte einer SWF bzw. CCR für die normative Analyse von Verteilungskonflikten ganz und gar untauglich sind, weil sie mit den R_i eine Informationsgrundlage verwenden, die die verteilungsrelevanten Merkmale der gesellschaftlichen Zustände systematisch ausblendet.[13] Während sich

---

[12] Die mit den Konzepten einer SWF bzw. CCR verbundene Entscheidung, bei der gesellschaftlichen Bewertung der Alternativen an den individuellen Präferenzen anzusetzen, schließt die naheliegende Möglichkeit aus, zwischen „arm“ und „reich“ auf der Basis individueller Einkommenspositionen bzw. Güterausstattungen zu unterscheiden. Da Arrow andererseits nur die ordinalen Eigenschaften der individuellen Präferenzen gelten läßt und zudem interpersonellen Nutzenvergleichen jegliche empirische Bedeutung abspricht (vgl. Arrow [1951], 9–11), lassen sich auch die individuellen Nutzenwerte $U_i(\cdot)$ nicht verwenden, um die Verteilungspositionen der Gesellschaftsmitglieder zu identifizieren. Vgl. dazu ausführlicher unten II.3.

[13] Sen zieht über diesen Befund hinaus den allgemeinen Schluß, daß sich Arrows formaler Ansatz nur für die Analyse der Aggregation von

die allgemeine Problematik dieser Konzepte am klarsten erkennen läßt, wenn man sie unter der Bedingung SN betrachtet, ist zu beachten, daß das Arrow-Theorem selbst eine etwas schwächere Neutralitätseigenschaft benützt. Die Axiome U, I und P haben nämlich zur Folge, daß eine SWF die gesellschaftliche Bewertung zweier Alternativen x und y nur dann ausschließlich von den individuellen Rangordnungen dieser beiden Alternativen abhängig macht, wenn kein Individuum zwischen x und y indifferent ist, also (wie in unserem letzten Beispiel) lediglich strikte Präferenzen vorliegen.[14] Bereits diese schwächere Neutralitätseigenschaft *(strict-ranking neutrality)* genügt jedoch, um in Verbindung mit der Bedingung D das Unmöglichkeitstheorem zu erzeugen. Nur eine diktatorische SWF ist nämlich in der Lage, unter Wahrung der *strict-ranking neutrality* die Transitivität und Vollständigkeit der gesellschaftlichen Rangordnung zu gewährleisten.[15]

3. Die Schwierigkeiten des Arrow-Ansatzes, mit Verteilungsproblemen umzugehen, lassen sich von einer ande-

---

judgements, nicht aber von *interests* eignet. Vgl. dazu Sen (1977c), 77f. und 80f. sowie zur Gegenposition Arrow (1978), 224f.

[14] Vgl. Sen (1979c), 540f. Dieses Ergebnis gilt im übrigen nicht nur für Soziale Wohlfahrtsfunktionen, sondern auch für die weitere Klasse kollektiver Auswahlregeln, die der Bedingung Q (vgl. unten) genügen. – Die Axiome des Theorems 1 reichen nicht aus, um die Eigenschaft der starken Neutralität vollends zu implizieren, weil Arrow mit der Bedingung P eine sehr schwache Version des Pareto-Prinzips verwendet. Würde man Arrows Pareto-Axiom durch die stärkere Bedingung P* (vgl. unten) bzw. deren Indifferenz-Komponente ersetzen, so wäre das Postulat SN vollends erfüllt. Vgl. dazu ausführlicher unten V.1.

[15] Daß der Beweis des Arrow-Theorems erheblich an Transparenz gewinnt, wenn man die von den Axiomen U, I und P implizierte Neutralitätseigenschaft direkt verwendet, haben Blau (1972) und Sen (1979c), 542f. gezeigt.

ren Seite beleuchten, wenn man die Axiome des Theorems 1 in geeigneter Weise modifiziert. Auf diesem Wege gelangt man nämlich zu einer kollektiven Auswahlregel, die zwar eine vollständige und konsistente (sowie nichtdiktatorische) gesellschaftliche Rangordnung erzeugt, die Bewertung von Verteilungskonflikten aber letztlich verhindert.

3.1. Geht man vom Konzept einer CCR aus, so lassen sich die von der gesellschaftlichen Präferenzrelation R zu fordernden Eigenschaften grundsätzlich in beliebiger Weise spezifizieren. Die von Arrow mit dem Konzept einer SWF gewählte Spezifikation (Transitivität, Reflexivität und Vollständigkeit von R in X) ist vor allem deshalb überaus anspruchsvoll, weil sie mit der Transitivitätsbedingung sehr hohe Anforderungen an die Konsistenz der gesellschaftlichen Bewertung stellt. Eine Möglichkeit, Arrows spezifische Formulierung der Transitivitätsbedingung abzuschwächen, ohne die Konsistenz der gesellschaftlichen Rangordnung in hohem Maße zu gefährden, besteht darin, Transitivität lediglich von der strikten Präferenzrelation P (nicht notwendigerweise aber auch von der Indifferenzrelation I) zu fordern:

$$\forall\, x, y, z \in X: (xPy \wedge yPz) \rightarrow xPz$$
(Quasi-Transitivität)

Unter Verwendung dieser Eigenschaft läßt sich nun eine Klasse kollektiver Auswahlregeln spezifizieren, die zwar eine vollständige und konsistente gesellschaftliche Rangordnung erzeugen, den hohen formalen Anforderungen der Arrow-SWF aber nicht ganz genügen:

Axiom Q: Der Wertebereich von f ist auf gesellschaftliche Präferenzrelationen R beschränkt, die in der Menge X reflexiv, vollständig und quasi-transitiv sind.

Während das Axiom Q den konzeptuellen Rahmen über die Arrow-SWF hinaus erweitert, ist mit der Bedingung A („Anonymität") eine wesentliche Verschärfung des Axioms D verbunden:

Axiom A: Für je zwei n-Tupel individueller Präferenzordnungen $(R_1, \ldots, R_n)$ und $(R'_1, \ldots, R'_n)$, denen f die gesellschaftlichen Präferenzrelationen R bzw. R' zuordnet, und alle Permutationen σ von N gilt:
$(\forall i \in N: R_i = R'_{\sigma(i)}) \rightarrow R = R'$.[16]

Erfüllt eine CCR das Anonymitätsaxiom, so bleibt die gesellschaftliche Rangordnung der Alternativen erhalten, wenn die gegebenen individuellen Präferenzordnungen in beliebiger Weise unter den Gesellschaftsmitgliedern vertauscht werden. Die Frage, welche Präferenzordnung welchem Individuum zuzuordnen ist, spielt demnach bei der kollektiven Bewertung überhaupt keine Rolle.

3.2. Die verschiedenen Versionen des Pareto-Prinzips lassen sich als gesellschaftliche Präferenzrelationen $\bar{R}$ (Pareto-Präferenz oder -Indifferenz), $\bar{P}$ (starke Pareto-Präferenz), $\bar{I}$ (Pareto-Indifferenz) und $\dot{P}$ (schwache Pareto-Präferenz) definieren (vgl. Sen [1970 a], 28 f.):

$$\forall\, x, y \in X: \quad (1)\; x\bar{R}y \leftrightarrow (\forall i \in N: xR_iy)$$
$$(2)\; x\bar{P}y \leftrightarrow [x\bar{R}y \wedge \neg(y\bar{R}x)]$$
$$(3)\; x\bar{I}y \leftrightarrow (x\bar{R}y \wedge y\bar{R}x)$$
$$(4)\; x\dot{P}y \leftrightarrow (\forall i \in N: xP_iy)$$

---

16 Das Anonymitätsaxiom wurde von May (1952) unter der Bezeichnung „equality" (Mays „Condition II") eingeführt. Während Mays Definition der Anonymitätsbedingung implizit das Axiom I_2 voraussetzt (vgl. auch explizit Sen [1970 a], 71 f.), ist die hier gewählte Formulierung der Bedingung A von einer solchen Voraussetzung unabhängig.

Da offensichtlich keine dieser Pareto-Relationen unter der Bedingung U vollständig ist,[17] kann eine CCR, die ausschließlich auf Pareto-Vergleichen beruht (etwa: $xRy \leftrightarrow x\bar{R}y$), den in Axiom Q formulierten Anforderungen nicht genügen, wenn man den individuellen Präferenzen keine massiven Beschränkungen auferlegen will. Die Pareto-Relationen lassen sich daher allenfalls verwenden, um die Klasse der unter der Bedingung Q zulässigen kollektiven Auswahlregeln durch die Forderung der „Pareto-Inklusivität" näher zu spezifizieren. Während sich bereits Arrows Axiom P als schwache Version dieser Forderung interpretieren läßt ($x\dot{P}y \rightarrow xPy$), wird eine CCR üblicherweise erst dann als „pareto-inklusiv" bezeichnet, wenn sie die folgende Eigenschaft aufweist (vgl. Sen [1970 a], 30):

$$\forall\, x, y \in X: [(x\bar{R}y \rightarrow xRy) \wedge (x\bar{P}y \rightarrow xPy)]$$

Die Klasse der pareto-inklusiven kollektiven Auswahlregeln wird demnach durch ein Axiom spezifiziert, das wesentlich stärker ist als Arrows Bedingung P:

Axiom P:* Für alle $x, y \in X$ gilt:
(1) $(\forall i \in N: xI_iy) \rightarrow xIy$ und
(2) $[(\forall i \in N: xR_iy) \wedge (\exists i \in N: xP_iy)] \rightarrow xPy$.

Die Bedingung P* repräsentiert offenkundig das in unserem Eingangsbeispiel verwendete Pareto-Kriterium.

---

[17] Die Relation $\bar{R}$ ist in der Menge X reflexiv und transitiv („Quasiordnung"), die Relationen $\bar{P}$ und $\dot{P}$ dagegen sind transitiv und asymmetrisch („strikte partiale Ordnungen"). Vgl. dazu Sen (1970 a), Lemma 2*a. und Lemma 2*c. Die Relation $\bar{I}$ ist offensichtlich transitiv und symmetrisch. Zu den Eigenschaften der „Symmetrie" bzw. „Asymmetrie" und den Bezeichnungen „Quasiordnung" bzw. „strikte partiale Ordnung" vgl. Sen (1970 a), 8 f.

Während Arrows schwache Formulierung des Pareto-Prinzips auf der Relation $\dot{P}$ beruht, benützt die starke Version des Axioms P* die Relationen $\bar{I}$ und $\bar{P}$.

3.3. Erfüllt eine kollektive Auswahlregel die Bedingung P*, so erzeugt sie eine gesellschaftliche Rangordnung der Alternativen, die die Pareto-Quasiordnung enthält. Da das Pareto-Kriterium einen Vergleich zweier Alternativen nur dann erlaubt, wenn die individuellen Rangordnungen nicht konfligieren, ist mit der Forderung der Pareto-Inklusivität – was die kollektive Bewertung von Verteilungsproblemen betrifft – nicht viel gewonnen. Eine als Verteilungsprinzip interpretierte CCR muß nämlich über die Gewährleistung der Pareto-Quasiordnung hinaus vor allem in der Lage sein, die nach dem Pareto-Kriterium nicht vergleichbaren gesellschaftlichen Zustände in eine Rangordnung zu bringen.
Eine besonders trostlose Methode, um diese Rangordnung zu erzeugen, besteht darin, alle nach der Pareto-Regel nicht vergleichbaren Zustände kurzerhand für gesellschaftlich indifferent zu erklären. Dieser Weg wird mit der erweiterten Pareto-Regel *(Pareto-extension rule)* eingeschlagen, die wie folgt definiert ist (vgl. Sen [1970 a], 74):

$$\forall\, x, y \in X: xRy \leftrightarrow \neg(y\bar{P}x)$$

Die erweiterte Pareto-Regel ist offensichtlich eine pareto-inklusive CCR, deren Substanz sich letztlich auf das Pareto-Kriterium selbst reduzieren läßt, weil die starke Pareto-Präferenz zur ausschließlichen Grundlage einer strikten gesellschaftlichen Präferenz avanciert ($xPy \leftrightarrow x\bar{P}y$). Die Erweiterung der Pareto-Quasiordnung zu einer vollständigen Ordnung kommt allein dadurch zustande, daß die gesellschaftliche Indifferenzrelation I neben der Pareto-Indifferenz ($x\bar{I}y \rightarrow xIy$) eine zweite Komponente erhält, die immer dann zur Geltung kommt, wenn zwei Zustände nach dem Pareto-Kriterium nicht verglichen werden können ($\neg[x\bar{P}y \vee y\bar{P}x \vee x\bar{I}y] \rightarrow xIy$).

Ein kurzer Blick auf unser Eingangsbeispiel dürfte genügen, um zu zeigen, daß die erweiterte Pareto-Regel zwar eine vollständige Rangordnung der gesellschaftlichen Zustände erzeugt, das substantielle Problem der Bewertung von Verteilungskonflikten aber völlig ignoriert. Angesichts der bizarren Logik, die das erweiterte Pareto-Kriterium zur „Lösung" von Interessenkonflikten verwendet, mag es auf den ersten Blick überraschen, daß sich die Klasse der durch die Bedingung Q spezifizierten kollektiven Auswahlregeln auf dieses eine Kriterium reduziert, wenn man die Arrow-Axiome U und I durch die Forderungen der Pareto-Inklusivität und Anonymität ergänzt:

Theorem 2: Die erweiterte Pareto-Regel ist die einzige CCR, die die Axiome U, I, P*, A und Q erfüllt.[18]

Die Tatsache, daß sich ein so abenteuerliches Prinzip wie die erweiterte Pareto-Regel durch eine Reihe recht attraktiver Eigenschaften axiomatisieren läßt, ist bei genauerer Betrachtung als positiver Ausdruck des Dilemmas zu interpretieren, das mit dem Arrow-Theorem negativ formuliert wird. Da das Konzept einer CCR für die normative Analyse von Verteilungsproblemen grundsätzlich nicht taugt, kann es niemanden verwundern, daß eine spezifische Modifikation der Arrow-Axiome genügt, um kollektive Entscheidungen ausschließlich auf

[18] Vgl. Sen (1970a), Theorem 5*3. und Sen (1973), Theorem 1.1.

Pareto-Vergleiche zu gründen und eine genuine Bewertung von Verteilungskonflikten zu verhindern (vgl. Sen [1973], 12f.).[19]

2. *Bergson und Samuelson*

1. Mit dem von Bergson und Samuelson entwickelten Konzept einer Sozialen Wohlfahrtsfunktion („swf") [20] ist – im Gegensatz zur Arrow-SWF – der explizite Anspruch verbunden, einen formalen Rahmen zu formulieren, der eine Modellierung der gesellschaftlichen Bewertung von Verteilungskonflikten erlaubt. Dieser Anspruch legt die Vermutung nahe, daß der von Bergson und Samuelson gewählte Ansatz zur normativen Analyse von Verteilungsproblemen wesentlich mehr beitragen kann als das Konzept einer SWF (bzw. CCR). Es wird

[19] Da das Theorem 2 auf einer wesentlichen Verschärfung der Arrow-Axiome P und D beruht, ist die mit der Bedingung Q verbundene Lokkerung des formalen Rahmens für das spezifische Ergebnis dieses Äquivalenzsatzes offenbar von entscheidender Bedeutung. Die Forderung der Quasi-Transitivität ist zwar – wie bereits das Wahlparadoxon zeigt – immer noch stark genug, um die einfache Mehrheitsregel auszuschließen, die die Axiome P* und A ohne weiteres erfüllt, aber doch zu schwach, um alle kollektiven Auswahlregeln zu eliminieren. Die erweiterte Pareto-Regel erfüllt (neben den Axiomen U, I, P* und A) auch die Bedingung der Quasi-Transitivität, weil sie jede strikte gesellschaftliche Präferenz auf die (transitive) starke Pareto-Präferenz zurückführt. Da von den beiden Komponenten der gesellschaftlichen Indifferenzrelation jedoch nur die Pareto-Indifferenz transitiv ist, kann das erweiterte Pareto-Kriterium Arrows hohen Anforderungen an eine SWF nicht genügen. Die mögliche Intransitivität der gesellschaftlichen Indifferenz läßt sich mit dem folgenden Beispiel illustrieren: (R_1: y, z, x), (R_2: z, y, x), (R_3: [x, z], y). Die erweiterte Pareto-Regel liefert in diesem Fall die Bewertungen xIy, yIz und zPx.

[20] Zur hier für Soziale Wohlfahrtsfunktionen des Arrow- bzw. Bergson-Samuelson-Typs verwendeten Notation vgl. Sen (1970 a), 35.

sich zeigen, daß diese Vermutung sich nicht ohne weiteres bestätigt.

1.1. Auf allgemeinstem Niveau läßt sich das Konzept der swf mit einer reellwertigen Funktion W beschreiben, „the value of which is understood to depend on all the variables that might be considered as affecting welfare" (Bergson [1948], 417). Geht man davon aus, daß die Beschreibung jedes gesellschaftlichen Zustands $x \in X$ die Ausprägungen aller als potentiell relevant erachteten Variablen enthält, so kann man W als reellwertige Funktion betrachten, die über der Menge X definiert ist. Der numerische Wert W(x), den W jedem Zustand $x \in X$ zuordnet, ist dann als Indikator der „sozialen Wohlfahrt" zu interpretieren, die mit der Realisierung der Alternative x erzeugt würde. Während sich mit dem Konzept einer swf grundsätzlich jedes beliebige System ethischer Überzeugungen – z. B. das eines zufällig ausgewählten Individuums – abbilden läßt (vgl. Samuelson [1947], 221), wollen wir im folgenden von der üblichen Annahme ausgehen, daß W die Bewertungen eines vollkommen informierten „gesellschaftlichen Planers" bzw. „ethischen Betrachters" repräsentiert.
Vor dem Hintergrund unserer spezifischen Interpretation der Alternativenmenge X steht der fiktive gesellschaftliche Planer – rein formal betrachtet – vor dem Problem, jedem Verteilungszustand $x = (x_1, \ldots, x_n)$ entsprechend seinen Vorstellungen von einer „gesellschaftlich erwünschten" bzw. „sozial gerechten" Verteilung einen numerischen Wert $W(x) = W(x_1, \ldots, x_n)$ zuzuordnen und am Ende die Alternative auszuwählen, die nach seiner Überzeugung die höchste soziale Wohlfahrt stiftet. Um dieses Maximierungsproblem lösen zu können, genügt es offensichtlich, W als lediglich ordinal definiert zu

betrachten (vgl. Samuelson [1947], 221), von einer swf also – ausgehend von einer gesellschaftlichen Präferenzordnung R – nur die folgende Eigenschaft zu fordern:

$$\forall\, x, y \in X: W(x) \geq W(y) \leftrightarrow xRy$$

Eine swf, die diese Eigenschaft besitzt, erfüllt offensichtlich die drei folgenden Bedingungen:

$$\forall\, x, y \in X: \quad (1)\ W(x) > W(y) \leftrightarrow xPy$$
$$(2)\ W(x) = W(y) \leftrightarrow xIy$$
$$(3)\ W(x) < W(y) \leftrightarrow yPx$$

Geht man also – wie es in der Bergson-Samuelson-Tradition regelmäßig geschieht – von einer ordinalen swf aus, so ist W lediglich als reelle Repräsentation einer (über der Menge X definierten) gesellschaftlichen Präferenzordnung R zu betrachten. Da einerseits die ordinale Repräsentation einer Präferenzordnung nicht mehr Informationen enthält als die ihr zugrunde liegende Ordnung selbst, sich andererseits aber nicht jede Präferenzordnung durch eine reellwertige Funktion repräsentieren läßt,[21] könnte man das Konzept der Bergson-Samuelson-swf noch allgemeiner (und weniger restriktiv) mit einer ethischen Ordnung R beschreiben, die über der Alternativenmenge X definiert ist.[22]

1.2. Da mit dem allgemeinen Konzept einer swf an die gesellschaftliche Bewertung der Alternativen nur formale

---

[21] Um die reelle Repräsentierbarkeit von Präferenzordnungen zu gewährleisten, muß – wie Debreu (1954) gezeigt hat – ein zusätzliches Stetigkeitsaxiom eingeführt werden. Zu den bemerkenswerten Konsequenzen der irrigen Annahme, eine gesellschaftliche Präferenzordnung R lasse sich immer durch eine reellwertige Funktion W repräsentieren, vgl. unten III.1.

[22] Vgl. dazu Arrow (1951), 22, Sen (1970 a), 34 f., Sugden/Weale (1979), 112 und Samuelson (1981), 229.

Anforderungen geknüpft werden, läßt sich W durch zusätzliche normative Vorgaben in vielfältiger Weise spezifizieren.[23] Während der Phantasie dabei grundsätzlich keine Grenzen gesetzt sind, herrscht unter den Autoren der Bergson-Samuelson-Tradition Einigkeit darüber, die Klasse der zulässigen Sozialen Wohlfahrtsfunktionen nur durch ein „Individualismus"-Postulat zu beschränken. In der allgemeinsten Formulierung wird mit diesem Postulat die Forderung erhoben, daß sich die gesellschaftliche Bewertung der Alternativen an den individuellen Präferenzen zu orientieren hat: „... individuals' preferences are to ‚count'" (Samuelson [1947], 223).[24]

Die Präferenzen der Gesellschaftsmitglieder werden dabei – im Gegensatz zur Arrow-SWF – als gegeben betrachtet (vgl. dazu ausführlicher unten) und durch reellwertige Nutzenfunktionen U_i ($i = 1, \ldots, n$) modelliert, die über der Menge X definiert sind. Jede Funktion U_i ordnet jedem Zustand $x \in X$ einen numerischen Wert $U_i(x)$ zu, der als Indikator der Wohlfahrt zu interpretieren ist, die die Alternative x dem Individuum i stiftet.[25] Da auch die individuellen Nutzenfunktionen als nur or-

---

[23] Vgl. dazu allgemein Samuelson (1947), 222 und Bergson (1948), 417. In diesem Zusammenhang ist darauf hinzuweisen, daß Bergson (1938) mit der Einführung des Konzepts einer *Economic Welfare Function* vor allem die Absicht verband, die bis dato in der Wohlfahrtsökonomie verwendeten Werturteile zu isolieren.

[24] Man darf wohl davon ausgehen, daß diese allgemeine Version des Individualismus-Postulats dem Kriterium genügt, das Bergson für die Auswahl der zur Spezifizierung von W verwendbaren Werturteile formuliert: „... the selection of one of them must be determined by its compatibility with the values prevailing in the community the welfare of which is being studied" (Bergson [1938], 323).

[25] Samuelson geht – wie Arrow – davon aus, daß die individuellen Nutzenfunktionen sowohl *tastes* ($U_i(x) = U_i(x_i)$) als auch *values* ($U_i(x) = U_i(x_1, \ldots, x_n)$) repräsentieren können. Vgl. Samuelson (1981), 230 und 236f.

dinal definiert vorausgesetzt werden (vgl. Samuelson [1947], 228f. und Samuelson [1981], 224), muß jede Nutzenfunktion U_i – ausgehend von einer individuellen Präferenzordnung R_i – lediglich die folgende Bedingung erfüllen:

$$\forall\, x, y \in X: U_i(x) \geq U_i(y) \leftrightarrow xR_iy$$

Diese Eigenschaft ist offensichtlich den drei folgenden Bedingungen äquivalent:

$$\forall\, x, y \in X: \quad \begin{array}{l} (1)\ U_i(x) > U_i(y) \leftrightarrow xP_iy \\ (2)\ U_i(x) = U_i(y) \leftrightarrow xI_iy \\ (3)\ U_i(x) < U_i(y) \leftrightarrow yP_ix \end{array}$$

Solange an die U_i über die Ordinalität hinaus keine zusätzlichen Anforderungen gestellt werden, enthält ein gegebenes n-Tupel individueller Nutzenfunktionen (U_1, …, U_n) offensichtlich nicht mehr Informationen als das ihm zugrunde liegende n-Tupel individueller Präferenzordnungen (R_1, …, R_n).

1.3. Das bisher nur skizzierte Individualismus-Postulat wird von Samuelson in folgender Weise präzisiert: „… individuals' tastes are to ‚count' in the sense of being ‚respected' when all persons are in agreement on a move and are only to be supplemented for moves involving tradeoffs between different individuals, tradeoffs that can be resolved only by specified ethical norms or judgments" (Samuelson [1977], 85, vgl. auch Samuelson [1981], 224). Folgt man dieser Interpretation des Konzepts einer „individualistischen" swf, so ist $\mathbb{W}$ lediglich durch die Forderung der Pareto-Inklusivität zu spezifizieren. Eine swf ist demnach bereits dann als individualistisch zu bezeichnen, wenn sie die Bedingung P* in der folgenden Reformulierung erfüllt:

Axiom P:* Für alle $x, y \in X$ gilt:
(1) $(\forall i \in N: U_i(x) = U_i(y)) \rightarrow W(x) = W(y)$ und
(2) $[(\forall i \in N: U_i(x) \geq U_i(y)) \wedge (\exists i \in N: U_i(x) > U_i(y))] \rightarrow W(x) > W(y)$.

Wird das Konzept einer swf durch die Bedingung P* spezifiziert, so ist zunächst nur gewährleistet, daß die W zugrunde liegende gesellschaftliche Präferenzordnung R die Pareto-Quasiordnung $\bar{R}$ enthält. Um zu einer vollständigen Ordnung aller Alternativen zu kommen – und das heißt inhaltlich: um eine gesellschaftliche Bewertung von Verteilungskonflikten zu ermöglichen –, muß die Forderung der Pareto-Inklusivität durch ein konsistentes System ethischer Urteile *(interpersonal ethical judgments)* ergänzt werden, die W vollends spezifizieren und die moralischen Standards repräsentieren, die der gesellschaftliche Planer bei der Bewertung von Konfliktsituationen verwendet.[26] Da Bergson und Samuelson es nicht als ihre Aufgabe ansehen, materiale Prinzipien für die Lösung von Verteilungsproblemen zu formulieren, macht ihr ausdrücklicher Hinweis auf die Unverzichtbarkeit der *interpersonal judgments* lediglich klar, daß das Konzept einer swf offen genug ist, um die gesellschaftliche Bewertung von Verteilungskonflikten formal erfassen zu können. Die mit der Bedingung P* verbundene Präzisierung des Individualismus-Postulats hat in diesem Zusammenhang die bemerkenswerte Konsequenz, daß nicht nur die *interpersonal judgments* selbst, sondern auch deren Informationsgrundlagen völlig offen bleiben. Versteht man unter einer individualistischen swf nämlich lediglich eine pareto-inklusive swf, so werden

---

[26] Vgl. dazu vor allem Samuelson (1947), 243 f., aber auch Bergson (1948), 418 und Samuelson (1981), 234 f.

die individuellen Präferenzen nur dann zur zwingenden Grundlage der gesellschaftlichen Bewertung erhoben, wenn keine Konflikte vorliegen. Unter die Kategorie der *interpersonal ethical judgments* fallen daher nicht nur Verteilungsprinzipien, die an den individuellen Präferenzen ansetzen, sondern auch Kriterien, die bei der Lösung von Verteilungskonflikten andere Informationen als die U_i (wie z. B. die individuellen Ergebnisse x_i) verwenden.

1.4. Das Konzept einer individualistischen swf wird in der Literatur nicht selten mit der Forderung identifiziert, die gesellschaftliche Bewertung der Alternativen x ausschließlich von den individuellen Nutzen $(U_1(x), \ldots, U_n(x))$ abhängig zu machen. Diese Forderung, für die sich die Bezeichnung *welfarism* eingebürgert hat (vgl. zuerst Sen [1977 b], 1559), scheinen die Autoren der Bergson-Samuelson-Tradition implizit zu erheben, wenn sie das Konzept einer swf – was häufig geschieht – in der folgenden Formulierung präsentieren:[27]

$$W(x) = W(U_1(x), \ldots, U_n(x))$$

Da eine „welfaristische" swf offensichtlich nicht pareto-inklusiv sein muß und – wie oben gesehen – auch das Umgekehrte nicht gilt, ist die *welfarism*-Interpretation des Konzepts einer individualistischen swf von der zuerst diskutierten Deutung logisch unabhängig (vgl. Sen [1986], 1076). Wegen des unbestrittenen Ansehens, das das Pareto-Kriterium in der Wohlfahrtsökonomie genießt, hat man sich jedoch daran gewöhnt, die *welfarism*-Interpretation mit der Forderung der Pareto-Inklusivität

[27] Vgl. Bergson (1938), 318 f., Samuelson (1947), 228 f., Bergson (1948), 418, Graaff (1957), 9 und Rothenberg (1961), 13.

zu verknüpfen und W als steigende Funktion der U_i anzunehmen:[28]

$$\frac{\partial W}{\partial U_i} > 0 \qquad (i = 1, \ldots, n)$$

Wird unter einer individualistischen Sozialen Wohlfahrtsfunktion eine pareto-inklusive und „welfaristische" swf verstanden, so reduziert sich das Spektrum der mit dem Bergson-Samuelson-Konzept vereinbaren Verteilungskriterien ganz erheblich, weil sich nun auch die *interpersonal ethical judgments* ausschließlich an den individuellen Nutzen zu orientieren haben.

1.5. Die Reichweite der Restriktion, die dem Konzept einer swf mit dem *welfarism*-Postulat auferlegt wird, hängt entscheidend von den Eigenschaften der U_i ab. Hält man an der Annahme ordinaler Nutzenfunktionen fest, so läßt sich die Informationsgrundlage des gesellschaftlichen Planers nur dann über die individuellen Präferenzordnungen hinaus erweitern, wenn man die Nutzenniveaus der Gesellschaftsmitglieder als interpersonell vergleichbar betrachtet. Diese zusätzliche Prämisse eröffnet nämlich die Möglichkeit, bei der gesellschaftlichen Bewertung der Alternativen neben den bereits in den R_i enthaltenen Informationen („$U_i(x) \gtrless U_i(y)$") auch Aussagen der Form „$U_i(x) \gtrless U_j(y)$" zu nutzen (vgl. ausführlicher unten II.3.). Lehnt man dagegen – wie es Bergson und Samuelson regelmäßig unterstellt wird – interperso-

[28] Vgl. etwa Bergson (1948), 418, Graaff (1957), 9f. und Kemp/Ng (1976), 59. Zu einer alternativen Definition des *welfarism*-Postulats, die die Forderung der Pareto-Inklusivität bereits enthält, vgl. Sen (1979d), 468.

nelle Nutzenvergleiche ab,[29] so unterliegt eine swf unter der *welfarism*-Interpretation offensichtlich im wesentlichen den gleichen Restriktionen wie eine SWF (bzw. CCR), die die Bedingung SN erfüllt. Unter der Annahme ordinaler und interpersonell nicht vergleichbarer U_i hat das *welfarism*-Postulat nämlich die Konsequenz, daß die Informationsgrundlage einer Bergson-Samuelson-swf faktisch auf die R_i reduziert wird.[30]

2. Wenngleich sich das Konzept einer individualistischen swf unter der *welfarism*-Interpretation (und den skizzierten Annahmen zur Meßbarkeit und Vergleichbarkeit der U_i) den Arrow-Konzepten einer SWF bzw. CCR erheblich annähert, bleibt doch ein bedeutender formaler Unterschied zwischen den beiden Ansätzen bestehen. Während nämlich W immer nur für *ein* gegebenes n-Tupel („Profil") individueller Nutzenfunktionen definiert ist *(single-profile approach)*, sind SWF und CCR als Methoden konzipiert, die jedes beliebige Profil individueller Präferenzordnungen in eine gesellschaftliche Rangordnung der Alternativen transformieren *(multi-profile approach)*. Dieser formale Kontrast lieferte die Begründung

---

[29] Die verbreitete Auffassung, mit dem Konzept einer individualistischen swf sei die Ablehnung interpersoneller Nutzenvergleiche verbunden, wird – zumindest auf den ersten Blick – durch das folgende Bergson-Zitat gestützt: „The writer follows Pareto in thinking that utilities are incommensurable ..." (Bergson [1948], 418). Demgegenüber betont Samuelson ausdrücklich die Notwendigkeit interpersoneller Nutzenvergleiche für die Erzeugung einer vollständigen Ordnung über die Alternativenmenge. Vgl. dazu vor allem Samuelson (1947), 244. Auf den scheinbaren Gegensatz dieser beiden Positionen wird noch einzugehen sein.

[30] „What needs stressing is that Arrow, and Bergson for that matter, specify that only the *order* relations of individuals determine the social ordering." (Samuelson [1967], 45, Hervorhebung im Original)

für die These, das Arrow-Theorem sei für Soziale Wohlfahrtsfunktionen des Bergson-Samuelson-Typs ohne jede Bedeutung.[31]

2.1. Nun ist diese These in der von Samuelson vorgetragenen Form zwar völlig korrekt, aber nicht minder trivial. Von allen Axiomen des Arrow-Theorems läßt sich nämlich nur das schwache Pareto-Prinzip ohne weiteres im formalen Rahmen einer swf reformulieren:

Axiom P: $\forall\, x, y \in X: (\forall i \in N: U_i(x) > U_i(y)) \rightarrow W(x) > W(y)$.

Während die Formulierung der schwachen Pareto-Bedingung nur ein einziges Profil der U_i (bzw. R_i) voraussetzt *(intraprofile condition)*[32], sind alle übrigen Arrow-Axiome in unterschiedlich enger Weise mit dem *multiprofile approach* verknüpft: Die Bedingung U verkörpert diesen Ansatz in seiner extremsten Ausprägung, das Axiom I ist dessen zentrale *interprofile condition*, und selbst die Bedingung D ist für alle Profile der R_i im Definitionsbereich von f formuliert.[33] Aus der Tatsache, daß sich nur ein einziges Arrow-Axiom unmittelbar auf den *single-profile approach* anwenden läßt, kann bei vordergründiger Betrachtung nur die Irrelevanz des Arrow-Theorems für Soziale Wohlfahrtsfunktionen des Berg-

[31] Vgl. dazu vor allem Samuelson (1967), 42 und 46–49, aber auch Little (1952), 423–425 und Bergson (1954), 240–249. Für eine entgegengesetzte Position vgl. bereits Rothenberg (1961), 41.

[32] Zur Unterscheidung von *intraprofile conditions* und *interprofile conditions* vgl. Fishburn (1973), 181–183.

[33] Dies gilt übrigens nur für die hier gewählte Version des Axioms D, nicht aber für Arrows eigene Formulierung dieser Bedingung. Vgl. dazu Arrow (1951), 30 und Sen (1970a), 42.

son-Samuelson-Typs geschlossen werden. Dieses Ergebnis ist jedoch ziemlich uninteressant, solange man nicht versucht, die Axiome U, I und D im konzeptuellen Rahmen einer Bergson-Samuelson-swf analog zu reformulieren (vgl. Sen [1977 b], 1564). Es kann nämlich niemanden verwundern, daß sich die Existenz einer swf nicht schon durch die Bedingung P (bzw. P*, vgl. Samuelson [1967], 49) gefährden läßt.

2.2. Geht man von einem gegebenen n-Tupel individueller Nutzenfunktionen ($U_1, \ldots, U_n$) aus, so ist eine nichtdiktatorische swf offensichtlich durch die folgende Forderung zu kennzeichnen:

Axiom (D):[34] Es gibt kein Individuum $i \in N$, so daß für alle Alternativen $x, y \in X$ gilt: $U_i(x) > U_i(y) \rightarrow W(x) > W(y)$.

Mit dieser Bedingung, die einen Diktator im speziellen Fall gegebener Präferenzen ausschließt, wird Arrows Axiom D offenbar ohne jeden Substanzverlust reformuliert, und es kann wohl kaum einen Zweifel daran geben, daß Bergson und Samuelson dieses schwache Postulat akzeptieren würden.

Da Bergson und Samuelson den individuellen Präferenzen – im Rahmen eines gegebenen Profils der U_i – keine inhaltlichen Beschränkungen auferlegen, bleibt die mit der Bedingung U verbundene Idee auch im *single-profile*-Kontext einer swf erhalten: „For Bergson, one and

---

[34] Die Verwendung runder Klammern soll hier und im folgenden darauf hinweisen, daß sich die Bedeutung eines ursprünglich dem *multi-profile approach* entstammenden Axioms (bzw. Konzepts) im *single-profile*-Kontext verändert.

only one of the (...) possible patterns of individuals' orderings is needed. It could be *any* one, but it is *only* one." (Samuelson [1967], 48 f., Hervorhebungen im Original) Um bei gegebenem Profil (U_1, ..., U_n) eine hinreichende Vielfalt der individuellen Präferenzen zu gewährleisten, muß vor allem dafür gesorgt werden, daß die Menge X genügend – hier als Nutzenvektoren ($U_1(x)$, ..., $U_n(x)$) konzipierte[35] – Alternativen enthält, in deren Bewertung sich die Gesellschaftsmitglieder unterscheiden können. Vor diesem Hintergrund ist die folgende Bedingung zu interpretieren:

Axiom (U): Bezeichnet $U_i(X)$ den Wertebereich von U_i, so soll gelten:
(1) $\forall$ i $\in$ N: $|U_i(X)| \geq 3$ und
(2) Für jedes Individuum i (i = 1, ..., n) existiert eine Menge S_i mit $S_i \subseteq U_i(X)$ und $|S_i| = 3$, so daß gilt: $S_1 \times S_2 \times \ldots \times S_n \subseteq \{\alpha \in \mathbb{R}^n: \alpha = (U_1(x), \ldots, U_n(x))$ für eine Alternative $x \in X\}$.[36]

Mit der Bedingung (U) wird von einer swf verlangt, daß ihr Definitionsbereich mindestens 3^n Alternativen enthält, die die verschiedenen Möglichkeiten repräsentieren, je drei individuelle Nutzenwerte miteinander zu kombinieren.[37]

---

[35] Mit der Modellierung der Alternativen als Nutzenvektoren wird – strenggenommen – das *welfarism*-Axiom (SN) bereits vorausgesetzt.
[36] Vgl. Parks (1976), Axiom 2. Bei der Formulierung dieses Axioms hat offensichtlich Arrows ursprüngliche Version der *unrestricted domain*-Bedingung Pate gestanden. Vgl. Arrow (1951), „Condition 1" und Parks (1976), 448.
[37] Betrachtet man eine Gesellschaft, die nur aus zwei Individuen besteht, so läßt sich die mit der Bedingung (U) erhobene Forderung illustrieren, wenn man zur Vereinfachung von der folgenden Annahme ausgeht: $U_i(X) = S_i = \{1, 2, 3\}$, (i = 1, 2). Der Definitionsbereich einer

Während die *unrestricted domain*-Bedingung dem formalen Rahmen einer Bergson-Samuelson-swf durch eine spezielle Normierung der zu berücksichtigenden Alternativen angepaßt werden kann, läßt sich Arrows Axiom I im *single-profile*-Kontext nicht einmal analog reformulieren. Wird der Definitionsbereich einer swf nämlich auf ein einziges Profil der U_i (bzw. R_i) beschränkt, so gibt es aus logischen Gründen keine Möglichkeit, die gesellschaftliche Bewertung zweier Alternativen an die individuellen Rangordnungen nur dieser beiden Alternativen zu binden. Wenngleich sich nun der konzeptuelle Unterschied zwischen SWF und swf offensichtlich im *independence*-Axiom manifestiert,[38] wäre es äußerst voreilig, aus diesem Befund schon die Irrelevanz des Arrow-Theorems für Soziale Wohlfahrtsfunktionen des Bergson-Samuelson-Typs zu folgern. Unter der *welfarism*-Interpretation des Konzepts einer individualistischen swf (und den üblichen Annahmen ordinaler sowie interpersonell nicht vergleichbarer U_i) liegt es nämlich nahe, Arrows *independence*-Axiom durch eine *single-profile*-Version der starken Neutralitätsbedingung zu ersetzen:

Axiom (SN): $\forall$ x, y, z, w $\in$ X:
$[(\forall i \in N: U_i(x) \geq U_i(y) \leftrightarrow U_i(z) \geq U_i(w)) \wedge (\forall i \in N:$

swf muß unter diesen Umständen die folgende Alternativenmenge enthalten: $S_1 \times S_2 = \{(1, 1), (1, 2), (1, 3), (2, 1), (2, 2), (2, 3), (3, 1), (3, 2), (3, 3)\}$. Dieses einfache Beispiel läßt bereits vermuten, daß die wesentliche Funktion des Axioms (U) in der Gewährleistung der Existenz von Alternativen besteht, die mit der schwachen Pareto-Bedingung verglichen werden können. Vgl. dazu allgemein Parks (1976), 449.

38 Vgl. Arrow (1963), 105. Samuelson hält Arrows *independence*-Bedingung im swf-Kontext übrigens nur deshalb für völlig unproblematisch, weil er sie falsch interpretiert. Vgl. dazu Samuelson (1967), 43 und 46f. sowie Sen (1977b), 1563f.

$U_i(y) \geq U_i(x) \leftrightarrow U_i(w) \geq U_i(z))] \rightarrow [(W(x) \geq W(y) \leftrightarrow W(z) \geq W(w)) \wedge (W(y) \geq W(x) \leftrightarrow W(w) \geq W(z))]$.

Die Bedingung (SN) macht – in vollkommener Analogie zur *interprofile condition* SN – die gesellschaftliche Bewertung zweier Alternativen bei gegebenem Profil der U_i (bzw. R_i) ausschließlich von den individuellen Rangordnungen dieser beiden Alternativen abhängig *(single-profile neutrality)*.[39] Da die wesentliche Funktion der *independence*-Bedingung darin besteht, die Informationsgrundlage einer SWF – in Verbindung mit den Axiomen U und P – (fast) ausschließlich auf die R_i zu reduzieren, läßt sich die Bedingung (SN) als angemessenes *single-profile*-Pendant des ursprünglichen Arrow-Axioms interpretieren (vgl. Sen [1979 c], 545).

Wird nun das *welfarism*-Postulat durch die Bedingung der *single-profile neutrality* präzisiert, so erhält man für Soziale Wohlfahrtsfunktionen des Bergson-Samuelson-Typs ein exaktes Analogon des Arrow-Theorems:

Theorem 3: Es existiert keine swf, die die Axiome (U), (SN), P und (D) erfüllt.[40]

2.3. Neben dem Arrow-Theorem gibt es eine ganze Fülle von *multi-profile*-Resultaten, die sich im *single-profile*-

---

[39] Setzt man x = z und y = w, so ist unschwer zu erkennen, daß das Axiom (SN) nur eine triviale *single-profile*-Version der *independence*-Bedingung enthält.

[40] Vgl. Parks (1976), 448 f. und – für eine sehr ähnliche Formulierung – Pollak (1979), 75–78. Zu zwei verwandten Resultaten, die sich allerdings nur mit Mühe als *single-profile*-Analoga des Arrow-Theorems interpretieren lassen, vgl. Kemp/Ng (1976), „Proposition 1“ und „Proposition 2“.

Kontext analog reformulieren lassen.[41] Definiert man eine (CCR) als eine funktionale Beziehung, die einem gegebenen Profil individueller Präferenzordnungen $R^0 = (R_1, \ldots, R_n)$ eine gesellschaftliche Präferenzrelation R zuordnet, so läßt sich insbesondere zeigen, daß auch zu Theorem 2 ein *single-profile*-Analogon existiert.
Da Sens Axiomatisierung der erweiterten Pareto-Regel mit Ausnahme des starken Pareto-Prinzips nur Bedingungen verwendet, die dem *multi-profile approach* verhaftet sind, müssen die Axiome Q, U, I und A den Erfordernissen des *single-profile approach* angepaßt werden:

Axiom (Q): Die von einer (CCR) erzeugte gesellschaftliche Präferenzrelation R ist in der Menge X reflexiv, vollständig und quasi-transitiv.

Axiom (U): Für drei hypothetische Alternativen (x', y', z') und jedes logisch mögliche Subprofil R'(x', y', z') gilt: Es existieren drei Alternativen $x, y, z \in X$, so daß $R^0(x, y, z) = R'(x', y', z')$.[42]

Axiom (SN): $\forall\, x, y, z, w \in X$:
$[(\forall i \in N: xR_iy \leftrightarrow zR_iw) \land (\forall i \in N: yR_ix \leftrightarrow wR_iz)] \rightarrow [(xRy \leftrightarrow zRw) \land (yRx \leftrightarrow wRz)]$.

---

[41] Für eine systematische Untersuchung dieser Analogien vgl. Roberts (1980c).

[42] Vgl. Pollak (1979), Axiom U^{*3}. Ein Subprofil $R^0(x, y, z)$ ist als n-Tupel der auf die drei Alternativen x, y und z beschränkten individuellen Präferenzordnungen $R_i(x, y, z)$ definiert: $R^0(x, y, z) = [R_1(x, y, z), \ldots, R_n(x, y, z)]$. Mit der Bedingung (U) wird im formalen Rahmen einer (CCR) gefordert, daß das gegebene Profil R^0 alle logisch möglichen Subprofile über drei Alternativen enthält. Zur Interpretation dieser Bedingung, die wiederum sehr hohe Anforderungen an die Alternativenzahl stellt, vgl. Pollak (1979), 76f. Da Pollaks Axiom U^{*3} mit Parks' Axiom 2 zwar nicht identisch ist, beide Bedingungen aber die gleiche Grundidee repräsentieren, werden sie hier unter der einheitlichen Bezeichnung (U) geführt.

Axiom (A): Für alle Alternativen x, y, z, w $\in$ X und alle Permutationen σ von N gilt:
$[(\forall i \in N: xR_iy \leftrightarrow zR_{\sigma(i)}w) \wedge (\forall i \in N: yR_ix \leftrightarrow wR_{\sigma(i)}z)] \rightarrow [(xRy \leftrightarrow zRw) \wedge (yRx \leftrightarrow wRz)]$.

Während mit dem Postulat (Q) offensichtlich keine substantielle Modifikation der ursprünglichen Sen-Bedingung verbunden ist, verändert sich die Bedeutung des Anonymitätsaxioms im *single-profile*-Kontext ganz erheblich. Genügt eine (CCR) der Bedingung (A), so hängt die gesellschaftliche Bewertung zweier Alternativen ausschließlich von der Struktur der individuellen Rangordnungen dieser beiden Alternativen ab. Unter der Annahme eines gegebenen Profils R^0 hat die Anonymitätsbedingung somit die Konsequenz, daß die bei der kollektiven Bewertung zweier Zustände x und y zu berücksichtigende Information auf die jeweilige Anzahl der Individuen i, j und k reduziert wird, die in bezug auf die Alternativen x und y einen bestimmten Präferenztypus (xP_iy, xI_jy, yP_kx) repräsentieren. Da das Axiom (A) offensichtlich (für $\sigma(i) = i$) die Forderung der *single-profile neutrality* enthält (vgl. Kemp/Ng [1976], 64 und Pollak [1979], 82), kann bei der analogen Reformulierung des Theorems 2 auf die Bedingung (SN) verzichtet werden:

Theorem 4: Die erweiterte Pareto-Regel ist die einzige (CCR), die die Axiome (U), P*, (A) und (Q) erfüllt.[43]

[43] Vgl. Pollak (1979), 82 f. Da Arrows *independence*-Bedingung in der *single-profile*-Version des Theorems 2 durch das Axiom (SN) substituiert wird, könnte man bei der Formulierung des Theorems 4 auf die Pareto-Indifferenz-Komponente der Bedingung P* verzichten. Im *multi-profile*-Kontext wird die Pareto-Indifferenz nämlich nur verwendet, um (in Verbindung mit den Axiomen U und I) die Eigenschaft der starken Neutralität zu gewährleisten. Vgl. in diesem Zusammenhang Pollak (1979), Axiom P** und Fußnote 14.

3. Die Theoreme 3 und 4 zeigen, daß der von Bergson und Samuelson vertretene *single-profile approach* zu den gleichen Schwierigkeiten führt wie Arrows *multi-profile approach*, wenn man die *welfarism*-Interpretation des Konzepts einer individualistischen swf mit der Annahme ordinaler und interpersonell nicht vergleichbarer Nutzen verknüpft. Wie im konzeptuellen Rahmen einer SWF (bzw. CCR) genügen dann nämlich einige schwache normative Bedingungen, um entweder alle – als Soziale Wohlfahrtsfunktionen des Bergson-Samuelson-Typs konzipierten – Verteilungsprinzipien zu eliminieren (Theorem 3) oder die Klasse der zulässigen kollektiven Auswahlregeln auf ein Kriterium zu reduzieren, das eine genuine Bewertung von Verteilungskonflikten ausschließt (Theorem 4).[44] Für diese trostlosen Ergebnisse ist in erster Linie die Bedingung (SN) verantwortlich, mit der die *welfarism*-Interpretation des Konzepts einer swf (unter der Annahme ordinaler und interpersonell nicht vergleichbarer U_i) in Analogie zur *interprofile condition* SN modelliert wird.[45]

3.1. Aus den Theoremen 3 und 4 ergibt sich zunächst einmal der zwingende Schluß, daß der bloße Hinweis auf die Besonderheiten des *single-profile approach* nicht aus-

---

[44] Interpretiert man die erweiterte Pareto-Regel vor dem Hintergrund des Konzepts einer Bergson-Samuelson-swf, so haben die in Theorem 4 verwendeten Axiome offenkundig eine groteske Standardisierung der *interpersonal ethical judgments* zur Folge. Die bloße Feststellung, daß die Rangordnungen mindestens zweier Individuen konfligieren, genügt nämlich schon, um zwei Verteilungszustände automatisch für gesellschaftlich indifferent zu erklären.

[45] Die direkte Verwendung der *single-profile neutrality* in Theorem 3 hat im übrigen die Konsequenz, daß sich der Beweis des Arrow-Theorems im swf-Kontext ganz erheblich vereinfacht. Vgl. dazu Parks (1976), 448 und Sen (1986), 1149.

reicht, um die Irrelevanz des Arrow-Theorems (und verwandter Resultate) für Soziale Wohlfahrtsfunktionen des Bergson-Samuelson-Typs zu begründen (vgl. Pollak [1979], 86f.). Damit ist jedoch noch längst nicht erwiesen, daß der von Bergson und Samuelson vertretene Ansatz unweigerlich mit dem Arrow-Dilemma konfrontiert ist. Den Ergebnissen von Parks und Pollak läßt sich nämlich nur entnehmen, daß dies genau dann der Fall ist, wenn eine swf (bzw. (CCR)) die gleiche Informationsgrundlage wie eine SWF (bzw. CCR) verwendet und bei der gesellschaftlichen Bewertung der Alternativen ausschließlich die individuellen Präferenzordnungen berücksichtigt. Die Reichweite der aus den Theoremen 3 und 4 zu ziehenden Schlußfolgerungen hängt demnach entscheidend von der Frage ab, ob die mit der Bedingung (SN) vorausgesetzte Interpretation des Konzepts einer individualistischen swf den Intentionen Bergsons und Samuelsons entspricht. Um das Konzept der swf vor dem Arrow-Verdikt zu retten, genügt offensichtlich bereits der Nachweis, daß Bergson und Samuelson weit davon entfernt sind, die ethische Ordnung aller gesellschaftlichen Zustände (unter Vermeidung interpersoneller Nutzenvergleiche) ausschließlich auf die ordinalen Eigenschaften der individuellen Präferenzen gründen zu wollen.

3.2. Im formalen Rahmen einer individualistischen swf lassen sich grundsätzlich zwei alternative Wege beschreiten, um dem mit den Theoremen 3 und 4 beschriebenen Dilemma zu entgehen:

(1) Man hält an der *welfarism*-Interpretation des Konzepts fest, sorgt aber durch eine Verschärfung der Annahmen zur Meßbarkeit und/oder interper-

sonellen Vergleichbarkeit der U_i dafür, daß die Informationsgrundlage des gesellschaftlichen Planers über die individuellen Präferenzordnungen hinaus erweitert wird. Die zur Bewertung von Verteilungskonflikten erforderlichen *interpersonal ethical judgments* haben sich unter diesen Umständen zwar weiterhin ausschließlich an den individuellen Nutzen zu orientieren, können sich nun aber auf zusätzliche Informationen über die Intensitäten der individuellen Präferenzen (Kardinalität der U_i) und/oder das relative Wohlbefinden der Gesellschaftsmitglieder (Vergleichbarkeit der U_i) stützen.[46]

(2) Man behält die Annahme ordinaler und interpersonell nicht vergleichbarer Nutzen bei, gibt aber die *welfarism*-Interpretation auf und kehrt zur ersten Deutung des Bergson-Samuelson-Konzepts zurück, die das Individualismus-Postulat mit der bescheidenen Forderung der Pareto-Inklusivität übersetzt. Da die individuellen Präferenzordnungen unter diesen Vorgaben nur dann zur zwingenden Grundlage der gesellschaftlichen Bewertung avancieren, wenn Pareto-Vergleiche möglich sind, lassen sich im Zuge der *interpersonal ethical judgments* auch andere Informationen als die R_i verwenden.

Das gemeinsame Merkmal dieser beiden grundsätzlich sehr verschiedenen Strategien besteht offensichtlich dar-

---

[46] Vgl. in diesem Zusammenhang Kemp/Ng (1976), 65f., Parks (1976), 450, Blackorby/Donaldson (1977), 366, Kemp/Ng (1977), Mueller (1979), 176–181 und Roberts (1980c), 449. Während einige Autoren – dies gilt insbesondere für Kemp und Ng, aber auch für Mueller – die Notwendigkeit kardinaler Nutzenfunktionen hervorheben, läßt sich zeigen, daß die Annahme kardinaler U_i für die Überwindung des Arrow-Dilemmas keineswegs von zentraler Bedeutung ist. Vgl. dazu unten II.3.

in, daß sie unweigerlich zu einer Verletzung des Axioms (SN) führen,[47] auf dem die Theoreme 3 und 4 im wesentlichen beruhen.

3.3. Nach allem, was bisher gesagt wurde, ist es nicht sonderlich überraschend, daß Samuelson die Bedingung der *single-profile neutrality* massiv ablehnt. Sein Argument läßt sich mit den drei folgenden Lösungen des Problems verdeutlichen, einen festen Geldbetrag (von 100 Einheiten) auf zwei Individuen zu verteilen (vgl. Samuelson [1977], 83 f. und Samuelson [1981], 235 f.):

$$x = (100, 0), y = (50, 50), z = (0, 100)$$

Während nach Samuelson von einer akzeptablen swf in jedem Fall zu fordern ist, daß sie die egalitäre Lösung als beste Alternative ausweist ($W(y) > W(x)$ und $W(y) > W(z)$), hat die Bedingung (SN) unter den üblichen Annahmen zu den individuellen Präferenzordnungen ($U_1(x) > U_1(y) > U_1(z)$ und $U_2(x) < U_2(y) < U_2(z)$) offensichtlich die Konsequenz, daß y den beiden inegalitären Verteilungen nicht gleichzeitig vorgezogen werden darf ($W(y) > W(x) \leftrightarrow W(z) > W(y)$ und $W(y) > W(z) \leftrightarrow W(x) > W(y)$). Angesichts der grotesken Bewertungsvorschriften, die das Axiom (SN) bereits in einer einfachen Verteilungssituation erzeugt, ist es für Samuelson völlig indiskutabel, das Konzept einer swf durch die Bedingung der *single-profile neutrality* zu spezifizieren und

[47] Die erste Strategie läßt sich allerdings mit einer allgemeineren Version des Axioms (SN) vereinbaren, die das *welfarism*-Postulat unter beliebigen Annahmen zur Meßbarkeit bzw. Vergleichbarkeit der U_i repräsentiert. Auf die besondere Bedeutung dieses allgemeinen *welfarism*-Axioms wird vor allem im *multi-profile*-Kontext noch einzugehen sein. Vgl. dazu unten V.1.

die *interpersonal ethical judgments* ausschließlich auf die individuellen Präferenzordnungen zu gründen.
Da Samuelsons Intentionen offenbar völlig verfehlt werden, wenn man das Individualismus-Postulat mit der Bedingung (SN) übersetzt, wird die potentielle Leistungsfähigkeit des Konzepts einer swf für die normative Analyse von Verteilungsproblemen durch die Theoreme 3 und 4 überhaupt nicht beeinträchtigt. Die Ablehnung des Axioms (SN) macht es allerdings erforderlich, noch einmal einen genaueren Blick auf das Konzept einer individualistischen swf zu werfen. Es ist nämlich noch die Frage zu klären, auf welche Informationsgrundlage sich die *interpersonal ethical judgments* denn nun wirklich stützen sollen, bzw. – anders formuliert – welcher der beiden skizzierten Auswege aus dem Arrow-Dilemma mit dem Bergson-Samuelson-Konzept letztlich gewählt wird.[48]

4. Versucht man, sich über das Konzept einer individualistischen swf Klarheit zu verschaffen, so liegt es nahe, die der Bedingung (SN) zugrunde liegenden Annahmen (*welfarism*, Ordinalität und Nichtvergleichbarkeit der U_i) mit den entsprechenden Positionen Bergsons und Samuelsons zu konfrontieren.

4.1. Während es kaum einen Zweifel daran geben kann, daß als Argumente einer individualistischen swf lediglich

---

[48] Daß die bloße Ablehnung der Bedingung (SN) nicht ausreicht, um diese Frage zu beantworten, läßt sich anhand des letzten Beispiels demonstrieren. Zur Fundierung der von Samuelson favorisierten gesellschaftlichen Bewertung können nämlich sowohl „welfaristische" Kriterien (wie etwa das utilitaristische Prinzip unter der Annahme identischer kardinaler Nutzenfunktionen mit abnehmendem Grenznutzen) als auch Verteilungskriterien herangezogen werden, die – wie z. B. Rawls' Differenzprinzip – an anderen Informationen als den U_i ansetzen.

ordinale Nutzenfunktionen vorgesehen sind,[49] läßt sich die Position, die Bergson und Samuelson zum Problem interpersoneller Nutzenvergleiche beziehen, nur mit einiger Mühe identifizieren. Zum einen werden interpersonelle Nutzenvergleiche nämlich als unabdingbar betrachtet, wenn über die Pareto-Quasiordnung hinaus eine vollständige Ordnung aller Alternativen erzeugt werden soll:

> „Without a well-defined W function, i. e., without assumptions concerning interpersonal comparisons of utility, it is impossible to decide which of these points [gemeint sind alle pareto-optimalen gesellschaftlichen Zustände] is best.“ (Samuelson [1947], 244)

Zum anderen ist mit dem Konzept einer swf gleichzeitig die feste Überzeugung verbunden, daß sich die Nutzen der Gesellschaftsmitglieder interpersonell nicht vergleichen lassen:

> „The writer follows Pareto in thinking that utilities are incommensurable ... The familiar appeal (...) that we must ‚assume‘ the comparability of utilities in order to establish a basis for normative precepts does not seem to us to meet the issue.“ (Bergson [1948], 418)

Der zwischen diesen beiden Äußerungen scheinbar bestehende Widerspruch löst sich auf, wenn man bedenkt,

---

[49] Vgl. Samuelson (1977), 81 und 85f. sowie Samuelson (1981), 224, 230 und 236f. Während Samuelson eine swf regelmäßig auf der Basis ordinaler Nutzenfunktionen definiert, schließt er die Möglichkeit nicht aus, daß sich unter speziellen Vorgaben auch kardinale U_i im Argumentbereich von W sinnvoll verwenden lassen. Vgl. dazu unten III.2.b.

daß Bergson und Samuelson in der Bewertung interpersoneller Nutzenvergleiche noch ganz der Robbins'schen Tradition verhaftet sind. Im Rahmen seiner Kritik an der Verwendung interpersoneller Nutzenvergleiche in der älteren – vom Utilitarismus geprägten – Wohlfahrtsökonomie vertritt Robbins die beiden folgenden Positionen (vgl. Robbins [1935], 136–143 und Robbins [1938]):

> (1) Interpersonelle Nutzenvergleiche sind nicht als Aussagen über empirische Sachverhalte, sondern als Werturteile zu interpretieren. Es gibt nämlich keine Möglichkeit, Aussagen über das relative Wohlbefinden der Gesellschaftsmitglieder mit wissenschaftlichen Methoden zu überprüfen.
> (2) Dennoch ist es wünschenswert bzw. unvermeidlich, bestimmte politische Entscheidungen auf Annahmen über interpersonelle Nutzenvergleiche zu gründen. Die Verwendung solcher Annahmen ist allerdings nur dann als unproblematisch zu betrachten, wenn man ihren präskriptiven Charakter nicht aus den Augen verliert.

Vor dem Hintergrund dieser beiden Positionen, die zum einen den methodologischen Status und zum anderen die praktische Relevanz interpersoneller Nutzenvergleiche betreffen, sind die zitierten Äußerungen Bergsons und Samuelsons zu interpretieren. Eine individualistische swf kann sich demnach zwar nicht auf deskriptive Aussagen der Form „$U_i(x) \gtrless U_j(y)$" stützen, muß die fehlende empirische Information aber durch normative Annahmen ersetzen, um eine gesellschaftliche Bewertung der Alternativen auch im Fall konfligierender individueller Präferenzen zu ermöglichen. Mit dem Bergson-Samuelson-Konzept ist also keineswegs die Ablehnung interpersoneller Nutzenvergleiche, sondern lediglich die Überzeugung verbunden, daß sich die individuellen Nutzen auf der Grundlage empirischer Evidenz nicht vergleichen lassen:

> „... economists do not really mean that interpersonal comparisons are ‚impossible'. All that they mean is that they cannot be made without judgements of an essentially ethical nature. If we make these explicitly, we can formalize them in the shape of a Bergson social welfare function of the individualist type." (Graaff [1957], 8 f.)[50]

Da eine individualistische swf die gesellschaftliche Rangordnung der Alternativen von normativen Annahmen über interpersonelle Nutzenvergleiche abhängig macht, kann die Bedingung der *single-profile neutrality* den Intentionen Bergsons und Samuelsons nicht gerecht werden. Der Formulierung des Axioms (SN) liegt nämlich nicht nur die korrekte Einschätzung zugrunde, Bergson und Samuelson betrachteten interpersonelle Nutzenvergleiche als empirisch nicht fundierbare Aussagen, sondern darüber hinaus auch die irrige Unterstellung, bei der endgültigen Spezifizierung von W sei aus diesem Grunde auf interpersonelle Nutzenvergleiche zu verzichten.[51]

---

[50] In den Schriften Bergsons und Samuelsons kommt die Relevanz der Robbins'schen Kritik interpersoneller Nutzenvergleiche für das Konzept einer individualistischen swf meist sehr viel weniger deutlich zum Vorschein als in Graaffs Exegese. Vgl. in diesem Zusammenhang Bergson (1938), 327f., Samuelson (1947), 244 und 249f., Bergson (1948), 418 und Bergson (1954), 245.

[51] Diese Fehlinterpretation ist unter anderem damit zu erklären, daß Robbins' eigene Position oft genug in gleicher Weise mißverstanden wurde. Vgl. dazu Sen (1979b), 184. Die verbreitete Auffassung, mit dem Konzept einer individualistischen swf sei die Ablehnung interpersoneller Nutzenvergleiche verbunden, hat ihre Ursache aber auch dar-

4.2. Folgt man Robbins' präskriptiver Interpretation, so sind interpersonelle Nutzenvergleiche als Aussagen über die relative Priorität der konfligierenden Präferenzen zweier Individuen (*two-person judgments*, vgl. Sen [1979 b], 190f.) zu kennzeichnen:

> „To state that A's preference stands above B's in order of importance is entirely different from stating that A prefers n to m and B prefers n and m in a different order. It involves an element of conventional valuation. Hence it is essentially normative." (Robbins [1935], 139)

Geht man von zwei Gesellschaftsmitgliedern i und j aus, deren Präferenzen in bezug auf die Alternativen x und y konkurrieren (xP_iy, yP_jx), so repräsentiert ein normativer interpersoneller Nutzenvergleich eine der drei folgenden Entscheidungen:[52]

> (1) Der Präferenz des Individuums i wird gesellschaftlich eine größere Priorität eingeräumt als der Präferenz des Individuums j ($xP_iy > yP_jx$).
> (2) Den Präferenzen beider Individuen wird die gleiche gesellschaftliche Bedeutung beigemessen ($xP_iy = yP_jx$).
> (3) Die Präferenz des Individuums j wird gegenüber der Präferenz des Individuums i als gesellschaftlich vorrangig erachtet ($yP_jx > xP_iy$).

---

in, daß sich die Autoren der Bergson-Samuelson-Tradition regelmäßig darauf beschränken, die allgemeinen Eigenschaften aller pareto-inklusiven Sozialen Wohlfahrtsfunktionen zu analysieren. Vgl. in diesem Zusammenhang Samuelson (1947), 236f. und Graaff (1957), 9–11.

[52] Die im folgenden verwendete Notation geht auf Strasnick zurück, der mit den *relations of preference priority* faktisch die Robbins'sche Interpretation interpersoneller Nutzenvergleiche formalisiert. Vgl. vor allem Strasnick (1976b), 247f. und Strasnick (1979a), 315.

Die Konsequenzen dieser spezifischen Interpretation interpersoneller Nutzenvergleiche sind am deutlichsten zu erkennen, wenn man Verteilungskonflikte in Zwei-Personen-Gesellschaften betrachtet. Unter diesen besonderen Umständen (N={i, j}) ist die gesellschaftliche Bewertung zweier Alternativen nämlich immer einem normativen interpersonellen Nutzenvergleich äquivalent (vgl. Strasnick [1976 b], 247f. und Sen [1979 b], 191):[53]

(1) $xPy \leftrightarrow (xP_iy > yP_jx)$
(2) $xIy \leftrightarrow (xP_iy = yP_jx)$
(3) $yPx \leftrightarrow (yP_jx > xP_iy)$

Wendet man die Idee normativer interpersoneller Nutzenvergleiche dagegen auf Verteilungskonflikte an, die die Interessen beliebig vieler Individuen berühren, so müssen die einzelnen *two-person judgments* zu einem konsistenten System aggregiert werden, um eine gesellschaftliche Bewertung der Alternativen zu erzeugen.[54]

4.3. Die implizite Verknüpfung des Konzepts einer individualistischen swf mit Robbins' präskriptiver Interpretation interpersoneller Nutzenvergleiche hat zwei be-

[53] Vgl. in diesem Zusammenhang auch Samuelson (1981), 258f. Der dort geführte Nachweis der Existenz mindestens einer individualistischen swf für jedes Profil der Präferenzen zweier Individuen (in bezug auf drei Alternativen) beruht letztlich auf der simplen Überlegung, daß im Fall konfligierender individueller Präferenzen über deren Prioritäten entschieden werden muß, wenn eine vollständige gesellschaftliche Rangordnung erzeugt werden soll.

[54] Die Notwendigkeit dieser Aggregation läßt sich für eine Drei-Personen-Gesellschaft illustrieren, wenn man das Problem betrachtet, zwei Alternativen x und y unter den folgenden Annahmen gesellschaftlich zu bewerten: xP_1y, xP_2y, yP_3x; $yP_3x > xP_1y$, $yP_3x > xP_2y$. Da die beiden *two-person judgments* keine Aussage der Form „$(xP_1y \wedge xP_2y) \gtrless yP_3x$" implizieren, bleibt die gesellschaftliche Bewertung indeterminiert.

merkenswerte Konsequenzen: Zum einen ist klar zu erkennen, daß die *interpersonal ethical judgments* – rein formal betrachtet – als Aussagen zu präzisieren sind, die die relative Priorität der konfligierenden Präferenzen zweier Individuen betreffen.[55] Zum anderen läßt sich zeigen, daß jeder ernst zu nehmende Versuch, diese ethischen Urteile mit materialen Prinzipien zu fundieren, zwangsläufig gegen das *welfarism*-Postulat verstoßen muß. Da mit den *interpersonal ethical judgments* Verteilungskonflikte entschieden werden, kann von einer angemessenen Fundierung dieser Urteile offenbar nur die Rede sein, wenn die ihnen zugrunde liegenden ethischen Prinzipien an empirischen Informationen ansetzen, die – in jeweils spezifischer Weise – die verteilungsrelevanten Merkmale eines Konflikts widerspiegeln (vgl. in diesem Zusammenhang Arrow [1963], 111 f.). Nun besteht zwar grundsätzlich die Möglichkeit, die Nutzen der Gesellschaftsmitglieder als zentrales Merkmal eines Verteilungskonflikts zu betrachten und Aussagen der Form „$xP_iy \gtreqless yP_jx$" mit „welfaristischen" Prinzipien zu untermauern.[56] Geht man jedoch – wie Bergson und Samuel-

[55] Daß Samuelson normative interpersonelle Nutzenvergleiche meint, wenn er die Notwendigkeit der *interpersonal ethical judgments* betont, läßt sich aus der synonymen Verwendung von „assumptions concerning interpersonal comparisons of utility" und „given set of ethical notions which define a *Welfare function*" schließen. Vgl. Samuelson (1947), 244 (Hervorhebung im Original). Das folgende Bergson-Zitat deutet darauf hin, daß normative interpersonelle Nutzenvergleiche im Rahmen des Konzepts einer individualistischen swf als *two-person judgments* zu interpretieren sind: „In the extreme case, it might even be necessary to pair by separate ethical premises all the indifference curves of each household with all those of every other one." (Bergson [1954], 245)

[56] So ließen sich die *two-person judgments* z. B. mit der Anwendung des utilitaristischen Prinzips auf Individuenpaare fundieren: $\forall$ i, j $\in$ N, $\forall$ x, y $\in$ X: $(xP_iy \geq yP_jx) \leftrightarrow [(U_i(x) - U_i(y)) \geq (U_j(y) - U_j(x))]$. Vgl. in

son – davon aus, daß die U_i ordinal definiert und interpersonelle Nutzenvergleiche als empirisch bedeutungslos zu betrachten sind, so kann diese Möglichkeit nicht genutzt werden. Die U_i enthalten unter diesen Annahmen nämlich nicht mehr empirische Informationen als die individuellen Präferenzordnungen, über deren relative Priorität ja gerade entschieden werden soll. Bergson und Samuelson sind daher – trotz ihres scheinbaren Bekenntnisses zum *welfarism*-Postulat – letztlich gezwungen, im Zuge der endgültigen Spezifizierung einer pareto-inklusiven swf durch ein fundiertes System von *interpersonal ethical judgments* auf andere Informationen als die individuellen Nutzen zurückzugreifen.[57]

4.4. Die Bedingung (SN) bildet die Positionen Bergsons und Samuelsons offensichtlich nur insofern zutreffend ab, als beide tatsächlich von der Annahme ordinaler und interpersonell (empirisch!) nicht vergleichbarer Nutzen ausgehen. Demgegenüber beruht das für die Formulierung des Axioms (SN) zentrale *welfarism*-Postulat auf einer groben – wenn auch weit verbreiteten – Fehlinterpretation des Konzepts einer individualistischen swf. Bergson und Samuelson verwenden die ordinalen Eigen-

---

diesem Zusammenhang Strasnick (1976a), 90f. (Fußnote 7) und Strasnick (1979b), 203 sowie unten II.3.

[57] Der naheliegende Ausweg, statt der $U_i(\cdot)$ die materiellen individuellen Verteilungsergebnisse (bewertet in Geld- bzw. Gütereinheiten) als empirische Grundlage der *interpersonal ethical judgments* zu verwenden, wird von Samuelson gewählt, um die Existenz einer individualistischen swf (für zwei Individuen und zwei Güter) zu demonstrieren. Vgl. Samuelson (1977), 85f. Da die gesellschaftliche Bewertung von Verteilungskonflikten mit den x_i eine kardinale Grundlage erhält, verletzt Samuelsons Konstruktion über das *welfarism*-Postulat hinaus auch die – mit dem Konzept einer swf üblicherweise verbundene – ordinalistische Position. Vgl. dazu Kemp/Ng (1977).

schaften der individuellen Präferenzen nämlich letztlich nur, um die Klasse der pareto-inklusiven Sozialen Wohlfahrtsfunktionen zu spezifizieren. Da die materiale Fundierung eines konsistenten Systems von *interpersonal ethical judgments* zwangsläufig auf Informationen zurückgreifen muß, die die zu bewertenden Konflikte nicht in Nutzengrößen abbilden, folgt die Ergänzung der Pareto-Quasiordnung zu einer vollständigen Ordnung immer einer nicht-„welfaristischen" Logik.

3. Kardinalität und Vergleichbarkeit

1. Die Suche nach einem akzeptablen Verteilungsprinzip führt – so viel ist bisher klar geworden – unweigerlich in eine Sackgasse, wenn die gesellschaftliche Bewertung der Alternativen (fast) ausschließlich von den individuellen Präferenzordnungen abhängig gemacht wird. Es hat sich auch gezeigt, daß das Konzept einer individualistischen swf – allem Anschein zum Trotz – keineswegs mit dem Arrow-Dilemma konfrontiert ist, weil Bergson und Samuelson zwar von der Annahme ordinaler und interpersonell nicht vergleichbarer Nutzen ausgehen, gleichzeitig aber – nolens volens – vom *welfarism*-Postulat abrücken. Daß sich das Arrow-Dilemma auch durch eine Verschärfung der Annahmen zur Meßbarkeit und/oder interpersonellen Vergleichbarkeit der U_i vermeiden läßt, wurde bisher nur angedeutet. Die spezifischen Voraussetzungen dieser alternativen, „welfaristischen" Strategie sind daher noch zu klären.

1.1. Die Konsequenzen alternativer Annahmen zur Meßbarkeit und Vergleichbarkeit der individuellen Nutzen lassen sich im Rahmen des *multi-profile approach* untersuchen, wenn man die Konzepte einer CCR bzw. SWF in der folgenden Weise erweitert (vgl. Sen [1974 a], 391 und Sen [1970 a], 129):[58]

Definition 3: Ein kollektives Auswahlfunktional (*collective choice functional*: „CCFL") ist eine funktionale Beziehung F, die jedem n-Tupel individueller Nutzenfunktionen $(U_1, \ldots, U_n)$ genau eine gesellschaftliche Präferenzrelation R zuordnet: $R = F(U_1, \ldots, U_n)$.

Definition 4: Ein Soziales Wohlfahrtsfunktional (*social welfare functional*: „SWFL") ist eine funktionale Beziehung F, die jedem n-Tupel individueller Nutzenfunktionen $(U_1, \ldots, U_n)$ genau eine gesellschaftliche Präferenzordnung R zuordnet: $R = F(U_1, \ldots, U_n)$.

Da die Definitionen 3 und 4 die in einem Profil $(U_1, \ldots, U_n)$ enthaltenen Informationen grundsätzlich offen lassen, repräsentieren die Konzepte eines CCFL bzw. SWFL eine wesentlich umfangreichere Klasse von Verteilungsprinzipien als die Arrow-Konzepte einer CCR bzw. SWF. Will man nun die für eine Überwindung des Arrow-Dilemmas notwendigen bzw. hinreichenden Voraussetzungen im konzeptuellen Rahmen kollektiver Auswahlfunktionale (bzw. Sozialer Wohlfahrtsfunktionale) untersuchen, so sind zunächst die in den Theoremen 1 und 2 verwendeten Axiome zu reformulieren:[59]

---

[58] Das der Definition eines Sozialen Wohlfahrtsfunktionals zugrunde liegende allgemeinere Konzept wird in der Literatur – wenn überhaupt – ohne jede Bezeichnung eingeführt. Der hier verwendete Begriff *collective choice functional* soll die enge Verwandtschaft dieses Konzepts mit dem einer kollektiven Auswahlregel unterstreichen.

[59] Um den Notationsaufwand in Grenzen zu halten, wird bei der folgenden Reformulierung der Axiome für kollektive Auswahlfunktionale auf eine Veränderung ihrer Bezeichnungen verzichtet. Dieses Verfah-

Axiom U: Der Definitionsbereich von F umfaßt alle logisch möglichen n-Tupel individueller Nutzenfunktionen.

Axiom I: Für je zwei n-Tupel individueller Nutzenfunktionen $(U_1, \ldots, U_n)$ und $(U'_1, \ldots, U'_n)$, denen F die gesellschaftlichen Präferenzrelationen R bzw. R' zuordnet, und jedes Alternativenpaar $x, y \in X$ gilt:
$[(\forall i \in N: U_i(x) = U'_i(x)) \wedge (\forall i \in N: U_i(y) = U'_i(y))] \rightarrow [(xRy \leftrightarrow xR'y) \wedge (yRx \leftrightarrow yR'x)]$.[60]

Axiom P: $\forall\, x, y \in X: (\forall i \in N: U_i(x) > U_i(y)) \rightarrow xPy$.

Axiom P:* Für alle $x, y \in X$ gilt:
(1) $(\forall i \in N: U_i(x) = U_i(y)) \rightarrow xIy$ und
(2) $[(\forall i \in N: U_i(x) \geq U_i(y)) \wedge (\exists i \in N: U_i(x) > U_i(y))] \rightarrow xPy$.

Axiom D: Es gibt kein Individuum $i \in N$, so daß für alle n-Tupel individueller Nutzenfunktionen im Definitionsbereich von F und alle Alternativenpaare $x, y \in X$ gilt: $U_i(x) > U_i(y) \rightarrow xPy$.

Axiom A: Für je zwei n-Tupel individueller Nutzenfunktionen $(U_1, \ldots, U_n)$ und $(U'_1, \ldots, U'_n)$, denen F die

---

ren sollte allerdings nicht darüber hinwegtäuschen, daß sich die Bedeutung einiger Axiome – dies gilt insbesondere für die *independence*-Bedingung – mit der Erweiterung des formalen Rahmens erheblich verändern kann. Vgl. dazu unten.

[60] Die hier gewählte I_2-Formulierung der *independence*-Bedingung läßt sich – wie im formalen Rahmen einer Arrow-SWF – durch eine schwächere I_m-Version ersetzen, wenn ein SWFL das Axiom U erfüllt. Vgl. dazu oben Fußnote 6 und d'Aspremont/Gevers (1977), Lemma 1. In diesem Zusammenhang ist darauf hinzuweisen, daß d'Aspremont und Gevers bei der Formulierung ihrer Ergebnisse auf die *unrestricted domain*-Bedingung verzichten können, weil sie in ihrer Definition eines Sozialen Wohlfahrtsfunktionals bereits implizit enthalten ist. Vgl. d'Aspremont/Gevers (1977), 199f.

gesellschaftlichen Präferenzrelationen R bzw. R' zuordnet, und alle Permutationen σ von N gilt:
$(\forall i \in N: U_i = U'_{\sigma(i)}) \rightarrow R = R'$.

Axiom Q: Der Wertebereich von F ist auf gesellschaftliche Präferenzrelationen R beschränkt, die in der Menge X reflexiv, vollständig und quasi-transitiv sind.

Wenngleich alle reformulierten Bedingungen mit beliebigen Annahmen zur Meßbarkeit und Vergleichbarkeit der individuellen Nutzen vereinbar sind, hängt die mit ihnen verbundene Restriktion nicht in jedem Fall von den vorausgesetzten Eigenschaften der U_i ab. Die Axiome P, P* und D nutzen nämlich weiterhin – unabhängig davon, ob in einem Profil $(U_1, \ldots, U_n)$ zusätzliche Informationen enthalten sind oder nicht – lediglich die ordinalen und intrapersonellen Eigenschaften der individuellen Nutzenfunktionen. Während sich die Bedeutung dieser drei Bedingungen mit der Erweiterung des konzeptuellen Rahmens nicht verändert, hängt die spezifische Beschränkung, die einem CCFL (bzw. SWFL) durch die Axiome U, I, A und Q auferlegt wird, entscheidend von den jeweils gewählten Meßbarkeits- und Vergleichbarkeitsannahmen ab. Die Relevanz dieser Annahmen ist besonders deutlich zu erkennen, wenn man die erweiterte Version der *independence*-Bedingung betrachtet. Mit der Reformulierung des Axioms I für kollektive Auswahlfunktionale ist zunächst lediglich die Forderung verbunden, daß bei der gesellschaftlichen Bewertung zweier Alternativen x und y nur die Informationen über die individuellen Präferenzen berücksichtigt werden dürfen, die in den beiden Nutzenvektoren $(U_1(x), \ldots, U_n(x))$ und $(U_1(y), \ldots, U_n(y))$ enthalten sind (vgl. d'Aspremont/Gevers [1977], 201). Da über das Ausmaß der in diesem

Vektorenpaar enthaltenen – intrapersonalen und interpersonellen – Informationen mit jeder Kombination aus Meßbarkeits- und Vergleichbarkeitsannahme in spezifischer Weise entschieden wird, variiert die Bedeutung der *independence*-Bedingung mit den vorausgesetzten Eigenschaften der U_i. Geht man z. B. von der Annahme ordinaler und interpersonell nicht vergleichbarer Nutzen aus, so ist das reformulierte Axiom I offensichtlich mit Arrows *independence*-Bedingung identisch. Der Informationsgehalt der beiden Nutzenvektoren $(U_1(x), \ldots, U_n(x))$ und $(U_1(y), \ldots, U_n(y))$ wird unter diesen Umständen nämlich auf Aussagen der Form „$U_i(x) \gtrless U_i(y)$" – und das heißt letztlich: auf die individuellen Rangordnungen der Zustände x und y – reduziert.

1.2. Die zur Spezifizierung der Informationsgrundlage eines CCFL (bzw. SWFL) verwendete Technik läßt sich allgemein so beschreiben:[61] Geht man von einem beliebigen Profil $(U_1, \ldots, U_n)$ aus, so legt eine Meßbarkeitsannahme die Klasse der Transformationen ϕ_i fest, denen jede individuelle Nutzenfunktion U_i – isoliert gesehen – unterworfen werden darf, ohne die in U_i enthaltene (intrapersonale) Information zu verändern. Eine Vergleichbarkeitsannahme beschreibt – bei gegebener Meßbarkeitsannahme – die Klasse der n-dimensionalen Invarianztransformationen $(\phi_1, \ldots, \phi_n)$, die nicht nur die intrapersonalen Eigenschaften der U_i, sondern auch die im Profil $(U_1, \ldots, U_n)$ enthaltenen interpersonellen Informationen erhalten. Mit jeder Kombination aus Meßbar-

[61] Zur Spezifizierung Sozialer Wohlfahrtsfunktionale durch alternative Meßbarkeits- und Vergleichbarkeitsannahmen vgl. d'Aspremont/Gevers (1977), 200f., Sen (1977b), 1540–1543, Roberts (1980a), 422–424 und Sen (1986), 1111–1114.

keits- und Vergleichbarkeitsannahme wird demnach in spezifischer Weise die Menge der n-Tupel ($\phi_1(U_1), \ldots, \phi_n(U_n)$) gekennzeichnet, die die gleiche Information über die individuellen Nutzen enthalten wie das Ausgangsprofil ($U_1, \ldots, U_n$). Die Klasse der unter den favorisierten Meßbarkeits- und Vergleichbarkeitsannahmen zulässigen Transformationen ($\phi_1, \ldots, \phi_n$) läßt sich dann verwenden, um die Informationsgrundlage eines CCFL (bzw. SWFL) durch eine Invarianzbedingung zu spezifizieren. Mit ihr wird die Forderung erhoben, daß sich die gesellschaftliche Bewertung der Alternativen nicht verändern darf, wenn ihr statt des Profils ($U_1, \ldots, U_n$) eines der n-Tupel ($\phi_1(U_1), \ldots, \phi_n(U_n)$) zugrunde gelegt wird. Die Beschränkung, die einem CCFL (bzw. SWFL) durch eine Invarianzbedingung auferlegt wird, ist umso rigider, je schwächer die ihr zugrunde liegenden Meßbarkeits- und Vergleichbarkeitsprämissen sind. Die Klasse der zulässigen Verteilungsprinzipien wird daher am stärksten restringiert, wenn man von der Annahme ordinaler und interpersonell nicht vergleichbarer Nutzen ausgeht:

Axiom ON: Für jedes Profil individueller Nutzenfunktionen ($U_1, \ldots, U_n$) im Definitionsbereich von F und alle n-Tupel strikt monoton steigender Transformationen ($\phi_1, \ldots, \phi_n$) gilt:
$F(U_1, \ldots, U_n) = F(\phi_1(U_1), \ldots, \phi_n(U_n))$.[62]

[62] Alle Invarianzbedingungen werden hier unter der impliziten Voraussetzung formuliert, daß der Definitionsbereich von F über das Profil ($U_1, \ldots, U_n$) hinaus alle n-Tupel ($\phi_1(U_1), \ldots, \phi_n(U_n)$) umfaßt, die unter den gewählten Meßbarkeits- und Vergleichbarkeitsannahmen die gleiche Information enthalten wie das Ausgangsprofil. Da im folgenden ausschließlich kollektive Auswahlfunktionale (bzw. Soziale Wohlfahrtsfunktionale) mit unbeschränktem Definitionsbereich betrachtet werden, ist diese implizite Prämisse völlig unproblematisch.

Die Bedingung ON *(ordinal noncomparability)* reduziert den Informationsgehalt eines beliebigen Profils ($U_1, \ldots, U_n$) auf den des ihm zugrunde liegenden n-Tupels ($R_1, \ldots, R_n$). Da ein CCFL (bzw. SWFL) unter der Invarianzbedingung ON offensichtlich den gleichen Informationsbeschränkungen unterliegt wie eine CCR (bzw. SWF), lassen sich die Theoreme 1 und 2 in der folgenden Weise reformulieren:

Theorem 1: Es gibt kein SWFL, das die Axiome U, I, P, D und ON erfüllt (vgl. Sen [1977 b], Theorem 1).

Theorem 2: Die erweiterte Pareto-Regel ist das einzige CCFL, das die Axiome U, I, P*, A, Q und ON erfüllt.[63]

1.3. Geht man von der Annahme kardinaler und interpersonell nicht vergleichbarer Nutzen aus, so sind die Konzepte eines CCFL bzw. SWFL durch die folgende Invarianzbedingung zu spezifizieren:

Axiom CN: Für jedes Profil individueller Nutzenfunktionen ($U_1, \ldots, U_n$) im Definitionsbereich von F und alle n-Tupel strikt positiv affiner Transformationen ($\phi_1, \ldots, \phi_n$) – $\forall i \in N: \phi_i(\cdot) = \alpha_i + \beta_i \cdot (\cdot), \beta_i > 0$ – gilt:
$F(U_1, \ldots, U_n) = F(\phi_1(U_1), \ldots, \phi_n(U_n))$.

Die Bedingung CN *(cardinal noncomparability)* eröffnet die Möglichkeit, im Zuge der gesellschaftlichen Bewertung von Verteilungskonflikten über die individuellen Präferenzordnungen hinaus auch Informationen der

[63] Im formalen Rahmen kollektiver Auswahlfunktionale ist die erweiterte Pareto-Regel wie folgt zu definieren: $\forall x, y \in X: xRy \leftrightarrow \neg[(\forall i \in N: U_i(y) \geq U_i(x)) \wedge (\exists i \in N: U_i(y) > U_i(x))]$.

Form „$[U_i(x) - U_i(y)] \gtrless [U_i(z) - U_i(w)]$" zu nutzen.[64] Da mit der Berücksichtigung der individuellen Präferenzintensitäten der restriktive Rahmen einer CCR (bzw. SWF) verlassen wird, müssen die beiden folgenden Ergebnisse auf den ersten Blick überraschen:

Theorem 5: Es gibt kein SWFL, das die Axiome U, I, P, D und CN erfüllt.[65]

Theorem 6: Die erweiterte Pareto-Regel ist das einzige CCFL, das die Axiome U, I, P*, A, Q und CN erfüllt (vgl. Sen [1974 a], [T.2]).

Die Einführung kardinaler Informationen über die individuellen Präferenzen reicht offenbar nicht aus, um dem Arrow-Dilemma zu entgehen, wenn bei der gesellschaftlichen Bewertung der Alternativen gleichzeitig auf interpersonelle Nutzenvergleiche verzichtet werden soll. Da die Bedingung CN eine umfangreichere Klasse von Verteilungsprinzipien spezifiziert als das Arrow'sche Invarianzaxiom ON, ist mit den Theoremen 5 und 6 überdies

---

[64] Da die unter der Bedingung CN zulässigen Transformationen nicht nur die (intrapersonalen) Rangordnungen der individuellen Nutzendifferenzen, sondern auch die numerischen Werte ihrer Quotienten erhalten, stehen strenggenommen sogar Informationen der Form „$[U_i(x) - U_i(y)]/[U_i(z) - U_i(w)] = a$" zur Verfügung. Zu den Voraussetzungen einer kardinalen Repräsentation der individuellen Präferenzen vgl. exemplarisch unten III.2.a.

[65] Vgl. Sen (1970 a), Theorem 8*2. und Sen (1977 b), Theorem 2. Zu einem verwandten Ergebnis, das auf einer kardinalen Repräsentation der individuellen und gesellschaftlichen Präferenzen beruht, vgl. Kalai/Schmeidler (1977). Die Vermutung, daß die Berücksichtigung der individuellen und gesellschaftlichen Präferenzintensitäten nicht ausreicht, um das Arrow-Theorem zu überwinden, geht im übrigen auf Samuelson zurück. Vgl. Samuelson (1967), 45 f. und 50 f.

eine Verschärfung der Theoreme 1 und 2 verbunden (vgl. Sen [1977 b], 1543 und Roberts [1980 a], 430).[66]

1.4. Daß die gesellschaftliche Bewertung von Verteilungskonflikten auch unter der Annahme kardinaler und interpersonell nicht vergleichbarer Nutzen unweigerlich mit dem Arrow-Dilemma konfrontiert ist, läßt sich mit einem einfachen Beispiel verdeutlichen:[67] Unter den Annahmen $N = \{1, 2\}$ und $X = \{x, y, z\}$ seien die individuellen Präferenzen durch das folgende Nutzenprofil (U_1, U_2) gegeben:

$$U_1(x) = 10,\ U_1(y) = 5,\ U_1(z) = 4$$
$$U_2(x) = 4,\ U_2(y) = 7,\ U_2(z) = 3$$

Erfüllt ein CCFL (bzw. SWFL) die *independence*-Bedingung, so dürfen bei der gesellschaftlichen Bewertung der beiden Alternativen x und y nur die Informationen über

[66] Zu den Verteilungsprinzipien, die durch das Invarianzaxiom ON eliminiert werden, unter der Bedingung CN aber zulässig sind, zählt ein prominentes SWFL, das sich durch eine Verallgemeinerung von Nashs (1950) axiomatischer Lösung eines kooperativen Zweipersonenspiels gewinnen läßt. Mit der Definition dieses Verteilungsprinzips wird die Existenz eines gesellschaftlichen Zustands x^0 *(status quo point)* vorausgesetzt, der von allen Individuen als absolut schlechteste Alternative angesehen wird ($\forall i \in N, \forall x \in X \setminus \{x^0\}: U_i(x) > U_i(x^0)$): $\forall x, y \in X \setminus \{x^0\}: xRy \leftrightarrow \prod_{i=1}^{n} [U_i(x) - U_i(x^0)] \geq \prod_{i=1}^{n} [U_i(y) - U_i(x^0)]$. Das „Nash-SWFL" erfüllt zwar neben der Bedingung CN auch die Axiome P, P*, D, A, Q und – abgesehen von der mit x^0 verbundenen Einschränkung – U, fällt aber unter das Verdikt der Theoreme 5 und 6, weil es die *independence*-Bedingung verletzt. Zur Analyse der Nash-Lösung und des daraus abgeleiteten Sozialen Wohlfahrtsfunktionals vgl. Luce/Raiffa (1957), 124–134 und 349f., Sen (1970a), 118–121 und 126–128, Kaneko/Nakamura (1979), Wittman (1979), 218–221, Roberts (1980a), Theorem 7, Wagner (1980) und Wittman (1984).

[67] Zum allgemeinen Hintergrund dieses Beispiels vgl. Sen (1970a), 123–125 und d'Aspremont/Gevers (1977), Theorem 2.

die individuellen Präferenzen verwendet werden, die in den zwei Nutzenvektoren (10, 4) und (5, 7) enthalten sind. Das Axiom CN hat (in Verbindung mit der Bedingung U) die Konsequenz, daß sich die gesellschaftliche Rangordnung nicht verändern darf, wenn die individuellen Präferenzen alternativ durch das folgende Profil (U'_1, U'_2) repräsentiert werden:

$$\forall x \in X: U'_1(x) = 5 \cdot U_1(x)$$
$$\forall x \in X: U'_2(x) = 10 + 10 \cdot U_2(x)$$

Ein CCFL (bzw. SWFL), das die Axiome U, I und CN erfüllt, ist demnach bei der Bewertung der Zustände x und y an die Informationen über die individuellen Präferenzen gebunden, die in den beiden Vektorenpaaren [(10, 4), (5, 7)] und [(50, 50), (25, 80)] gemeinsam enthalten sind. Nun ist ohne weiteres zu erkennen, daß sich der gemeinsame Informationsgehalt der Vektorenpaare $[(U_1(x), U_2(x)), (U_1(y), U_2(y))]$ und $[(U'_1(x), U'_2(x)), (U'_1(y), U'_2(y))]$ nicht auf interpersonelle Aussagen erstreckt. Die Transformation des Profils (U_1, U_2) erhält nämlich weder die relativen interpersonellen Nutzendifferenzen noch die interpersonelle Rangordnung der Nutzenniveaus:

$$[U_1(x) - U_1(y)] = 5 > [U_2(y) - U_2(x)] = 3 \quad \text{versus}$$
$$[U'_1(x) - U'_1(y)] = 25 < [U'_2(y) - U'_2(x)] = 30$$

$$U_1(x) = 10 > U_2(y) = 7 > U_1(y) = 5 > U_2(x) = 4$$
$$\text{versus}$$
$$U'_2(y) = 80 > U'_1(x) = U'_2(x) = 50 > U'_1(y) = 25$$

Da der Bedingung CN die Annahme interpersonell nicht vergleichbarer Nutzen zugrunde liegt, ist dieses erste Ergebnis nicht überraschend. Umso bemerkenswerter ist dagegen die Tatsache, daß sich der gemeinsame intrapersonale Informationsgehalt der beiden Vektorenpaare letztlich auf die individuellen Rangordnungen der Alternativen x und y reduziert:

$$U_1(x) = 10 > U_1(y) = 5 \text{ und } U'_1(x) = 50 > U'_1(y) = 25$$
$$U_2(y) = 7 > U_2(x) = 4 \text{ und } U'_2(y) = 80 > U'_2(x) = 50$$

Die Annahme kardinaler Nutzenfunktionen hat zwar zur Folge, daß im Zuge der Transformation des Profils (U_1, U_2) nicht nur die individuellen Präferenzordnungen, sondern auch die relativen intrapersonalen Nutzendifferenzen erhalten bleiben:

$$\frac{U_1(x) - U_1(y)}{U_1(y) - U_1(z)} = \frac{U'_1(x) - U'_1(y)}{U'_1(y) - U'_1(z)} = 5$$

$$\frac{U_2(y) - U_2(x)}{U_2(x) - U_2(z)} = \frac{U'_2(y) - U'_2(x)}{U'_2(x) - U'_2(z)} = 3$$

Diese zusätzliche Information über die individuellen Präferenzintensitäten kann jedoch bei der Bewertung der Alternativen x und y nicht genutzt werden, ohne die *independence*-Bedingung zu verletzen. Das Beispiel zeigt, daß der in den Theoremen 5 und 6 formulierte Befund auf eine einfache Ursache zurückzuführen ist. Da der mit der Annahme kardinaler Nutzenfunktionen verbundene Informationsgewinn völlig verloren geht, wenn ein CCFL (bzw. SWFL) die Axiome U und I erfüllt, kann die gesellschaftliche Bewertung eines Alternativenpaars auch unter der Invarianzbedingung CN letztlich nur auf die individuellen Rangordnungen zurückgreifen.[68]

---

[68] Geht man mit Bergson und Samuelson von einem einzigen Profil $(U_1, \ldots, U_n)$ aus, so wird die Informationsgrundlage der gesellschaftlichen Bewertung durch die Annahme kardinaler und interpersonell nicht vergleichbarer Nutzen unmittelbar auf die individuellen Präferenzordnungen reduziert. Die *single-profile*-Version der Bedingung

2. Während die bloße Einführung kardinaler Informationen über die individuellen Präferenzen das Arrow-Dilemma nur noch verschärft, eröffnet sich ein breites Spektrum akzeptabler Verteilungsprinzipien, sobald interpersonelle Nutzenvergleiche als Grundlage der gesellschaftlichen Bewertung zugelassen werden.

2.1. Die potentielle Vielfalt der Kriterien, die unter der Berücksichtigung interpersoneller Informationen die (modifizierten) Arrow-Axiome erfüllen und über die triviale Erweiterung der Pareto-Regel hinausgehen, läßt sich exemplarisch demonstrieren, wenn man von kardinalen und völlig vergleichbaren Nutzenfunktionen ausgeht:

Axiom CF: Für jedes Profil individueller Nutzenfunktionen $(U_1, \ldots, U_n)$ im Definitionsbereich von F und alle strikt positiv affinen Transformationen ϕ – $\phi(\cdot) = \alpha + \beta \cdot (\cdot), \beta > 0$ – gilt:
$F(U_1, \ldots, U_n) = F(\phi(U_1), \ldots, \phi(U_n))$.

CN impliziert nämlich das für die Theoreme 3 und 4 zentrale Axiom (SN). Es ist daher überhaupt kein Problem, die Theoreme 5 und 6 im *single-profile*-Kontext analog zu reformulieren. Vgl. dazu vor allem Parks (1976), 450, aber auch Roberts (1980c), 449. Nach den Ausführungen in II.2. dürfte bereits klar sein, daß man das Konzept einer individualistischen swf auch dann völlig verfehlt, wenn man die Annahme kardinaler U_i mit dem Verzicht auf interpersonelle Nutzenvergleiche kombiniert: „The Bergson welfare function, $W(u^1, \ldots, u^v)$, is defined for a particular choice of the ordinal utility indicators $(u^1, \ldots, u^v)$. If we want to replace any one of them by an arbitrary transform of itself, we simply redefine W. And if the u's did have cardinal significance it would in no way alter the fact that we have to make ethical judgements to compare them, or evaluate their contribution to social welfare.“ (Graaff [1957], 37) Vgl. in diesem Zusammenhang auch Samuelson (1947), 228.

Mit der Bedingung CF *(cardinal full comparability)* erhält die gesellschaftliche Bewertung von Verteilungskonflikten offenbar eine komfortable Informationsgrundlage. Nimmt man nämlich an, daß sowohl die Nullpunkte als auch die Einheiten der (kardinalen) U_i vergleichbar sind, so enthält ein beliebiges Profil $(U_1, \ldots, U_n)$ über die individuellen Präferenzordnungen und intrapersonalen Präferenzintensitäten hinaus zwei Sorten interpersoneller Informationen, die zum einen die Rangordnung der individuellen Nutzenniveaus und zum anderen die relativen Nutzendifferenzen der Gesellschaftsmitglieder betreffen. Da jedes Vektorenpaar $[(U_1(x), \ldots, U_n(x)), (U_1(y), \ldots, U_n(y))]$ unter der Invarianzbedingung CF eindeutige Aussagen der Formen „$U_i(x) \gtrless U_j(y)$" und „$[U_i(x) - U_i(y)] \gtrless [U_j(y) - U_j(x)]$" enthält,[69] kann die durch die Annahme völliger Vergleichbarkeit zusätzlich bereitgestellte Information auch dann ohne weiteres genutzt werden, wenn ein CCFL (bzw. SWFL) den Axiomen U und I genügen soll. Mit der Bedingung CF wird demnach eine Klasse von Verteilungsprinzipien spezifiziert, die substantiell weit über die Arrow-Konzepte einer CCR bzw. SWF hinausgeht. Das folgende Theorem ist daher fast trivial:

Theorem 7: (1) Es gibt Soziale Wohlfahrtsfunktionale, die die Axiome U, I, P, D und CF erfüllen. (2) Die erweiterte Pareto-Regel ist nicht das einzige kollektive

[69] Die unter der Bedingung CF zulässigen Transformationen erhalten nicht nur die interpersonelle Rangordnung der individuellen Nutzendifferenzen, sondern auch die numerischen Werte ihrer Quotienten. Die in einem Profil $(U_1, \ldots, U_n)$ enthaltenen Informationen über die relativen interpersonellen Präferenzintensitäten sind daher strenggenommen mit Aussagen der Form „$[U_i(x) - U_i(y)]/[U_j(z) - U_j(w)] = a$" zu beschreiben.

Auswahlfunktional, das die Axiome U, I, P*, A, Q und CF erfüllt.

Um dieses Theorem zu illustrieren, genügt es, zwei besonders prominente Soziale Wohlfahrtsfunktionale zu betrachten, nämlich

(1) das Maximin-Prinzip:[70]

$$\forall\, x, y \in X: xRy \leftrightarrow \min_i U_i(x) \geq \min_i U_i(y)$$

und

(2) das utilitaristische Prinzip:

$$\forall\, x, y \in X: xRy \leftrightarrow \sum_{i=1}^{n} U_i(x) \geq \sum_{i=1}^{n} U_i(y).$$

Das Maximin-Prinzip erfüllt offensichtlich die Axiome U, I, P, D, A und Q, das utilitaristische Kriterium genügt darüber hinaus auch noch der starken Pareto-Bedingung P*.[71] Daß beide Prinzipien überdies das Invarianzaxiom CF erfüllen, läßt sich zeigen, wenn man zu den Ausgangsdaten des letzten Beispiels zurückkehrt:[72]

$$U_1(x) = 10,\ U_1(y) = 5,\ U_1(z) = 4$$
$$U_2(x) = 4,\ U_2(y) = 7,\ U_2(z) = 3$$

Unter der Annahme kardinaler und interpersonell völlig vergleichbarer Nutzenfunktionen darf der gesellschaftlichen Bewertung der drei Verteilungszustände alternativ

---

70 Das Maximin-SWFL läßt sich als analoge Reformulierung sowohl des Rawls'schen Differenzprinzips als auch der Maximin-Regel (für individuelle Entscheidungen bei Ungewißheit) interpretieren. Vgl. in diesem Zusammenhang unten IV.2. und V.1.

71 Um sicher zu stellen, daß auch das Maximin-SWFL die Bedingung P* erfüllt, genügt es, die einfache Formulierung dieses Prinzips durch eine lexikographische Version zu ersetzen. Vgl. dazu unten V.1.

72 Vgl. in diesem Zusammenhang allgemein Sen (1977b), 1545f. und Harsanyi (1979), Theorem 5.

zum Ausgangsprofil (U_1, U_2) die folgende Repräsentation der individuellen Präferenzen zugrunde gelegt werden:

$$\forall\, x \in X: U_i'(x) = 10 + 10 \cdot U_i(x) \qquad (i = 1, 2)$$

Es ist leicht zu erkennen, daß weder das Maximin-Prinzip noch das utilitaristische Kriterium auf die zulässige Transformation des Profils (U_1, U_2) mit einer Veränderung der kollektiven Präferenzordnung reagiert:

(1) $\min U_i(y) = 5 > \min U_i(x) = 4 > \min U_i(z) = 3$ und $\min U_i'(y) = 60 > \min U_i'(x) = 50 > \min U_i'(z) = 40$

(2) $\sum U_i(x) = 14 > \sum U_i(y) = 12 > \sum U_i(z) = 7$ und $\sum U_i'(x) = 160 > \sum U_i'(y) = 140 > \sum U_i'(z) = 90$

2.2. Das utilitaristische Prinzip und das Maximin-SWFL erfüllen zwar die Invarianzbedingung CF, nützen aber jeweils nur einen spezifischen Teil der interpersonellen Informationen, die unter der Annahme kardinaler und völlig vergleichbarer Nutzenfunktionen zur Verfügung stehen. So setzt die Anwendung des utilitaristischen Kriteriums lediglich voraus, daß ein beliebiges Profil (U_1, …, U_n) eindeutige Aussagen der Form „$[U_i(x) - U_i(y)]/[U_j(z) - U_j(w)] = a$" enthält. Da die Eindeutigkeit dieser Information über die relativen interpersonellen Nutzendifferenzen bereits dann gewährleistet ist, wenn die Einheiten der (kardinalen) U_i vergleichbar sind, erfüllt das utilitaristische Prinzip über die Bedingung CF hinaus auch das stärkere Invarianzaxiom CU *(cardinal unit comparability)*:

Axiom CU: Für jedes Profil individueller Nutzenfunktionen (U_1, …, U_n) im Definitionsbereich von F und alle

n-Tupel strikt positiv affiner Transformationen ($\phi_1, \ldots, \phi_n$) – $\forall\, i \in N$: $\phi_i(\cdot) = \alpha_i + \beta \cdot (\cdot)$, $\beta > 0$ – gilt:
$F(U_1, \ldots, U_n) = F(\phi_1(U_1), \ldots, \phi_n(U_n))$.

Das Maximin-Prinzip nützt von den unter der Bedingung CF verfügbaren Informationen nur den Teil, der sich auf die interpersonelle Rangordnung der individuellen Nutzenniveaus bezieht. Da ein beliebiges Profil ($U_1, \ldots, U_n$) bereits dann eindeutige Aussagen der Form „$U_i(x) \geq U_j(y) \geq U_h(z) \geq U_k(w)$" enthält, wenn die U_i ordinal definiert und die individuellen Nutzenniveaus interpersonell vergleichbar sind, erfüllt das Maximin-SWFL über die Bedingung CF hinaus das stärkere Invarianzaxiom OL *(ordinal level comparability)*:

Axiom OL: Für jedes Profil individueller Nutzenfunktionen ($U_1, \ldots, U_n$) im Definitionsbereich von F und alle strikt monoton steigenden Transformationen ϕ gilt:
$F(U_1, \ldots, U_n) = F(\phi(U_1), \ldots, \phi(U_n))$.

Die exemplarische Betrachtung des utilitaristischen Kriteriums und des Maximin-Prinzips zeigt sehr deutlich, daß nicht die Meßbarkeitsannahmen, sondern die Vergleichbarkeitsprämissen von zentraler Bedeutung sind, wenn es darum geht, die gesellschaftliche Bewertung von Verteilungskonflikten vor dem Arrow-Verdikt zu retten. Sobald nämlich ein Nutzenprofil ($U_1, \ldots, U_n$) auch nur eine Sorte interpersoneller Aussagen enthält, ist es überhaupt kein Problem, Soziale Wohlfahrtsfunktionale (bzw. kollektive Auswahlfunktionale) zu finden, die den Axiomen U, I, P und D (bzw. den Bedingungen U, I, P*, A und Q) genügen.[73] Da sich die kollektive Bewer-

[73] Die mit den Axiomen OL, CU und CF verbundene Anreicherung

tung der Alternativen bereits unter der Annahme ordinaler Nutzenfunktionen auf interpersonelle Informationen stützen kann, wenn gleichzeitig die Wohlfahrtsniveaus der Gesellschaftsmitglieder als vergleichbar betrachtet werden,[74] ist die Berücksichtigung der individuellen Präferenzintensitäten nicht nur keine hinreichende, sondern auch keine notwendige Voraussetzung für die Überwindung des Arrow-Dilemmas.

2.3. Den Invarianzbedingungen CF, CU und OL liegt offensichtlich die Auffassung zugrunde, daß interpersonelle Nutzenvergleiche als Aussagen über empirische Sachverhalte zu betrachten sind.[75] Die Konsequenzen

---

der in einem Nutzenprofil enthaltenen Informationen hat im *single-profile*-Kontext die Konsequenz, daß sich das Arrow-Dilemma auch unter Wahrung der *welfarism*-Interpretation des Konzepts einer individualistischen swf vermeiden läßt. Vgl. dazu allgemein Roberts (1980c), 448f.

[74] Die unter der Bedingung OL verfügbaren Informationen lassen sich im übrigen sogar dann bereitstellen, wenn auf eine numerische Repräsentation der individuellen Präferenzen ganz verzichtet wird. Vgl. dazu unten V.1.

[75] Darüber hinaus wird mit diesen Axiomen implizit die Existenz von empirischen Verfahren vorausgesetzt, die zuverlässige Aussagen der Formen „$[U_i(x) - U_i(y)]/[U_j(z) - U_j(w)] = a$“ und/oder „$U_i(x) \geq U_j(y) \geq U_h(z) \geq U_k(w)$“ erzeugen. – Als Pionier einer deskriptiven Interpretation interpersoneller Nutzenvergleiche darf Little gelten. Vgl. Little (1957), 52–56 und 70f. Mittlerweile gibt es eine ganze Fülle von Ansätzen, die in jeweils spezifischer Weise versuchen, interpersonelle Nutzenvergleiche als Aussagen über empirische Sachverhalte zu rekonstruieren. Vgl. etwa Harsanyi (1955), 15–20, Arrow (1963), 114f., Sen (1970a), chap. 9 und 9*, Waldner (1972), Becker (1975), 477–483, Hare (1981), chap. 7, Weirich (1984), Davidson (1986) und Gibbard (1986) sowie – für einen systematischen Vergleich einiger prominenter Ansätze – Sen (1979b), 185–190. Zu einer kritischen Auseinandersetzung mit den Argumenten, die in Robbins' Gefolge gegen die Möglichkeit einer empirischen Fundierung interpersoneller Nutzenvergleiche vorgebracht wurden, vgl. Möller (1983), §§ 2–6.

dieser deskriptiven Interpretation interpersoneller Nutzenvergleiche sind deutlich zu erkennen, wenn man einen Verteilungskonflikt in einer Zwei-Personen-Gesellschaft betrachtet (xP_iy, yP_jx). Geht man zunächst von der Annahme kardinaler und interpersonell völlig vergleichbarer Nutzenfunktionen aus, so stehen über die individuellen Rangordnungen hinaus zwei Sorten empirischer Informationen zur Verfügung, die verteilungsrelevante Merkmale des Konflikts in Nutzengrößen abbilden:

(1) $U_i(x) \gtrless U_j(x)$, $U_i(x) \gtrless U_j(y)$, $U_i(y) \gtrless U_j(x)$, $U_i(y) \gtrless U_j(y)$

(2) $[U_i(x) - U_i(y)] \gtrless [U_j(y) - U_j(x)]$

Diese interpersonellen Informationen lassen sich nun verwenden, um die gesellschaftliche Entscheidung über die relative Priorität der individuellen Präferenzen (d. h.: einen normativen interpersonellen Nutzenvergleich im Sinne Robbins') mit „welfaristischen" Prinzipien zu untermauern. Es ist ohne weiteres zu erkennen, daß dieser Weg sowohl (1) mit dem Maximin-Prinzip als auch (2) mit dem utilitaristischen Kriterium eingeschlagen wird:[76]

(1) $xRy \leftrightarrow (xP_iy \geq yP_jx) \leftrightarrow [U_j(x) \geq U_i(y)]$

(2) $xRy \leftrightarrow (xP_iy \geq yP_jx) \leftrightarrow [(U_i(x) - U_i(y)) \geq (U_j(y) - U_j(x))]$

Die durch die deskriptive Interpretation interpersoneller Nutzenvergleiche eröffnete Möglichkeit, bei der gesell-

[76] Die folgende Definition des Maximin-Prinzips für Verteilungskonflikte in Zwei-Personen-Gesellschaften geht auf Strasnick zurück, der allerdings eine nicht-„welfaristische" Formulierung wählt. Vgl. dazu Strasnick (1976 a), 89 und Strasnick (1979 b), 205. Zur Kennzeichnung des *welfarism*-Postulats für Soziale Wohlfahrtsfunktionale vgl. allgemein unten V.1.

schaftlichen Bewertung von Verteilungskonflikten ausschließlich Informationen über die individuellen Präferenzen zu berücksichtigen, bleibt offenbar auch dann erhalten, wenn man lediglich von kardinalen (bzw. ordinalen) Nutzenfunktionen mit interpersonell vergleichbaren Einheiten (bzw. absoluten Werten) ausgeht. Da aber ein Nutzenprofil unter den Invarianzbedingungen CU und OL jeweils nur eine Sorte interpersoneller Informationen enthält, wird der Kreis der zulässigen „welfaristischen" Verteilungsprinzipien mit jeder Verschärfung des Axioms CF erheblich eingeschränkt. Das folgende Zahlenbeispiel zeigt, daß zu den Opfern der Invarianzbedingungen CU bzw. OL auch das Maximin-SWFL bzw. das utilitaristische Prinzip zu zählen sind:

$$U_i(x) = 8, \qquad U_i(y) = 5$$
$$U_j(x) = 1, \qquad U_j(y) = 5$$

Spezifiziert man die Klasse der zulässigen Verteilungskriterien durch die Bedingung CU, so darf sich die gesellschaftliche Rangordnung der beiden Alternativen nicht verändern, wenn das Ausgangsprofil (U_i, U_j) der folgenden Transformation unterzogen wird:

$$\forall\, x \in X\colon U_i'(x) = 1 + 2 \cdot U_i(x)$$
$$\forall\, x \in X\colon U_j'(x) = 10 + 2 \cdot U_j(x)$$

Demgegenüber eröffnet das Invarianzaxiom OL die Möglichkeit, der kollektiven Bewertung des Konflikts alternativ zum Ausgangsprofil die folgende Repräsentation der individuellen Präferenzen zugrunde zu legen:

$$\forall\, x \in X\colon U_i''(x) = [U_i(x)]^2$$
$$\forall\, x \in X\colon U_j''(x) = [U_j(x)]^2$$

Die nachstehenden Ungleichungen zeigen, daß weder (1) das Maximin-Prinzip der Bedingung CU noch (2) das utilitaristische Kriterium der Bedingung OL genügen kann:

(1) $U_j(x) = 1 < U_i(y) = 5$ und
$U_j''(x) = 1 < U_i''(y) = 25$ versus
$U_j'(x) = 12 > U_i'(y) = 11$

(2) $[U_i(x) - U_i(y)] = 3 < [U_j(y) - U_j(x)] = 4$ und
$[U_i'(x) - U_i'(y)] = 6 < [U_j'(y) - U_j'(x)] = 8$ versus
$[U_i''(x) - U_i''(y)] = 39 > [U_j''(y) - U_j''(x)] = 24$

Da die Bedingung CU (bzw. OL) eine Klasse von Invarianztransformationen verwendet, die zuverlässig nur interpersonelle Aussagen der Form „$[U_i(x) - U_i(y)] / [U_j(z) - U_j(w)] = a$" (bzw. „$U_i(x) \geq U_j(y) \geq U_h(z) \geq U_k(w)$") erhalten, gilt über das Beispiel hinaus ganz allgemein, daß mit der Spezifizierung eines Sozialen Wohlfahrtsfunktionals durch das Axiom CU (bzw. OL) alle Verteilungsprinzipien eliminiert werden, die auf Informationen über die interpersonelle Rangordnung der individuellen Wohlfahrtsniveaus (bzw. die relativen interpersonellen Nutzendifferenzen) zurückgreifen. Die deskriptive Interpretation interpersoneller Nutzenvergleiche kann also weitreichende normative Konsequenzen nach sich ziehen, wenn sie mit restriktiven Annahmen über die empirische Verfügbarkeit interpersoneller Informationen kombiniert wird (vgl. dazu ausführlicher unten V.4.).

III. Neoutilitarismus

1. Fleming

1. Während mit dem Konzept einer individualistischen swf ursprünglich eine bewußte Abkehr von der utilitaristischen Tradition der älteren Wohlfahrtsökonomie verbunden war (vgl. Bergson [1938], 327f. sowie Samuelson [1947], 226 und 249), sind die wichtigsten Versuche, der reellwertigen Funktion W über die schmalen Vorgaben Bergsons und Samuelsons hinaus eine eindeutige und allgemein akzeptierbare Form zu geben, durch das Bemühen gekennzeichnet, die utilitaristische Ethik in neuem Gewand zu reformulieren. Das gemeinsame Anliegen dieser neoutilitaristischen Ansätze besteht darin, die umfangreiche Klasse der mit dem Bergson-Samuelson-Konzept grundsätzlich – d. h.: abgesehen von den besonderen Intentionen der beiden Autoren – vereinbaren „welfaristischen“ Verteilungsprinzipien durch die Formulierung spezieller normativer Restriktionen auf eine swf zu reduzieren, die die Wohlfahrt der Gesellschaft mit der Summe der individuellen Nutzen identifiziert:[1]

$$\forall x \in X: W(x) = \sum_{i=1}^{n} U_i(x)$$

[1] Da der Phantasie keine Grenzen gesetzt sind, wenn es darum geht, $W(\cdot)$ als algebraische Kombination der $U_i(\cdot)$ darzustellen, enthält die Klasse der „welfaristischen“ Sozialen Wohlfahrtsfunktionen neben dem utilitaristischen Kriterium ein schier unerschöpfliches Reservoir an alternativen Verteilungsprinzipien.

Diese additive swf läßt sich offenbar nur dann als genuine Reformulierung des utilitaristischen Prinzips interpretieren, wenn das für die Berechnung der Wohlfahrtswerte W(x) herangezogene Profil (U_1, ..., U_n) zumindest kardinale Nutzenfunktionen mit interpersonell vergleichbaren Einheiten enthält. Nun eröffnet das Konzept einer individualistischen swf zwar grundsätzlich die Möglichkeit, im Zuge der axiomatischen Rechtfertigung einer utilitaristischen Wohlfahrtsfunktion – analog zu den Bedingungen CF oder CU – von einem Nutzenprofil auszugehen, das den erforderlichen Meßbarkeits- und Vergleichbarkeitsannahmen bereits genügt. Diese Möglichkeit wird jedoch von den hier zu diskutierenden Autoren entweder überhaupt nicht (Fleming) oder nur zum Teil (Harsanyi) genutzt. Es wird sich zeigen, daß dieser Verzicht auf eine eindeutige Kennzeichnung der in einem Nutzenprofil enthaltenen Informationen für die ethische Relevanz der neoutilitaristischen Theoreme nicht ohne Folgen bleibt.

1.1. Der erste bedeutende Versuch, die utilitaristische Ethik im formalen Rahmen einer individualistischen swf wiederzubeleben, geht auf Fleming zurück, der sowohl auf die Annahme kardinaler Nutzenfunktionen als auch auf jegliche Vergleichbarkeitsprämisse verzichtet. Folgt man Fleming (1952), so sind von einem akzeptablen Verteilungsprinzip nämlich lediglich die folgenden Eigenschaften zu fordern: [2]

[2] Während sich Fleming bei der Formulierung seiner Postulate vornehmlich der Sprache eines „idealen Utilitarismus“ Moore'scher Prägung bedient, wird im folgenden die in der Wohlfahrtsökonomie übliche (und von Fleming alternativ angebotene) Präferenzterminologie gewählt.

Postulat A: $\forall$ x, y $\in$ X: xPy $\rightarrow \neg$(yPx).

Postulat B: $\forall$ x, y, z $\in$ X: (xPy $\wedge$ yPz) $\rightarrow$ xPz.

Postulat C: $\forall$ x, y, z $\in$ X: (xIy $\wedge$ yIz) $\rightarrow$ xIz.

Postulat D: $\forall$ x, y $\in$ X:
(1) ($\forall i \in N$: xI_iy) $\rightarrow$ xIy
(2) [($\forall i \in N \setminus \{j\}$: xI_iy) $\wedge$ xP_jy] $\rightarrow$ xPy.

Postulat E: $\forall$ i, j $\in$ N, $\forall$ x, y, z, w $\in$ X:
$[(xP_iy \wedge zP_iw \wedge xI_iz \wedge yI_iw) \wedge (yP_jx \wedge wP_jz \wedge xI_jz \wedge yI_jw) \wedge (\forall k \in N \setminus \{i, j\}: xI_ky \wedge zI_kw)] \rightarrow [(xPy \leftrightarrow zPw) \wedge (xIy \leftrightarrow zIw) \wedge (yPx \leftrightarrow wPz)]$.[3]

Während Fleming implizit von einem gegebenen Profil individueller Präferenzordnungen ($R_1, \ldots, R_n$) ausgeht (vgl. Fleming [1952], 372 und 374), sollen die Postulate A bis C offensichtlich die Existenz einer gesellschaftlichen Präferenzordnung R gewährleisten (vgl. Fleming [1952], 370). Um die ihnen zugedachte Funktion erfüllen zu können, müßten diese drei Bedingungen jedoch strenggenommen durch ein Vollständigkeitsaxiom ergänzt werden (vgl. Strasnick [1981], 65):[4]

$$\forall x, y \in X: xPy \vee xIy \vee yPx$$

Da Flemings Postulat D lediglich das Pareto-Kriterium zur Geltung bringt, wird die Klasse der zulässigen Verteilungsprinzipien über die Forderung der Pareto-Inklusivität hinaus nur durch eine einzige ethische Bedingung

---

[3] Zu dieser Formulierung des Postulats E, die selbstverständlich $|N| \geq 3$ voraussetzt, vgl. Harsanyi (1955), 8, Fleming (1957), 355, Keeney/Raiffa (1976), 524 und Harsanyi (1977c), 70f.

[4] Da die Asymmetrie der strikten gesellschaftlichen Präferenzrelation per definitionem gewährleistet ist, würde es tatsächlich bereits genügen, Flemings Postulat A durch das obige Vollständigkeitsaxiom zu ersetzen.

beschränkt. Die von Fleming gewählte Formulierung dieser Bedingung geht von der sehr speziellen Voraussetzung aus, daß ein Verteilungskonflikt in einer n-Personen-Gesellschaft die Interessen nur zweier Individuen berührt (xP_iy, yP_jx, $\forall k \in N \setminus \{i, j\}: xI_ky$). Unter diesen besonderen Umständen – so Flemings Postulat E – hat sich die gesellschaftliche Bewertung der Alternativen x und y lediglich an den Präferenzen der beiden betroffenen Individuen i und j zu orientieren.

Vor diesem Hintergrund kann man Flemings zentrale Aussage mit der folgenden Behauptung übersetzen (vgl. Fleming [1952], 375): Erfüllt ein Verteilungsprinzip die Postulate D und E, so lassen sich die gesellschaftliche Präferenzordnung R und die individuellen Präferenzordnungen $(R_1, \ldots, R_n)$ durch eine kardinale swf W und durch kardinale Nutzenfunktionen $(U_1, \ldots, U_n)$ derart repräsentieren, daß sich die soziale Wohlfahrt immer additiv aus den Nutzen der Gesellschaftsmitglieder ergibt:

$$\forall x \in X: W(x) = \sum_{i=1}^{n} U_i(x)$$

1.2. Der Beweis des Fleming-Theorems beruht auf der Beschreibung des Verfahrens, mit dem sich unter Verwendung der Postulate D und E eine kardinale swf W und kardinale Nutzenfunktionen $(U_1, \ldots, U_n)$ konstruieren lassen, die in der gewünschten additiven Beziehung zueinander stehen (vgl. Fleming [1952], 375-379). Da Flemings Konstruktion von beliebigen (und unabhängig voneinander gewählten) numerischen Repräsentationen der Präferenzordnungen R und $(R_1, \ldots, R_n)$ ausgeht (vgl. Fleming [1952], 371 [Fußnote 2] und 375), enthält der Beweis des Theorems eine zusätzliche implizite Prämisse. Fleming nimmt nämlich – wie Bergson (1938) und Samuelson (1947) – stillschweigend an, daß sich eine Präferenzordnung immer durch eine reellwertige Funktion repräsentieren läßt (vgl. Strasnick [1981], 68). Da sich die numerische Repräsentierbarkeit einer Präferenzordnung jedoch erst durch ein zusätzliches Stetigkeitsaxiom gewährleisten läßt, sind Flemings Postulate strenggenommen um zwei weitere Annahmen zu ergänzen (vgl. dazu allgemein Debreu [1954] und speziell Harsanyi [1977 c], 69):

(1) Für alle $x \in X$ sind die Mengen $\{y | xRy\}$ und $\{y | yRx\}$ abgeschlossen.
(2) Für alle $x \in X$ und für alle $i \in N$ sind die Mengen $\{y | xR_i y\}$ und $\{y | yR_i x\}$ abgeschlossen.

Diese beiden Annahmen haben die technische Konsequenz, daß sich (1) die gesellschaftliche Präferenzordnung R durch eine ordinale (und stetige) swf $W*$ und (2) das gegebene Profil individueller Präferenzordnungen $(R_1, \ldots, R_n)$ durch ein n-Tupel ordinaler (und stetiger) Nutzenfunktionen $(U_1^*, \ldots, U_n^*)$ repräsentieren läßt.[5] Da Flemings Beweis demnach faktisch die gleichen Meßbarkeitsprämissen unterstellt wie das Konzept einer individualistischen swf, hat die korrekte Formulierung der Postulate D und E an den reellen Repräsentationen U_i^* und $W*$ der individuellen und gesellschaftlichen Präferenzen anzusetzen. Flemings Postulat D ist dann offensichtlich mit der swf-Version der starken Pareto-Bedingung identisch:

---

[5] Die für R und die R_i formulierten Stetigkeitsaxiome generieren strenggenommen eine Familie ordinaler Sozialer Wohlfahrtsfunktionen $\phi(W*)$ und – für jedes Individuum i – eine Familie ordinaler Nutzenfunktionen $\phi_i(U_i^*)$, wobei ϕ und die ϕ_i als strikt monoton steigende Transformationen spezifiziert sind. Mit $W*$ und $(U_1^*, \ldots, U_n^*)$ werden hier die ordinalen Indikatoren bezeichnet, die Fleming als Ausgangspunkt seines Beweises verwendet.

Axiom P:* $\forall$ x, y $\in$ X:
(1) $(\forall i \in N: U_i^*(x) = U_i^*(y)) \rightarrow W^*(x) = W^*(y)$
(2) $[(\forall i \in N \setminus \{j\}: U_i^*(x) = U_i^*(y)) \wedge (U_j^*(x) > U_j^*(y))] \rightarrow W^*(x) > W^*(y)$.

Das für Flemings Ergebnis zentrale Postulat E ist im formalen Rahmen einer individualistischen swf mit der Forderung zu übersetzen, daß sich die kollektive Bewertung von Verteilungskonflikten, die lediglich die Interessen zweier Individuen berühren, an den Nutzenniveaus nur der beiden betroffenen Gesellschaftsmitglieder zu orientieren hat:

Postulat E: $\forall$ i, j $\in$ N, $\forall$ x, y, z, w $\in$ X:
$[(U_i^*(x) = U_i^*(z) > U_i^*(y) = U_i^*(w)) \wedge (U_j^*(y) = U_j^*(w) > U_j^*(x) = U_j^*(z)) \wedge (\forall k \in N \setminus \{i, j\}: U_k^*(x) = U_k^*(y) \wedge U_k^*(z) = U_k^*(w))] \rightarrow [(W^*(x) \geq W^*(y) \leftrightarrow W^*(z) \geq W^*(w)) \wedge (W^*(y) \geq W^*(x) \leftrightarrow W^*(w) \geq W^*(z))]$.

Flemings Postulat E läßt sich als sehr spezielle Version einer allgemeinen Bedingung interpretieren, die mittlerweile unter der Bezeichnung *separability* geführt und meist zur axiomatischen Analyse Sozialer Wohlfahrtsfunktionale verwendet wird (vgl. etwa d'Aspremont/Gevers [1977], 203). Im *single-profile*-Kontext einer Bergson-Samuelson-swf wäre diese allgemeine Bedingung wie folgt zu formulieren:

Axiom (SE): $\forall$ M $\subset$ N, $\forall$ x, y, z, w $\in$ X:
$[(\forall i \in M: U_i^*(x) = U_i^*(z) \neq U_i^*(y) = U_i^*(w)) \wedge (\forall j \in N \setminus M: U_j^*(x) = U_j^*(y) \wedge U_j^*(z) = U_j^*(w))] \rightarrow [(W^*(x) \geq W^*(y) \leftrightarrow W^*(z) \geq W^*(w)) \wedge (W^*(y) \geq W^*(x) \leftrightarrow W^*(w) \geq W^*(z))]$.[6]

[6] Eine nicht-triviale Formulierung des Axioms (SE) setzt offensichtlich

Mit dem Axiom (SE) wird das Spektrum der zulässigen Verteilungsprinzipien auf diejenigen Kriterien reduziert, die bei der gesellschaftlichen Bewertung zweier Alternativen die Nutzenniveaus der indifferenten Individuen völlig ignorieren. Da die allgemeine Version der *separability*-Bedingung offensichtlich Flemings Postulat E als Spezialfall enthält und auch den Intentionen des Autors entspricht (vgl. Fleming [1952], 373 f.), läßt sich Flemings Theorem in der folgenden Weise reformulieren:[7]

Theorem 8: Erfüllt eine ordinale swf W* für ein gegebenes Profil ordinaler Nutzenfunktionen ($U_1^*, \ldots, U_n^*$) die Axiome P* und (SE), so existieren eine kardinale swf W und kardinale Nutzenfunktionen ($U_1, \ldots, U_n$), die die folgende Eigenschaft besitzen:

$$\forall\, x \in X: W(x) = \sum_{i=1}^{n} U_i(x)$$

2. Das Fleming-Theorem scheint bei flüchtiger Betrachtung ein erstaunlich starkes Ergebnis zu liefern. Man könnte nämlich prima facie den Eindruck gewinnen, daß eine zusätzliche *separability*-Bedingung bereits genügt, um die Klasse der pareto-inklusiven Sozialen Wohlfahrtsfunktionen auf eine utilitaristische swf zu reduzieren. Bei einer genaueren Prüfung des Theorems 8 und

---

$|M| \geq 2$ (und damit auch: $|N| \geq 3$) voraus. Wenn die Menge der nichtindifferenten Individuen nämlich überhaupt kein oder nur ein einziges Element enthält, ist das *separability*-Postulat bereits mit der starken Pareto-Bedingung erfüllt.

[7] Vgl. dazu vor allem Harsanyi (1977c), Theorem 4.3., aber auch Keeney/Raiffa (1976), Theorem 10.2. Zu einer schwächeren Version des Fleming-Theorems vgl. Sugden/Weale (1979), 120–122. Für eine ganz anders geartete Reformulierung, die mit dem Konzept einer *moral desirability function* bereits eine *additive separability property* voraussetzt, vgl. Strasnick (1981), 71–73.

des Fleming-Beweises stellt sich jedoch heraus, daß die Axiome P* und (SE) das Bergson-Samuelson-Konzept nur formal in die Nähe des utilitaristischen Prinzips rükken. Darüber hinaus läßt sich zeigen, daß dieses ohnehin schon schwache Ergebnis auch noch von einer Repräsentationsprämisse abhängt, die unter substantiellen Gesichtspunkten völlig überflüssig ist.

2.1. Versucht man, dem Kern des Fleming-Theorems auf die Spur zu kommen, so empfiehlt es sich, zunächst einmal die formalen Restriktionen zu betrachten, denen eine Bergson-Samuelson-swf unter den Bedingungen P* und (SE) unterworfen ist. Dabei ergibt sich das folgende Bild:

(1) Die Pareto-Indifferenz-Komponente des Axioms P* hat in Verbindung mit den beiden genannten Repräsentationsprämissen die Konsequenz, daß die swf W* jedem Nutzenvektor $(U_1^*(x), \ldots, U_n^*(x))$ genau einen Wohlfahrtswert W*(x) zuordnet (vgl. Harsanyi [1955], Theorem III):

$$\forall x \in X: W^*(x) = W^*(U_1^*(x), \ldots, U_n^*(x))$$

Der Nachweis, daß bereits die Pareto-Indifferenz-Bedingung genügt, um W* als eindeutige Funktion der U_i^* zu spezifizieren, hat offenbar erhebliche Folgen für die Interpretation des Konzepts einer individualistischen swf. Sobald man diesem Konzept nämlich numerische Repräsentationen sowohl der individuellen als auch der gesellschaftlichen Präferenzen zugrunde legt, ist mit der Forderung der Pareto-Inklusivität automatisch auch das *welfarism*-Postulat erfüllt.[8]

[8] Damit ist auch klar, daß von einer logischen Unabhängigkeit der bei-

(2) Mit der Pareto-Präferenz-Komponente der Bedingung P* wird W* darüber hinaus als steigende Funktion aller U_i^* charakterisiert (vgl. Fleming [1952], 371):

$$\forall\, i \in N: \frac{\partial W^*}{\partial U_i^*} > 0$$

Eine akzeptable swf hat demnach immer eine Erhöhung der sozialen Wohlfahrt auszuweisen, wenn der Nutzen eines beliebig ausgewählten Individuums ceteris paribus steigt.

(3) Die Bedingung (SE) sorgt schließlich dafür, daß W* die Eigenschaft der additiven Trennbarkeit *(additive separability)* besitzt (vgl. Keeney/Raiffa [1976], 525, Phelps [1977], 712 und Maskin [1978], 94):

$$\forall\, x \in X: W^*(x) = \sum_{i=1}^{n} \phi_i(U_i^*(x))$$

Mit dieser Form der swf ist gewährleistet, daß sich die Wohlfahrtswerte W*(x) in n voneinander unabhängige individuelle Komponenten $\phi_i(U_i^*(x))$ zerlegen lassen, wobei die ϕ_i (wegen der starken Pareto-Bedingung) als strikt monoton steigende Transformationen spezifiziert sind.

2.2. Die substantielle Bedeutung dieses formalen Resultats ist erst dann klar zu erkennen, wenn man jede Trans-

---

den Deutungen des Individualismus-Postulats bzw. einer nicht-„welfaristischen" Vermeidung des Arrow-Dilemmas durch Bergson und Samuelson strenggenommen nur dann die Rede sein kann, wenn man das Konzept der swf in der allgemeinsten Version einer *ethical ordering* voraussetzt. Vgl. dazu oben II.2.

formation ϕ_i in eine deskriptive Komponente ϱ_i und eine normative Komponente τ_i zerlegt, so daß W* die folgende Form annimmt:

$$\forall\, x \in X: W^*(x) = \sum_{i=1}^{n} \tau_i[\varrho_i(U_i^*(x))]$$

Die ϱ_i repräsentieren in diesem Zusammenhang das Bemühen des gesellschaftlichen Planers, die ordinalen Indikatoren U_i^* auf der Grundlage empirischer Evidenz in (zumindest) kardinale Nutzenfunktionen mit interpersonell vergleichbaren Einheiten zu transformieren. Während mit der Anwendung der ϱ_i auf die U_i^* lediglich sicher gestellt werden soll, daß die neuen Indikatoren $U_i^0 = \varrho_i(U_i^*)$ den jeweils favorisierten Meßbarkeits- und Vergleichbarkeitsannahmen genügen, kommt in den τ_i die Möglichkeit zum Ausdruck, die für die Berechnung der sozialen Wohlfahrt als relevant erachteten Nutzenfunktionen U_i^0 auf der Grundlage ethischer Erwägungen in unterschiedlicher Weise zu gewichten. Geht man nun davon aus, daß sich die Meß- und Vergleichsoperationen ϱ_i auf jedem gewünschten Niveau durchführen lassen, so erhält man als normatives Substrat der Fleming-Axiome eine umfangreiche Klasse W^0 von Verteilungsprinzipien:[9]

$$\forall\, x \in X: W^0(x) = \sum_{i=1}^{n} \tau_i(U_i^0(x))$$

Da die Gewichtungsoperationen τ_i lediglich als strikt monoton steigende Transformationen spezifiziert sind, enthält diese Klasse neben dem utilitaristischen Prinzip

---

[9] Mit W^0 wird hier das Ergebnis einer geeigneten (d. h.: an den jeweils favorisierten Meßbarkeits- und Vergleichbarkeitsprämissen zu orientierenden) strikt monoton steigenden Transformation des ursprünglichen Wohlfahrtsindikators W* bezeichnet.

($\forall i \in N$: $\tau_i(U_i^0) = U_i^0$) eine unübersehbare Vielfalt Sozialer Wohlfahrtsfunktionen, die sich mit den beiden folgenden Teilklassen in exemplarischer Weise illustrieren läßt:

$$(1)\ \forall\, x \in X: W^0(x) = \sum_{i=1}^{n} a_i \cdot U_i^0(x),\ a_i > 0\ (i = 1, \ldots, n)$$

$$(2)\ \forall\, x \in X: W^0(x) = \sum_{i=1}^{n} [U_i^0(x)]^{a_i},\ a_i > 0\ (i = 1, \ldots, n)$$

2.3. Um die Klasse der additiv trennbaren Sozialen Wohlfahrtsfunktionen W^0 auf das utilitaristische Prinzip zu reduzieren, ist offenkundig über die Fleming-Axiome hinaus eine spezifische Lösung sowohl des Meß- und Vergleichsproblems (Wahl der ϱ_i) als auch des Gewichtungsproblems (Festsetzung der τ_i) vonnöten:

> (1) Die ϱ_i sind auf der Grundlage empirischer Informationen (über die intra- und interpersonellen Präferenzintensitäten) so zu wählen, daß die U_i^0 als kardinale Nutzenfunktionen mit (zumindest) interpersonell vergleichbaren Einheiten betrachtet werden können.
>
> (2) Die τ_i müssen durch eine zusätzliche ethische Bedingung so restringiert werden, daß die U_i^0 ungewichtet (bzw. mit dem Gewicht von eins) in die Berechnung der sozialen Wohlfahrt eingehen.

Da nun die Prämissen des Theorems 8 weder den empirischen Informationsgehalt der für die Berechnung der sozialen Wohlfahrt letztlich herangezogenen Nutzenindikatoren noch deren ethische Gewichtung festlegen, muß Fleming einen Kunstgriff verwenden, um das spezielle Ergebnis einer rein additiven swf zu erzeugen. In diesem Zusammenhang lohnt es sich, einen genaueren Blick auf den Fleming-Beweis zu werfen:

2.3.1. Im entscheidenden Schritt dieses Beweises wird – rein formal betrachtet – der Nachweis geführt, daß sich die ordinalen Indikatoren U_i^* durch die Anwendung einer jeweils spezifischen Operation ϕ_i in kardinale Nutzenfunktionen U_i transformieren lassen, die die folgende Eigenschaft besitzen (vgl. Fleming [1952], 376 f.):

$$\forall\, i \in N: \frac{\partial W^*}{\partial U_i} = a = \text{konstant}$$

Fleming benützt also ein spezifisches n-Tupel (ϕ_1, …, ϕ_n), um die Einheiten der kardinalen Indikatoren (U_1, …, U_n) so auszumessen, daß eine zusätzliche (infinitesimale) Nutzeneinheit für jedes beliebig ausgewählte Individuum immer den gleichen Wohlfahrtseffekt erzeugt. Mit der Repräsentation der individuellen Präferenzen durch die neuen Indikatoren U_i erhält die additiv trennbare swf W^* offensichtlich die folgende Form:

$$\forall\, x \in X: W^*(x) = \sum_{i=1}^{n} a \cdot U_i(x),\ a > 0$$

Nach dieser entscheidenden Operation braucht Fleming nur noch zu zeigen, daß sich durch die Anwendung einer geeigneten (strikt monoton steigenden) Transformation ϕ auf den Wohlfahrtsindikator W^* ohne weiteres eine kardinale swf W mit der folgenden Eigenschaft erzeugen läßt (vgl. Fleming [1952], 377 f.):

$$\forall\, i \in N: \frac{\partial W}{\partial U_i} = 1$$

Diese zweite Operation, mit der die Einheiten des neuen Wohlfahrtsindikators W so ausgemessen werden, daß jede zusätzliche individuelle Nutzeneinheit eine numerische Wohlfahrtssteigerung von eins erzielt, liefert schließlich die gewünschte Form der swf:[10]

$$\forall\, x \in X: W(x) = \sum_{i=1}^{n} U_i(x)$$

2.3.2. Untersucht man die substantiellen Implikationen des Fleming-Beweises, so ist klar zu erkennen, daß die skizzierte Konstruktion einer additiven swf auf einer impliziten Vermengung des (deskriptiven) Meß- und Vergleichsproblems mit dem (normativen) Gewichtungsproblem beruht. Fleming behauptet nämlich einerseits, mit der Konstruktion der U_i lediglich die Kardinalität und interpersonelle Vergleichbarkeit der individuellen Nutzenfunktionen gewährleisten zu wollen (vgl. Fleming [1957], 357 und Keeney/Raiffa [1976], 525f.). Andererseits dient seine faktische Verwendung der – als Meß- und Vergleichsoperationen deklarierten – Transformationen ϕ_i ausschließlich dem normativen Zweck, durch eine geeignete Skalierung der individuellen Nutzenfunktionen eine rein additive swf zu erzeugen (vgl. dazu allgemein Sen [1980], 200). Das von Fleming gewählte Konstruktionsverfahren hat demnach bei aller formalen Eleganz doch einen entschiedenen Nachteil: Da nämlich die Lösung des Meß- und Vergleichsproblems nicht von empirischen Informationen über die individuellen Präferenzen, sondern ausschließlich von der favorisierten Lösung des Gewichtungsproblems abhängig gemacht wird, gibt

[10] Da Fleming mit kardinaler Meßbarkeit eine Verhältnisskala assoziiert (vgl. Fleming [1952], 368), paßt er über die beiden skizzierten Operationen hinaus auch noch die Nullpunkte der Indikatoren W und $(U_1, \ldots, U_n)$ einander an. Vgl. dazu Fleming (1952), 378.

es überhaupt keinen Grund, die U_i mit den für die Berechnung der sozialen Wohlfahrt als relevant zu erachtenden (deskriptiven) Nutzenindikatoren U_i^0 zu identifizieren. Mit der additiven swf W liefert Fleming daher auch nur eine höchst uninteressante formale Version, nicht aber eine substantielle Repräsentation des utilitaristischen Prinzips.

2.4. Die Prämissen des Theorems 8 sind zwar einerseits viel zu schwach, um das spezielle Ergebnis einer utilitaristischen swf zu erzeugen, andererseits aber doch stark genug, um eine nicht unerhebliche Vorentscheidung zugunsten des Neoutilitarismus zu implizieren. Die Fleming-Axiome haben nämlich die allgemeine Konsequenz, daß mit der additiven Trennbarkeit einer individualistischen swf immerhin eine notwendige Bedingung für die utilitaristische Ermittlung der sozialen Wohlfahrt garantiert wird. Da eine additiv trennbare swf zumindest kardinale Nutzenfunktionen voraussetzt, werden aus dem Kreis der zulässigen Verteilungsprinzipien insbesondere alle Kriterien eliminiert, die bei der Bewertung der gesellschaftlichen Zustände nur ordinale Informationen über die individuellen Präferenzen verwenden. Unter das Verdikt des Fleming-Theorems fällt daher z.B. das Maximin-Prinzip, das sich ohne weiteres als swf definieren läßt, wenn man von einem gegebenen Profil ordinaler Nutzenfunktionen $(U_1, \ldots, U_n)$ ausgeht, das empirisch fundierte Aussagen der Form „$U_i(x) \gtreqless U_j(y)$“ enthält:

$$\forall x \in X: W(x) = \min_i U_i(x)$$

Da die Maximin-swf die Wohlfahrt der Gesellschaft mit dem Nutzenniveau des am schlechtesten gestellten Indi-

viduums identifiziert, genügt sie weder der starken Pareto-Bedingung noch dem *separability*-Axiom (SE).[11]
Nun ist allerdings der skizzierte Trend zum Neoutilitarismus keineswegs – wie das Beispiel des Maximin-Kriteriums vielleicht vermuten ließe – das Ergebnis der substantiellen Fleming-Postulate D und E. Es ist nämlich überhaupt kein Problem, Verteilungsprinzipien zu formulieren, die die gesellschaftliche Bewertung der Alternativen nur auf die ordinalen Eigenschaften der individuellen Nutzenfunktionen stützen und gleichzeitig sowohl die starke Pareto-Bedingung erfüllen als auch die geforderte *separability*-Eigenschaft besitzen.[12] Da diese antiutilitaristischen Kriterien aber jeweils eine lexikographische Präferenzordnung über die Alternativenmenge erzeugen, lassen sie sich nicht durch eine reellwertige Soziale Wohlfahrtsfunktion repräsentieren.[13] Für den utilitaristischen Zug des Theorems 8 ist also letztlich die Tatsache verantwortlich, daß Fleming – der Bergson-Samuelson-Tradition folgend – implizit von der Existenz einer

---

[11] Daß zu den Opfern des Fleming-Theorems auch Kriterien zu zählen sind, die kardinale Nutzenfunktionen voraussetzen, zeigt das Beispiel der „Nash-swf": $\forall x \in X: W(x) = \prod_{i=1}^{n} U_i(x)$. Solange der Wertebereich der U_i nicht auf die Menge der strikt positiven reellen Zahlen beschränkt wird, verletzt auch die Nash-swf die Bedingungen P* und (SE).
[12] Eines dieser Kriterien ist das lexikographische Maximin-Prinzip, auf dessen Eigenschaften noch ausführlich einzugehen sein wird. Vgl. dazu unten V.1. und V.2. Zur Analyse des „Leximin"-Prinzips vor dem speziellen Hintergrund des Fleming-Theorems vgl. Strasnick (1981), 66–68.
[13] Dies gilt strenggenommen zumindest immer dann, wenn – wie im Zuge der hier präsentierten Reformulierung des Fleming-Theorems – die reelle Repräsentierbarkeit der gesellschaftlichen Präferenzordnung durch ein Stetigkeitsaxiom für R untermauert wird. Zum Problem der numerischen Repräsentation lexikographischer Ordnungen vgl. allgemein Debreu (1954), 164 (Fußnote 1) sowie im speziellen Kontext Sozialer Wohlfahrtsfunktionen Sen (1970a), 34f.

numerischen Repräsentation der gesellschaftlichen Präferenzordnung ausgeht (vgl. Strasnick [1981], 68–71). Sobald diese restriktive Repräsentationsprämisse fallen gelassen und die Substanz des Bergson-Samuelson-Konzepts auf eine *ethical ordering* reduziert wird, kann das Fleming-Theorem nicht einmal mehr eine tendenzielle Entscheidungshilfe bieten, wenn es darum geht, der gesellschaftlichen Bewertung von Verteilungskonflikten ein allgemein akzeptierbares Prinzip an die Hand zu geben.

2. *Harsanyi*

a. Ethik und Rationalität

1. Während Fleming über die methodologischen Grundlagen seines Theorems kaum ein Wort verliert (vgl. Fleming [1952], 369), beruhen Harsanyis Argumente zugunsten des Neoutilitarismus auf einer elaborierten metaethischen Position.

1.1. Der von Harsanyi (1958) formulierten methodologischen Konzeption liegen die beiden folgenden Prämissen zugrunde: [14]

(1) Jedes Individuum ist in der Lage, eine Reihe von allgemeinen (in Harsanyis Diktion: „formalen“) Kriterien zu benennen, denen ein moralisches Prin-

[14] Harsanyis metaethische Untersuchung geht nicht vom speziellen Konzept eines moralischen Prinzips, sondern vom allgemeineren Konzept einer moralischen Regel aus. Wenn im folgenden von moralischen Prinzipien die Rede ist, so sind damit die moralischen Regeln der höchsten Stufe *(highest-order moral rules)* gemeint. Vgl. dazu Harsanyi (1958), 34.

zip nach seiner persönlichen Überzeugung in jedem Fall genügen sollte.

(2) Moralische Prinzipien sind als Aussagen zu betrachten, die ihrem Adressaten ein rationales Motiv liefern, seine ethischen Bewertungen an einem bestimmten Grundsatz zu orientieren.

Vor dem Hintergrund dieser beiden Prämissen liegt es nahe, die von einem Individuum (bzw. einer Gruppe von Individuen) akzeptierten formalen Kriterien zur Fundierung materialer Grundsätze zu verwenden und moralische Prinzipien als hypothetische Imperative der folgenden Form zu rekonstruieren: [15]

> „Wenn du willst, daß deine ethischen Bewertungen den Kriterien $a_1, a_2, \ldots, a_k$ genügen, dann folge dem Prinzip b."

Nun wird man in aller Regel davon ausgehen müssen, daß die allgemeinen moralischen Überzeugungen eines Individuums (bzw. einer Gruppe) neben grundlegenden auch abgeleitete (also logisch abhängige) Kriterien enthalten, nicht frei von Inkonsistenzen oder insgesamt zu schwach sind, um eine eindeutig bestimmte materiale Ethik zu determinieren. Harsanyi weist daher der Moralphilosophie die Aufgabe zu, auf der Grundlage der in einer Gesellschaft verbreiteten *moral attitudes* für eine systematische Fundierung alternativer ethischer Prinzipien zu sorgen. Die spezifische Leistung der Moralphilosophie besteht demnach in der Formulierung von hypothe-

[15] Mit der Interpretation moralischer Regeln als hypothetischer Imperative des „formalen" Typs grenzt sich Harsanyi sowohl von Kants kategorischem Imperativ als auch von dessen „kausaler" Deutung hypothetischer Imperative ab. Vgl. in diesem Zusammenhang Harsanyi (1958), 24 f. und 29 f. sowie Kant (1785), 58–68.

tischen Imperativen, die jeweils ein ethisches Prinzip b als logische Konsequenz einer konsistenten Menge grundlegender formaler Kriterien ($a_1, \ldots, a_k$) ausweisen. Da Harsanyi moralische Prinzipien als analytisch wahre Sätze interpretiert,[16] können die von der Moralphilosophie produzierten Aussagen zumindest insofern objektive Gültigkeit beanspruchen, als der in einem hypothetischen Imperativ enthaltene logische Zusammenhang von jedermann akzeptiert werden muß. Während die Gewährleistung dieser „hypothetischen" objektiven Gültigkeit eines moralischen Prinzips (vgl. Harsanyi [1958], 34) ausschließlich von der logischen Präzision der philosophischen Ethik abhängt, kann die Moralphilosophie zur Fundierung einer „faktisch" allgemeingültigen – d. h.: von allen Individuen als verbindlich zu betrachtenden – materialen Ethik nur unter sehr speziellen Umständen beitragen. Dieses zweite Unterfangen kann nämlich nur dann gelingen, wenn eine spezifische Menge grundlegender formaler Kriterien existiert, die von allen Gesellschaftsmitgliedern akzeptiert wird und überdies ein eindeutig bestimmtes moralisches Prinzip erzeugt.

1.2. Vor dem Hintergrund der skizzierten metaethischen Position stellt sich für Harsanyi das Problem, eine Reihe von allgemeinen Kriterien zu formulieren, die einerseits als so fundamental gelten dürfen, daß sie von allen Individuen (oder doch zumindest einem Großteil der Gesellschaftsmitglieder) akzeptiert werden können, andererseits aber stark genug sind, um eine moderne Version der utilitaristischen Ethik zu begründen. Zur Lösung dieses

---

16 Zum analytischen Charakter hypothetischer Imperative vgl. bereits Kant (1785), 62–65. Eine ausführliche Analyse der logischen Eigenschaften hypothetischer Imperative findet sich in Hare (1952), 33–38.

Problems greift Harsanyi sowohl auf die klassische moralphilosophische Figur des *impartially sympathetic observer* (vgl. z.B. Smith [1759]) als auch auf die moderne Theorie der rationalen individuellen Entscheidung zurück. Die beiden Argumente, die Harsanyi zugunsten des Neoutilitarismus präsentiert, sind nämlich – grob gesprochen – das Ergebnis des Versuchs, die allgemeinen moralischen Kategorien der *sympathy* und *impartiality* mit einem speziellen Rationalitätskonzept zu verknüpfen (vgl. Harsanyi [1958], 28f. und Harsanyi [1977 a], 654f.). Betrachtet man Harsanyis Ansätze zur Fundierung einer neoutilitaristischen Ethik unter methodologischen Gesichtspunkten, so kommt seinem Rückgriff auf die Entscheidungstheorie eine besondere Bedeutung zu. Während nämlich die aus der Figur des *impartially sympathetic spectator* abgeleiteten formalen Kriterien lediglich als exemplarischer – und von Harsanyi favorisierter – Ausdruck der in der Gesellschaft verbreiteten *moral attitudes* zu interpretieren sind,[17] wird die Verwendung eines speziellen Rationalitätskonzepts mit einer zusätzlichen metaethischen Prämisse untermauert. In diesem Zusammenhang ist zu beachten, daß bereits die von Harsanyi (1958) formulierte methodologische Konzeption die Moralphilosophie – zumindest rein formal betrachtet – in die Nähe axiomatischer Theorien der rationalen in-

[17] Diese Einschätzung ergibt sich zumindest dann, wenn man Harsanyis metaethische Position ernst nimmt. Demgegenüber versucht Harsanyi, den Kriterien der *sympathy* und *impartiality* dadurch eine besondere Exklusivität zu verleihen, daß er für die aus ihnen abgeleitete materiale (und das heißt eben: utilitaristische) Ethik die Bezeichnung *humanism* reserviert und vorschlägt, die systematische Moralphilosophie ausschließlich auf den *code of impartially sympathetic humanism* zu gründen. Vgl. dazu Harsanyi (1958), 35. Zu der für Harsanyi typischen, überaus engen Verknüpfung von methodologischer Konzeption und favorisierter materialer Ethik vgl. auch Harsanyi (1982), 397f.

dividuellen Entscheidung rückt. Die Ergebnisse dieser Disziplinen – gemeint sind im wesentlichen die Entscheidungstheorie und die Spieltheorie – lassen sich nämlich ohne weiteres als hypothetische Imperative der folgenden Form rekonstruieren (vgl. Harsanyi [1977 d], 26):

> „Wenn du willst, daß deine Entscheidungen den Axiomen a_1, a_2, ..., a_k genügen, dann folge der Regel b."

Diese zunächst rein formale Affinität gewinnt eine erhebliche substantielle Bedeutung, wenn man die Beschränkung der Moralphilosophie auf den Beweis hypothetischer Imperative mit der Annahme verknüpft, daß das Fällen ethischer Urteile als spezielle Form des rationalen individuellen Verhaltens zu betrachten ist (vgl. Harsanyi [1977 a], 625). Die Moralphilosophie ist unter dieser zusätzlichen methodologischen Prämisse nämlich gezwungen, im Zuge der Fundierung ethischer Prinzipien auf irgendein formales Kriterium der individuellen Rationalität – und damit: auf die substantiellen Ergebnisse der Entscheidungstheorie (bzw. Spieltheorie) – zurückzugreifen.[18]

2. Die beiden Ansätze, mit denen Harsanyi eine moderne Version der utilitaristischen Ethik zu fundieren versucht, verwenden das Rationalitätskonzept der „Bayes'schen Entscheidungstheorie" (zum Begriff vgl. Harsanyi [1977 c], 9). Diese Theorie begründet – ausgehend von

---

[18] Mit den hier skizzierten (und einigen zusätzlichen) Überlegungen begründet Harsanyi im übrigen seinen Vorschlag, die Moralphilosophie – neben der Entscheidungstheorie und der Spieltheorie – als Teil einer allgemeinen Theorie des rationalen Verhaltens zu betrachten. Vgl. dazu ausführlicher Harsanyi (1976 a), 96–98, Harsanyi (1977 a), 627–631 und Harsanyi (1977 c), 8–11.

Entscheidungsproblemen bei Risiko (bzw. Unsicherheit) – sowohl ein spezielles Kriterium des rationalen individuellen Verhaltens als auch die Existenz einer kardinalen Repräsentation der individuellen Präferenzen.[19]

2.1. Um ein Entscheidungsproblem bei Risiko zu modellieren, wollen wir die Menge $X^* = \{x^*, y^*, z^*, \ldots\}$ aller Wahrscheinlichkeitsverteilungen betrachten, die sich über der Menge X definieren lassen (vgl. Harsanyi [1977 c], 64). Während alle $x \in X$ als gesellschaftliche Handlungsmöglichkeiten zu interpretieren sind, die mit Sicherheit bestimmte Verteilungsergebnisse $(x_1, \ldots, x_n)$ erzeugen, repräsentiert jede Alternative $x^* \in X^*$ eine mögliche gesellschaftliche Aktion, die – mit angebbaren objektiven Wahrscheinlichkeiten p_1, p_2 etc. – zu unterschiedlichen Verteilungszuständen x, y etc. führen kann. Geht man von einer endlichen Zahl der sicheren Alternativen ($|X| = m$) aus, so lassen sich die Elemente der Menge X^* als riskante Alternativen der folgenden Form kennzeichnen:[20]

$$x^* = (x, p_1; y, p_2; \ldots; z, p_j; \ldots; w, p_m)$$

---

[19] Da die beiden Argumente, die Harsanyi zugunsten des Neoutilitarismus vorbringt, jeweils ein Entscheidungsproblem bei Risiko voraussetzen, beschränkt sich die folgende Darstellung der Bayes'schen Rationalitätspostulate auf den speziellen Fall riskanter Alternativen. Zur Formulierung der Bayes-Axiome für unsichere Alternativen vgl. z. B. Harsanyi (1977 c), 41–46. Eine geschlossene Präsentation des Bayes'schen Rationalitätskonzepts für Entscheidungsprobleme bei Risiko und Unsicherheit findet sich in Harsanyi (1978), 223–225.

[20] Die hier gewählte Beschreibung der x^* als *simple risky prospects* mit endlich vielen Komponenten hat lediglich den Zweck, die Präsentation zu vereinfachen. Das zentrale Resultat der Bayes'schen Entscheidungstheorie läßt sich ohne weiteres auch für *composite risky prospects* und eine unendliche Menge X beweisen. Vgl. dazu Herstein/Milnor (1953) und Harsanyi (1977 c), 23.

Da der Ansatz der p_j nur durch die üblichen Bedingungen beschränkt wird ($p_j \geq 0$ für j = 1, ..., m und $\sum_{j=1}^{m} p_j = 1$), läßt sich jede sichere Alternative (z. B.: x) rein formal auch als riskante Alternative (z. B.: (x, 1; y, 0; ...; w, 0)) repräsentieren. Die ursprüngliche Alternativenmenge X ist daher in der *mixture set* X* enthalten ($X \subset X*$).[21]

2.2. Sieht man vom gesellschaftlichen Charakter der Alternativenmenge X* zunächst einmal ab, so läßt sich der Ausgangspunkt der Bayes'schen Entscheidungstheorie mit dem Problem eines beliebigen Individuums i beschreiben, aus der Menge X* eine – gemessen an seinen persönlichen Präferenzen – optimale Aktion auszuwählen. Die von der Theorie angebotene Lösung dieses Problems beruht auf einer Reihe von Axiomen, die als Anforderungen an die Rationalität des individuellen Entscheidungsverhaltens bei Risiko interpretiert werden können. Um die Präsentation zu vereinfachen, operiert die folgende Formulierung der Bayes'schen Rationalitätspostulate lediglich mit riskanten Alternativen der Form x* = (x, p; y, 1–p):[22]

---

[21] Diese Folgerung ist strenggenommen das Ergebnis einer der Konventionen, mit denen die Bayes'sche Entscheidungstheorie üblicherweise operiert. Vgl. in diesem Zusammenhang Harsanyi (1977c), 23f.

[22] Zu den drei hier verwendeten Axiomen vgl. Herstein/Milnor (1953), 293 und Harsanyi (1977c), 32f. Zur ersten axiomatischen Formulierung der Bayes'schen Entscheidungstheorie bei Risiko vgl. von Neumann/Morgenstern (1947), Section 3 und Appendix. Das komplizierte Axiomensystem der beiden Autoren wurde von Marschak (1950) wesentlich vereinfacht. Vgl. dazu von Neumann/Morgenstern (1947), 26f. und Marschak (1950), 115–118, 120–122 sowie 135–137. Für eine einfache Reformulierung des von Neumann/Morgenstern-Ansatzes vgl. Luce/Raiffa (1957), 23–31. Zur Interpretation dieses Ansatzes vgl. z. B. Friedman/Savage (1948) und Rothenberg (1961), chap. 9.

Axiom I: Die Präferenzrelation R_i ist in der Menge X^* reflexiv, vollständig und transitiv.

Axiom II: Für alle $x, y, z \in X$ sind die Mengen $\{p|(x, p; y, 1-p)R_i z\}$ und $\{p| zR_i(x, p; y, 1-p)\}$ abgeschlossen.

Axiom III: $\forall\, x, y, z \in X: xI_i y \rightarrow (x, p; z, 1-p)I_i(y, p; z, 1-p)$.[23]

Während die Bedingung I die Existenz einer individuellen Präferenzordnung über der Alternativenmenge X^* (und damit auch: über der Menge X) gewährleistet, sorgt das zweite Axiom im wesentlichen dafür, daß die individuelle Bewertung einer riskanten Alternative $x^* = (x, p; y, 1-p)$ in stetiger Weise vom Wahrscheinlichkeitswert p abhängt. Diese Stetigkeitsbedingung läßt sich verwenden, um ein für den Bayes'schen Ansatz wesentliches Ergebnis zu beweisen:[24]

Lemma: Für alle $x, y, z \in X$ mit $xP_i yP_i z$ gilt: Es existiert genau ein Wahrscheinlichkeitswert p, $0 < p < 1$, so daß $(x, p; z, 1-p)I_i y$.

Da die Axiome I und II per se lediglich die Existenz einer ordinalen (und stetigen) Nutzenfunktion über

---

[23] Die mit der Bedingung III erhobene Forderung ist offensichtlich nur für $0 < p < 1$ nicht trivial. Vgl. dazu explizit Marschak (1950), Postulat IV. Die hier gewählte Formulierung des Axioms III könnte im übrigen durch die folgende, schwächere Version ersetzt werden: $\forall\, x, y, z \in X: xI_i y \rightarrow (x, \frac{1}{2}; z, \frac{1}{2})I_i(y, \frac{1}{2}; z, \frac{1}{2})$. Vgl. dazu Herstein/Milnor (1953), Axiom 3 und Theorem 2.

[24] Vgl. Herstein/Milnor (1953), Theorem 1 und Theorem 6 sowie Harsanyi (1977c), 35f. (Lemma 5). Dieses Resultat wird in der Literatur häufig direkt als Stetigkeitsaxiom eingeführt. Vgl. dazu von Neumann/Morgenstern (1947), Axiom (3:B:c) und Axiom (3:B:d), Marschak (1950), Postulat II und Luce/Raiffa (1957), 27 (Assumption 3).

der Alternativenmenge X* garantieren (vgl. Harsanyi [1977 c], 32), ist das dritte Axiom als zentrales Rationalitätspostulat der Bayes'schen Entscheidungstheorie zu betrachten. Folgt man diesem Postulat, das unter den Bezeichnungen *strong independence axiom* bzw. *sure-thing principle* geführt wird (vgl. Samuelson [1952], 672 f. bzw. Savage [1954], 21 f.), so darf sich die Bewertung einer riskanten Alternative x* = (x, p; z, 1–p) nicht verändern, wenn die Komponente x durch eine als gleich gut erachtete Alternative y ersetzt wird.[25] Mit dem *sure-thing principle* wird nicht nur eine plausible Maxime des rationalen individuellen Verhaltens bei Risiko, sondern zugleich auch die entscheidende Voraussetzung einer kardinalen Nutzenmessung formuliert. Das Axiom III bietet nämlich die Gewähr dafür, daß die Nutzen der sicheren Alternativen x und z unabhängig voneinander in die Bewertung der riskanten Alternative x* = (x, p; z, 1–p) eingehen.[26]

2.3. Die spezifische Leistung der Bayes'schen Entscheidungstheorie (bei Risiko) besteht im Beweis des folgenden Theorems:[27]

---

[25] Das *sure-thing principle* wird in der Bayes'schen Entscheidungstheorie in den unterschiedlichsten Versionen verwendet. Eine prominente Alternative zum hier gewählten *substitution principle* ist z. B. das folgende *monotonicity principle*, dessen Formulierung ebenfalls $0 < p < 1$ voraussetzt: $\forall$ x, y, z $\in$ X: $xP_iy \rightarrow (x, p; z, 1-p)P_i(y, p; z, 1-p)$. Vgl. dazu Harsanyi (1977 c), 33 (Axiom 3*).

[26] In diesem Zusammenhang ist es interessant, darauf hinzuweisen, daß von Neumann und Morgenstern nur scheinbar ohne das *strong independence axiom* auskommen. Wie Malinvaud (1952) gezeigt hat, ist diese – für die kardinale Repräsentation des individuellen Entscheidungsverhaltens bei Risiko notwendige – Unabhängigkeitsbedingung zwar nicht explizit im Axiomensystem, wohl aber implizit im formalen Ansatz der beiden Autoren enthalten. Vgl. dazu auch Marschak (1950), 136.

[27] Vgl. dazu vor allem Herstein/Milnor (1953), Theorem 8 und Har-

Theorem 9: Erfüllen die Präferenzen eines Individuums i die Axiome I, II und III, so läßt sich über der Menge X* eine kardinale Nutzenfunktion U_i definieren, die die Präferenzordnung dieses Individuums repräsentiert und die folgende Eigenschaft besitzt:

$$\forall x^* \in X^*: U_i(x^*) = U_i(x, p_1; y, p_2; \ldots; w, p_m)$$
$$= p_1 \cdot U_i(x) + p_2 \cdot U_i(y) + \ldots + p_m \cdot U_i(w)$$

Die Bayes'schen Rationalitätspostulate sind offenbar stark genug, um über der Menge X* (und damit auch: über der Menge X) die Existenz einer kardinalen Nutzenfunktion U_i zu begründen, die den Nutzen einer riskanten Alternative x* = (x, p; y, 1–p) mit dem Erwartungswert $[p \cdot U_i(x) + (1-p) \cdot U_i(y)]$ identifiziert. Eine Nutzenfunktion, die diese Eigenschaft *(expected-utility property)* besitzt, wird üblicherweise als „von Neumann/Morgenstern-Nutzenfunktion" („vNM-Nutzenfunktion") bezeichnet. Da sich ein Individuum, dessen Präferenzen den Axiomen I bis III genügen, immer so verhalten wird, als ob es jeder Komponente jeder riskanten Alternative einen Nutzenwert zuschriebe, um danach die Aktion auszuwählen, die seinen erwarteten Nutzen maximiert, erzeugen die Prämissen des Theorems 9 auch ein spezielles Rationalitätskriterium für Entscheidungsprobleme bei Risiko. Ein rationales Individuum hat nämlich – so die zentrale normative Aussage der Bayes'schen Entscheidungstheorie – sein Verhalten in Risikosituationen stets an der Maximierung seines erwarteten Nutzens zu orientieren.[28]

---

sanyi (1977c), Theorem 3.2., aber auch von Neumann/Morgenstern (1947), 618–628 und Marschak (1950), 122–131.

[28] Die gleiche Maxime des rationalen individuellen Verhaltens wird von der Bayes'schen Entscheidungstheorie – auf der Basis subjektiver Wahrscheinlichkeiten – auch für Auswahlprobleme bei Unsicherheit begründet.

2.4. Die Existenz einer kardinalen Nutzenfunktion, die die Präferenzen eines – im Bayes'schen Sinne – rationalen Individuums abbildet, läßt sich besonders anschaulich demonstrieren, wenn man davon ausgeht, daß die Menge X sowohl eine absolut beste als auch eine absolut schlechteste Alternative enthält:

$$\forall x \in X \setminus \{z, v\}: zP_i xP_i v$$

Unter dieser speziellen Annahme ist es nämlich möglich, das oben erwähnte Stetigkeits-Lemma unmittelbar für die Definition einer vNM-Nutzenfunktion zu verwenden (vgl. dazu speziell Luce/Raiffa [1957], 29f. sowie allgemeiner Harsanyi [1977 c], 36–41):

(1) $U_i(z) = 1$
(2) $U_i(v) = 0$
(3) $\forall x \in X \setminus \{z, v\}: U_i(x) = p_{xi}$,
wobei $[xI_i(z, p; v, 1-p)] \leftrightarrow (p = p_{xi})$
(4) $\forall x^* \in X^*: U_i(x^*) = U_i(x, p_1; y, p_2; \ldots; w, p_m)$
$= p_1 \cdot p_{xi} + p_2 \cdot p_{yi} + \ldots + p_m \cdot p_{wi}$,
wobei $p_{zi} \equiv 1$ und $p_{vi} \equiv 0$

Für ein Individuum i, das die Axiome I bis III erfüllt und überdies zwei Alternativen z und v aus X angeben kann, die es eindeutig am meisten bzw. am wenigsten bevorzugt, läßt sich demnach eine vNM-Nutzenfunktion ganz einfach dadurch konstruieren, daß man $U_i(z) = 1$ und $U_i(v) = 0$ setzt, um danach die Nutzenwerte aller übrigen sicheren Alternativen x jeweils mit der „charakteristischen Wahrscheinlichkeit" p_{xi} zu identifizieren, die eine Indifferenz zwischen x und einer riskanten Alternative der Form (z, p; v, 1–p) erzeugt. Da eine kardinale Nutzenfunktion über die Rangordnung der Nutzenniveaus hinaus lediglich eindeutige Informationen über die relativen Nutzendifferenzen enthält, wird mit der Definition von U_i implizit eine Klasse U_i' von kardinalen Nutzenfunktionen beschrieben, die sich alternativ zu U_i verwenden lassen, um die Präferenzen des Individuums i zu repräsentieren (vgl. oben II.3.):

$$\forall x^* \in X^*: U_i'(x^*) = \alpha_i + \beta_i \cdot U_i(x^*), \beta_i > 0$$

Jedes Mitglied der Klasse U_i' ist – wie sich leicht zeigen läßt – wiederum eine vNM-Nutzenfunktion, besitzt also die *expected-utility property*.

b. Axiomatischer Ansatz

1. Das erste Argument, das Harsanyi zugunsten des Neoutilitarismus präsentiert, beruht im wesentlichen auf der Idee, daß sich das Bayes'sche Rationalitätskonzept ohne weiteres auf gesellschaftliche Entscheidungsprobleme bei Risiko übertragen läßt (vgl. dazu bereits Fleming [1952], 380).

1.1. Betrachtet man das Problem eines fiktiven gesellschaftlichen Planers, die Elemente der Menge X* unter moralischen Aspekten zu bewerten, so sind die Bayes'schen Rationalitätspostulate offensichtlich in der folgenden Weise zu reformulieren:

Axiom I': Die Präferenzrelation R ist in der Menge X* reflexiv, vollständig und transitiv.

Axiom II': Für alle $x, y, z \in X$ sind die Mengen $\{p|(x, p; y, 1-p)Rz\}$ und $\{p|zR(x, p; y, 1-p)\}$ abgeschlossen.

Axiom III': $\forall x, y, z \in X: xIy \rightarrow (x, p; z, 1-p)I(y, p; z, 1-p)$.

Das Postulat I' sichert die Existenz einer gesellschaftlichen Präferenzordnung über der Alternativenmenge X*. Mit der Bedingung II' wird gewährleistet, daß die gesellschaftliche Bewertung einer riskanten Alternative der Form (x, p; y, 1–p) stetig mit dem Wahrscheinlichkeitswert p variiert. Folgt man dem Axiom III', so hat sich auch der gesellschaftliche Planer am *sure-thing principle* zu orientieren: Zwei riskante Alternativen x* = (x, p; z, 1–p) und y* = (y, p; z, 1–p) sind demnach immer dann als moralisch gleichwertig zu erachten, wenn die Verteilungszustände x und y für gesellschaftlich indifferent erklärt werden.

Die Übertragung der Bayes'schen Rationalitätspostulate auf die Präferenzen eines ethischen Beobachters hat nun ganz offensichtlich die Konsequenz, daß sich das *expected-utility*-Theorem in der folgenden Weise reformulieren läßt:

Theorem 9': Erfüllen die Präferenzen des gesellschaftlichen Planers die Axiome I', II' und III', so läßt sich über der Menge X* eine kardinale swf W definieren, die die gesellschaftliche Präferenzordnung repräsentiert und die folgende Eigenschaft besitzt:

$$\forall x^* \in X^*: W(x^*) = W(x, p_1; y, p_2; \ldots; w, p_m) \\ = p_1 \cdot W(x) + p_2 \cdot W(y) + \ldots + p_m \cdot W(w)$$

Die Axiome I' bis III' garantieren also die Existenz einer Bergson-Samuelson-swf W, die – rein formal betrachtet – die Eigenschaften einer vNM-Nutzenfunktion besitzt („vNM-swf"). Ein im Bayes'schen Sinne rationaler gesellschaftlicher Planer wird sich daher immer so verhalten, als ob er jeder sicheren Alternative einen kardinalen Wohlfahrtswert zuschriebe, um danach die Aktion mit der höchsten erwarteten Wohlfahrt auszuwählen. Da die Bayes'schen Rationalitätspostulate weder den Nullpunkt noch die Einheit einer vNM-Nutzenfunktion eindeutig festlegen, wird mit der Definition einer vNM-swf W zugleich eine Klasse W' von kardinalen Sozialen Wohlfahrtsfunktionen beschrieben, die das Entscheidungsverhalten des gesellschaftlichen Planers ebensogut repräsentieren wie W:

$$\forall\, x^* \in X^*: W'(x^*) = \alpha + \beta \cdot W(x^*), \beta > 0$$

1.2. Vor dem Hintergrund der Theoreme 9 und 9' lassen sich die von Harsanyi (1955) zur axiomatischen Fundierung des Neoutilitarismus verwendeten Postulate in der folgenden Weise formulieren (vgl. Harsanyi [1955], 10 und Harsanyi [1977 c], 64 f.):

Postulat a: Die Präferenzen des gesellschaftlichen Planers erfüllen die Axiome I', II' und III'.[29]

Postulat b: Die Präferenzen aller Individuen i (i = 1, …, n) erfüllen die Axiome I, II und III.

Postulat c: $\forall\, x^*, y^* \in X^*: (\forall i \in N: x^* I_i y^*) \rightarrow x^* I y^*$.

Die Postulate a und b haben – so viel ist bisher klar geworden – die Konsequenz, daß sich über der Menge

[29] Die Formulierung des Postulats a für die Präferenzen eines gesellschaftlichen Planers lehnt sich an die erste Präsentation des Harsanyi-Theorems an, die den Terminus *social preferences* verwendet. In späteren Publikationen geht Harsanyi dazu über, dieses Postulat für die „moralischen oder sozialen“ bzw. die „moralischen“ Präferenzen eines beliebigen Individuums zu formulieren. Vgl. dazu Harsanyi (1955), 10 und 20 (Fußnote 4), Harsanyi (1977 c), 64 f. und Harsanyi (1978), 226. Da das Konzept der moralischen Präferenzen erst in Harsanyis *impersonality*-Modell eine genuine Rolle spielt (vgl. unten III.2.c.), empfiehlt es sich, im vorliegenden Zusammenhang auf diesen Terminus zu verzichten.

X^* eine vNM-swf W und n vNM-Nutzenfunktionen U_i $(i = 1, \ldots, n)$ definieren lassen, die die moralischen Bewertungen des gesellschaftlichen Planers und die persönlichen Präferenzen der Individuen repräsentieren. Da Harsanyis Postulat c die Pareto-Indifferenz-Bedingung auf die Alternativenmenge X^* ausdehnt, ist überdies ohne weiteres zu erkennen, daß die Postulate a bis c in jedem Fall eine „welfaristische" swf implizieren (vgl. oben III.1.):[30]

$$\forall x^* \in X^*: W(x^*) = W(U_1(x^*), \ldots, U_n(x^*))$$

Umso überraschender ist dagegen der von Harsanyi geführte Nachweis, daß die drei Postulate darüber hinaus auch stark genug sind, um aus der umfangreichen Klasse der „welfaristischen" Verteilungsprinzipien alle nicht-linearen Sozialen Wohlfahrtsfunktionen zu eliminieren:[31]

Theorem 10: Erfüllt eine vNM-swf W für ein gegebenes Profil individueller vNM-Nutzenfunktionen $(U_1, \ldots, U_n)$ das Postulat c, dann existieren n reelle Zahlen a_i $(i = 1, \ldots, n)$, so daß für alle $x^* \in X^*$ gilt:

$$W(x^*) = \sum_{i=1}^{n} a_i \cdot U_i(x^*)$$

1.3. Der von Harsanyi präsentierte Beweis des Theorems 10 operiert über die Postulate a bis c hinaus mit den beiden folgenden Prämissen:[32]

---

[30] Die Forderung, bei der Ermittlung der sozialen Wohlfahrt ausschließlich die Nutzen der Gesellschaftsmitglieder zu berücksichtigen, läßt sich im übrigen als eine moderne Reformulierung des klassischen *sympathy*-Kriteriums interpretieren. Vgl. dazu Harsanyi (1958), 29 und 31.

[31] Vgl. Harsanyi (1955), Theorem V und Harsanyi (1977c), Theorem 4.2. Zu einem verwandten Resultat vgl. Myerson (1981), Theorem 1.

[32] Zu (1) vgl. explizit Harsanyi (1955), 11 und Harsanyi (1977c), 66.

(1) Es existiert ein gesellschaftlicher Zustand $\bar{x}_0 \in X$, so daß
$W(\bar{x}_0) = U_1(\bar{x}_0) = \ldots = U_n(\bar{x}_0) = 0$.
(2) Für jedes Individuum i ($i = 1, \ldots, n$) existiert eine Alternative $\bar{x}_i \in X$, so daß
$U_i(\bar{x}_i) = 1$ und $U_j(\bar{x}_i) = 0$ für alle $j \neq i$.

Die erste Annahme, die einen gemeinsamen Nullpunkt der Funktionen W und ($U_1, \ldots, U_n$) gewährleistet, ist zwar notwendig, um das Harsanyi-Theorem beweisen zu können,[33] hat aber – zumindest isoliert betrachtet – keine substantielle Bedeutung. Da sich die moralischen Bewertungen des gesellschaftlichen Planers bzw. die persönlichen Präferenzen eines Individuums i durch jedes Mitglied der Klasse W' bzw. U_i' repräsentieren lassen, steht es Harsanyi völlig frei, W und die U_i so zu wählen, daß die Nullpunkte der swf und der individuellen Nutzenfunktionen für eine beliebige Alternative übereinstimmen (vgl. Selinger [1986], 57). Vor dem Hintergrund dieser Normalisierungsannahme hat die zweite Prämisse die technische Konsequenz, daß nicht nur der Nutzenvektor (0, …, 0), sondern auch jeder der n Einheitsvektoren {(1, 0, …, 0), (0, 1, 0, …, 0), …, (0, …, 0, 1)} einen Verteilungszustand repräsentiert. Während die Annahme (1) per se als völlig unproblematisch zu betrachten ist, führt Harsanyi mit der gleichzeitigen Verwendung der Annahme (2) über die Postulate a bis c hinaus offenbar

---

Zu (2) vgl. implizit Harsanyi (1955), 12 und Harsanyi (1977c), 68 sowie ausdrücklich Camacho/Sonstelie (1974), 608.

[33] Dies gilt zumindest für die hier gewählte Formulierung des Theorems 10. Zu einer alternativen Version, die sich ohne Verwendung einer Normalisierungsannahme beweisen läßt, vgl. Fishburn (1984), Theorem 1.

eine zusätzliche substantielle Prämisse ein (vgl. Jeffrey [1971], 654):[34]

> (3) Es existiert ein gesellschaftlicher Zustand $\bar{x}_0 \in X$, und es existiert für jedes Individuum i (i = 1, ..., n) eine Alternative $\bar{x}_i \in X$, so daß
> $\bar{x}_i P_i \bar{x}_0$ und $\bar{x}_i I_j \bar{x}_0$ für alle $j \neq i$.

Nun wäre es äußerst voreilig, zu vermuten, daß bereits der im Theorem 10 formulierte Befund von dieser sehr speziellen Annahme abhängt. Es ist nämlich überhaupt kein Problem, das Harsanyi-Theorem unter Verzicht auf die Prämisse (2) bzw. (3) zu beweisen.[35] Die substantielle Bedeutung einer speziellen *prospects assumption* kommt allerdings sehr schnell zum Vorschein, wenn man Harsanyis Postulat c durch die stärkere Forderung der Pareto-Inklusivität ersetzt:

Postulat d: $\forall x^*, y^* \in X^*$:
(1) $(\forall i \in N: x^* I_i y^*) \rightarrow x^* I y^*$
(2) $[(\forall i \in N: x^* R_i y^*) \wedge (\exists i \in N: x^* P_i y^*)] \rightarrow x^* P y^*$.

Akzeptiert man diese Erweiterung der starken Pareto-Bedingung auf die Alternativenmenge X*, so wird mit

---

[34] Zu einer etwas stärkeren Formulierung dieser *special prospects assumption* vgl. Fishburn (1984), 24. In der Literatur ist es üblich, die Prämisse (3) mit dem Vorliegen egoistischer Präferenzen zu untermauern. Vgl. dazu Nunan (1981), 597–600, Resnik (1983), 316–318 und Selinger (1986), 54. Diese Interpretation ist zwar – soweit sie sich lediglich auf die Alternativenpaare $(\bar{x}_i, \bar{x}_0)$ bezieht – hinreichend, aber keineswegs notwendig. Vgl. dazu Selinger (1986), 61 f. (Fußnote 8).

[35] Vgl. Camacho/Sonstelie (1974), Theorem V', Fishburn (1984), Theorem 2 und Selinger (1986), 54–57. Der von Camacho und Sonstelie formulierte Beweis verzichtet im übrigen nicht nur auf die Annahme (2), sondern kommt darüber hinaus auch mit einer etwas schwächeren Version des Postulats c aus.

der Annahme (3) offensichtlich die Existenz von n Alternativenpaaren $(\bar{x}_i, \bar{x}_0)$ gewährleistet, über deren gesellschaftliche Rangordnung jeweils die strikte Präferenz eines Individuums i entscheidet:

$$\bar{x}_i P \bar{x}_0 \qquad (i = 1, \ldots, n)$$

Die substantielle Bedeutung dieses Resultats ist unmittelbar zu erkennen, wenn man die Implikationen des Postulats d vor dem speziellen Hintergrund der Annahmen (1) und (2) betrachtet:

$$W(\bar{x}_i) = \sum_{i=1}^{n} a_i \cdot U_i(\bar{x}_i) = a_i > 0 = W(\bar{x}_0) \quad (i = 1, \ldots, n)$$

Harsanyi benötigt also über die Forderung der Pareto-Inklusivität hinaus eine spezielle *prospects assumption*, um sicher zu stellen, daß die individuellen Nutzen mit einem strikt positiven Gewicht in die lineare swf des Theorems 10 eingehen.[36]

Da sich der von Harsanyi erhobene Anspruch, eine axiomatische Fundierung des Neoutilitarismus zu liefern, offensichtlich nur dann einlösen läßt, wenn über die Linearität einer „welfaristischen" swf hinaus zumindest eine strikt positive Gewichtung aller individuellen Nutzen gewährleistet ist, liegt es nahe, im folgenden von einer modifizierten Version des Theorems 10 auszugehen (vgl. Fishburn [1984], Corollary 1):[37]

---

[36] Sobald man auf die Prämisse (2) bzw. (3) verzichtet, werden mit dem Postulat d zuverlässig nur negative Gewichte ausgeschlossen. Vgl. dazu bereits Harsanyi (1955), 21 (Fußnote 12) sowie implizit Resnik (1983), 314. Um $a_i \geq 0$ $(i = 1, \ldots, n)$ zu gewährleisten, genügt es jedoch bereits, Harsanyis Postulat c durch die folgende Bedingung zu ersetzen: $\forall\, x^*, y^* \in X^*: (\forall i \in N: x^* R_i y^*) \rightarrow x^* R y^*$. Vgl. dazu Fishburn (1984), Theorem 2.

[37] Vgl. dazu auch Harsanyi (1977a), Theorem T, Harsanyi (1977c),

Theorem 10': Erfüllt eine vNM-swf W für ein gegebenes Profil individueller vNM-Nutzenfunktionen (U_1, ..., U_n) das Postulat d, dann existieren unter den Annahmen (1) und (2) n strikt positive reelle Zahlen a_i ($i = 1, \ldots, n$), so daß für alle $x^* \in X^*$ gilt:

$$W(x^*) = \sum_{i=1}^{n} a_i \cdot U_i(x^*)$$

2. Das Ergebnis des Theorems 10' beruht im wesentlichen – d. h.: abgesehen von den Annahmen (1) und (2)[38] – auf der Verknüpfung zweier spezieller Repräsentationsprämissen mit einem schwachen ethischen Postulat. Vergleicht man nun die den Theoremen 8 und 10' zugrunde liegenden Axiome, so muß Harsanyis Resultat auf den ersten Blick verblüffen. Offenbar genügt nämlich bereits die mit den Postulaten a und b verbundene Verschärfung der von Bergson und Samuelson favorisierten Meßbarkeitsprämissen, um die Klasse der pareto-inklusiven (und „welfaristischen") Sozialen Wohlfahrtsfunktionen einer formalen Restriktion zu unterwerfen, die über die Eigenschaft der additiven Trennbarkeit weit hinausgeht.[39] Sobald man das Harsanyi-Theorem einer genaue-

Theorem 4.2. und Harsanyi (1978), Theorem 3. Harsanyi geht allerdings in diesen späteren Publikationen ohne weiteres davon aus, daß bereits die Postulate a, b und d eine strikt positive Gewichtung der individuellen Nutzen garantieren.

[38] Die in den Prämissen (1) und (2) enthaltene *special prospects assumption* ist in jedem Fall erfüllt, wenn man – einer impliziten Annahme Harsanyis folgend – davon ausgeht, daß für jeden beliebigen Nutzenvektor ($U_1(\cdot)$, ..., $U_n(\cdot)$) ein Verteilungszustand $x \in X$ existiert, der diese Nutzenverteilung erzeugt. Vgl. dazu Resnik (1983), 314f.

[39] Dieses Ergebnis wird von Samuelson (1974) als „one of the few quantum-jump improvements on the classic A. Bergson clarification of welfare economics" gefeiert (1267, Fußnote 16). Mit der positiven Bewertung des Harsanyi-Theorems akzeptiert Samuelson ausdrücklich die potentielle Bedeutung eines kardinalen Nutzenkonzepts für die

ren Prüfung unterzieht, sind allerdings zwei wesentliche Parallelen zum Fleming-Theorem zu erkennen. Zum einen stellt sich nämlich heraus, daß Harsanyis Fundierung einer linearen swf nur scheinbar ohne Flemings *separability*-Bedingung auskommt. Zum anderen läßt sich zeigen, daß auch mit dem Ergebnis des Theorems 10' per se nicht viel gewonnen ist, wenn es darum geht, eine genuine Version des utilitaristischen Prinzips zu begründen.

2.1. Die Tatsache, daß Harsanyi mit der starken Pareto-Bedingung nur ein einziges (und überdies: allgemein akzeptiertes) ethisches Postulat benötigt, um ein stärkeres Ergebnis als Fleming zu erzielen, läßt sich relativ leicht erklären, wenn man die unterschiedlichen Ausgangspunkte der Theoreme 8 und 10' berücksichtigt. Da Harsanyi nämlich ein gesellschaftliches Entscheidungsproblem bei Risiko voraussetzt, ist er im Gegensatz zu Fleming in der Lage, die normativen Implikationen zu benützen, die sich aus der Erweiterung des Pareto-Kriteriums auf die Menge X* und der *expected-utility property* der Funktionen U_i und W ergeben. Daß zu diesen weitreichenden Implikationen auch Flemings *separability*-Bedingung gehört, läßt sich mit einem einfachen Beispiel verdeutlichen (vgl. Fleming [1957], 356 f.).[40]
In einer Gesellschaft, die nur aus drei Individuen besteht (N = {i, j, k}), sei ein fiktiver Planer mit dem Problem konfrontiert, die Verteilungszustände z und w auf der

---

Wohlfahrtsökonomie Bergson'scher Prägung. Vgl. dazu auch Samuelson (1966) und Samuelson (1981), 245–247.

[40] Über das Ergebnis des folgenden Beispiels hinaus ließe sich zeigen, daß die Theoreme 10 und 10' tatsächlich auf der impliziten Verwendung einer erweiterten (d. h.: für die Alternativenmenge X* reformulierten) Version des Axioms (SE) beruhen.

Grundlage der folgenden Daten zu bewerten ($x, y, z, w \in X$):

$$U_i(x) = U_i(z) > U_i(y) = U_i(w)$$
$$U_j(y) = U_j(w) > U_j(x) = U_j(z)$$
$$U_k(x) = U_k(y) \text{ und } U_k(z) = U_k(w)$$
$$W(x) = W(y)$$

Ein gesellschaftlicher Planer, der Flemings Postulat E akzeptiert, hat unter diesen Umständen offensichtlich keine andere Wahl, als die Alternativen z und w für indifferent zu erklären:

$$W(z) = W(w)$$

Daß die Harsanyi-Postulate die gleiche Lösung implizieren, läßt sich zeigen, wenn man über die bisher betrachteten Verteilungszustände hinaus die beiden folgenden riskanten Alternativen ins Bild bringt ($x^*, y^* \in X^*$):

$$x^* = (x, \tfrac{1}{2}; w, \tfrac{1}{2})$$
$$y^* = (y, \tfrac{1}{2}; z, \tfrac{1}{2})$$

Die Postulate a, b und c (bzw. d) haben dann nämlich im einzelnen die folgenden Konsequenzen:

(1) $U_i(x^*) = \tfrac{1}{2}\cdot U_i(x) + \tfrac{1}{2}\cdot U_i(w) = \tfrac{1}{2}\cdot U_i(z) + \tfrac{1}{2}\cdot U_i(y)$
$= U_i(y^*)$
analog: $U_j(x^*) = U_j(y^*)$ und $U_k(x^*) = U_k(y^*)$
(Postulat b)

(2) $W(x^*) = W(y^*)$ (Postulat c)

(3) $W(x^*) = \tfrac{1}{2}\cdot W(x) + \tfrac{1}{2}\cdot W(w)$
$W(y^*) = \tfrac{1}{2}\cdot W(y) + \tfrac{1}{2}\cdot W(z)$
$[W(x^*) = W(y^*) \wedge W(x) = W(y)] \rightarrow W(w) = W(z)$
(Postulat a)

2.2. Da der Beweis des Harsanyi-Theorems zwar die Meßbarkeitsprämissen einer utilitaristischen swf voraussetzt, gleichzeitig aber auf jegliche Vergleichbarkeitsprämisse verzichtet (vgl. Harsanyi [1978], 227), ist mit der linearen swf des Theorems 10' für die Fundierung des Neoutilitarismus wenig gewonnen, solange es nicht gelingt, die – abgesehen von der Normalisierungsannahme – willkürlich gewählten U_i in Nutzenfunktionen mit (zumindest) interpersonell vergleichbaren Einheiten zu transformieren. Eine naheliegende Möglichkeit, dieses Vergleichsproblem im Rahmen der Harsanyi-Postulate zu „lösen", besteht offensichtlich darin, die a_i kurzerhand als *calibration factors* (vgl. Vickrey [1960], 526) zu interpretieren und das Ergebnis des Theorems 10' in der folgenden Weise zu repräsentieren:

$$\forall x^* \in X^*: W(x^*) = \sum_{i=1}^{n} V_i(x^*)$$

$$\text{mit } V_i(\cdot) = a_i \cdot U_i(\cdot) \qquad (i = 1, \ldots, n)$$

Dieses – von Harsanyi zunächst favorisierte[41] – Verfahren eröffnet zwar die formale Chance, die soziale Wohlfahrt als additive Kombination individueller Nutzenindikatoren zu konstruieren, erzeugt aber alles andere als eine substantielle Reformulierung des utilitaristischen Prinzips. Angesichts der von Harsanyi verwendeten Postulate und der Logik seines Beweises gibt es nämlich überhaupt keinen Grund, die a_i ohne weiteres als Repräsentanten unabhängiger – d. h.: auf empirischer Evidenz beruhender – interpersoneller Nutzenvergleiche zu betrachten (vgl. Selinger [1986], 58).

Während die Etikettierung der a_i als Vergleichsoperato-

[41] Vgl. Harsanyi (1955), 19f. sowie – in ähnlichem Zusammenhang – Myerson (1981), 887f. Zur Interpretation der a_i als Vergleichsoperatoren vgl. auch Broome (1982), 210 und 215 (Fußnote 14) sowie Hammond (1983), 190 und 193.

ren lediglich eine formale Version des utilitaristischen Prinzips erzeugt, kommt das substantielle Ergebnis des Theorems 10' sehr deutlich zum Vorschein, wenn man jeden Koeffizienten a_i in ein „Vergleichsgewicht" c_i und ein „ethisches Gewicht" e_i zerlegt, so daß Harsanyis lineare swf die folgende Form erhält (vgl. Harsanyi [1977 c], 81f. und Brock [1980], 177):

$$\forall x^* \in X^*: W(x^*) = \sum_{i=1}^{n} e_i \cdot c_i \cdot U_i(x^*)$$
$$\text{mit } a_i = e_i \cdot c_i,\ c_i > 0,\ e_i > 0 \qquad (i = 1, \ldots, n)$$

Die c_i repräsentieren dabei eine Vergleichsoperation des gesellschaftlichen Planers, deren Ziel ausschließlich darin besteht, die willkürlich gewählten vNM-Indikatoren U_i auf der Grundlage empirischer Informationen (über die relativen interpersonellen Präferenzintensitäten) in Nutzenfunktionen mit interpersonell vergleichbaren Einheiten zu transformieren. Demgegenüber kommt in den e_i die Möglichkeit zum Ausdruck, den durch die Vergleichsoperation gewonnenen Nutzenindikatoren U_i^0 nach Maßgabe eines ethischen Kriteriums ein jeweils spezifisches Gewicht beizumessen. Da mit der Anwendung der c_i auf die U_i lediglich gewährleistet werden soll, daß die für die gesellschaftliche Bewertung der Alternativenmenge X^* herangezogenen Nutzenfunktionen den mit einer linearen swf verbundenen (deskriptiven) Vergleichbarkeitsprämissen genügen, läßt sich die normative Substanz des Harsanyi-Theorems mit einer Klasse von Verteilungsprinzipien beschreiben, die der additiven Berechnung der sozialen Wohlfahrt eine ethische Gewichtung der individuellen Nutzen zugrunde legen:[42]

[42] Die der folgenden Klasse zugrunde liegende Unterscheidung von (deskriptiven) *comparison weights* und (normativen) *equity weights*

$$\forall\, x^* \in X^*\colon W(x^*) = \sum_{i=1}^{n} e_i \cdot U_i^0(x^*)$$
$$\text{mit } U_i^0(\cdot) = c_i \cdot U_i(\cdot) \text{ und } e_i > 0 \qquad (i = 1, \ldots, n)$$

2.3. Das Harsanyi-Theorem – so viel ist bisher klar geworden – läßt sich nur dann für die axiomatische Fundierung des Neoutilitarismus nutzen, wenn über die explizit verwendeten Postulate hinaus interpersonelle Nutzenvergleiche des gesellschaftlichen Planers ins Spiel gebracht werden. Gleichzeitig ist aber auch zu erkennen, daß die zusätzliche Einführung empirischer Informationen über die relativen interpersonellen Nutzendifferenzen noch keineswegs ausreicht, um eine axiomatische Begründung des utilitaristischen Prinzips zu erzeugen. Selbst wenn man nämlich die Möglichkeit nutzt, dem Beweis des Theorems 10' – analog zur Bedingung CU – ein vNM-Nutzenprofil $(U_1^0, \ldots, U_n^0)$ zugrunde zu legen, das die benötigten interpersonellen Informationen bereits enthält, können Harsanyis Postulate eine unterschiedliche ethische Gewichtung der individuellen Nutzen nicht ausschließen. Da das Spektrum der zulässigen n-Tupel $(e_1, \ldots, e_n)$ unter den Postulaten a, b und d – sowie den Annahmen (1) und (2) – nur einer extrem schwachen Restriktion unterliegt ($\forall i \in N\colon e_i > 0$), sind mit dem substantiellen Ergebnis des Theorems 10' insbesondere auch Soziale Wohlfahrtsfunktionen vereinbar, die eine

kann offenbar nicht getroffen werden, wenn man Robbins' präskriptive Interpretation interpersoneller Nutzenvergleiche akzeptiert. Für die Autoren der Bergson-Samuelson-Tradition liegt es daher nahe, die Koeffizienten a_i als ethische Gewichte zu interpretieren, die eine konsistente Menge normativer interpersoneller Nutzenvergleiche (und damit: Samuelsons *interpersonal ethical judgments*) repräsentieren. Vgl. dazu Rothenberg (1961), 266, Samuelson (1974), 1267 (Fußnote 16), Samuelson (1977), 84 und Samuelson (1981), 262 (Fußnote 1).

antiutilitaristische Bewertung der Alternativen implizieren.[43] Harsanyi benötigt daher über die genannten Prämissen hinaus noch eine starke ethische Bedingung, um die Fundierung einer utilitaristischen swf abzuschließen (vgl. zuerst Harsanyi [1975 b], 77 sowie Harsanyi [1977 c], 69 und Harsanyi [1978], 227):

Postulat e: Die swf W ist eine symmetrische Funktion der – in gleichen Einheiten ausgedrückten – individuellen Nutzenindikatoren ($U_1^0, \ldots, U_n^0$).

Mit der zusätzlichen Einführung dieser Symmetrie-Bedingung wird die Klasse der zulässigen Verteilungsprinzipien auf alle linearen Sozialen Wohlfahrtsfunktionen reduziert, die den individuellen Nutzen das gleiche ethische Gewicht beimessen:[44]

$$\forall\, x^* \in X^*: W(x^*) = \sum_{i=1}^{n} e \cdot U_i^0(x^*) = e \cdot \sum_{i=1}^{n} U_i^0(x^*),\ e > 0$$

Die so spezifizierte Teilklasse enthält neben der utilitaristischen swf (e = 1) offenbar ausnahmslos Prinzipien, die bei der Ermittlung der sozialen Wohlfahrt einer genuin utilitaristischen Logik folgen.

---

[43] So ist es z. B. überhaupt kein Problem, durch eine geeignete Wahl der e_i eine lineare swf zu konstruieren, die die gesellschaftliche Rangordnung der Alternativen faktisch nur von den Präferenzen eines einzigen Individuums abhängig macht.

[44] Die mit dem Postulat e erhobene Forderung, die individuellen Nutzen im Rahmen einer „welfaristischen" swf mit dem gleichen Gewicht zu berücksichtigen, wird von Harsanyi offenbar als eine moderne Reformulierung des klassischen *impartiality*-Kriteriums interpretiert. Vgl. dazu Harsanyi (1958), 29 und 35. Zur Spezifizierung des Theorems 10' durch eine Symmetrie-Bedingung, die das *impartiality*-Kriterium auf Individuenpaare anwendet, vgl. Theil (1964), 337–344.

3. Die Postulate a, b und c (bzw. d) sind zwar einerseits viel zu schwach, um eine materiale Version des utilitaristischen Prinzips zu erzeugen, andererseits aber immerhin stark genug, um ein interessantes Problem der Wohlfahrtsökonomie zu lösen. Mit dieser spezifischen Leistung des Theorems 10 (bzw. 10') ist es zu erklären, daß nicht die überaus starke Symmetrie-Bedingung, sondern vielmehr Harsanyis Postulat a die größte Aufmerksamkeit der Kritiker auf sich gezogen hat.

3.1. Das von Harsanyi implizit gelöste Problem läßt sich verdeutlichen, wenn man die Alternativenmenge $X*$ in die beiden Teilmengen $\tilde{X}$ und X zerlegt:

$$\tilde{X} = X* \setminus X$$

Die Elemente der Menge $\tilde{X}$ sind dann offensichtlich als gesellschaftliche Handlungsmöglichkeiten zu interpretieren, die mit einem faktischen Risiko verbunden sind, also nicht mit Sicherheit einen bestimmten Verteilungszustand erzeugen. Um die Präsentation zu vereinfachen, wollen wir die m Elemente der Menge X im folgenden mit $\tilde{x}_j$ $(j = 1, \ldots, m)$ bezeichnen und die – im engeren Sinne – riskanten Alternativen $\tilde{x} \in \tilde{X}$ in der folgenden Weise repräsentieren:

$$\tilde{x} = (\tilde{x}_1, p_1; \ldots; \tilde{x}_j, p_j; \ldots; \tilde{x}_m, p_m)$$

$$\text{mit } 0 \leq p_j < 1 \ (j = 1, \ldots, m) \text{ und } \sum_{j=1}^{m} p_j = 1$$

3.1.1. Betrachtet man nun das Problem eines gesellschaftlichen Planers, aus der Menge $\tilde{X}$ eine optimale Aktion auszuwählen, so sind mit dem Konzept einer individualistischen (bzw. „welfaristischen") swf grundsätzlich zwei völlig verschiedene Bewertungsstrategien vereinbar. Der ethische Beobachter hat nämlich zum einen die Möglichkeit, die gesellschaftliche Rangordnung der Alternativenmenge $\tilde{X}$ unmittelbar von den individuellen Bewertungen der $\tilde{x}$ abhängig zu machen *(ex-ante approach)*, zum anderen aber auch die Option, die kollektive Rangordnung der riskanten Aktionen auf eine individualistische Bewertung ihrer möglichen Ergebnisse zurückzuführen *(ex-post approach)*. Geht man nun davon aus, daß über der Alternativenmenge X^* ein Nutzenprofil $(U_1, \ldots, U_n)$ existiert, so lassen sich die beiden skizzierten Ansätze mit den Konzepten einer „welfaristischen" ex-ante-swf W^a und einer „welfaristischen" ex-post-swf W^p formalisieren:

$$(1)\ \forall\, \tilde{x} \in \tilde{X}\colon W(\tilde{x}) = W^a(U_1(\tilde{x}), \ldots, U_n(\tilde{x}))$$
$$(2)\ \forall\, \tilde{x} \in \tilde{X}\colon W(\tilde{x}) = f(W^p(\tilde{x}_1), \ldots, W^p(\tilde{x}_m))$$
$$\text{mit } W^p(\tilde{x}_j) = W^p(U_1(\tilde{x}_j), \ldots, U_n(\tilde{x}_j)) \text{ für } j = 1, \ldots, m$$

Nun genügt bereits ein einfaches Beispiel, um zu zeigen, daß diese beiden Ansätze in aller Regel selbst dann zu unterschiedlichen Ergebnissen führen werden, wenn man der ex-ante-swf und der ex-post-Bewertung das gleiche normative Prinzip zugrunde legt:

$$(1)\ \forall\, \tilde{x} \in \tilde{X}\colon W^a(\tilde{x}) = \min_i U_i(\tilde{x})$$
$$(2)\ \forall\, \tilde{x} \in \tilde{X}\colon W(\tilde{x}) = \min_j W^p(\tilde{x}_j)$$
$$\text{mit } W^p(\tilde{x}_j) = \min_i U_i(\tilde{x}_j) \text{ für } j = 1, \ldots, m$$

Solange es keinen systematischen Grund zu der Annahme gibt, daß jedes Individuum seinen ex-ante-Nutzen jeweils in der Höhe seines minimalen ex-post-Nutzens ansetzt $(\forall i \in N, \forall \tilde{x} \in \tilde{X}\colon U_i(\tilde{x}) = \min_j U_i(\tilde{x}_j))$, hängt die von der Maximin-swf erzeugte gesellschaftliche Präferenzordnung grundsätzlich davon ab, ob man die normative

Idee dieses Prinzips im Rahmen des ex-ante- oder des ex-post-Ansatzes verwendet.

3.1.2. Nun läßt sich zeigen, daß Harsanyi mit den Postulaten a bis c drei Bedingungen formuliert, die in jedem Fall eine identische ex-ante- und ex-post-Bewertung riskanter gesellschaftlicher Aktionen garantieren. Zunächst einmal ist ohne weiteres zu erkennen, daß das Harsanyi-Theorem implizit mit einer „welfaristischen" ex-ante-swf und einer „welfaristischen" ex-post-swf operiert. Vor dem Hintergrund der Alternativenmengen $\tilde{X}$ und X haben die Postulate a, b und c nämlich unmittelbar die folgenden Konsequenzen:

$$(1)\ \forall\, \tilde{x} \in \tilde{X}\colon W(\tilde{x}) = \sum_{j=1}^{m} p_j \cdot W(\tilde{x}_j) \qquad \text{(Postulat a)}$$

$$(2)\ \forall\, i \in N, \forall\, \tilde{x} \in \tilde{X}\colon U_i(\tilde{x}) = \sum_{j=1}^{m} p_j \cdot U_i(\tilde{x}_j) \qquad \text{(Postulat b)}$$

$$(3)\ \forall\, \tilde{x} \in \tilde{X}\colon W(\tilde{x}) = W^a(U_1(\tilde{x}), \ldots, U_n(\tilde{x})) \qquad \text{(Postulat c)}$$

$$(4)\ \forall\, \tilde{x}_j \in X\colon W(\tilde{x}_j) = W^p(U_1(\tilde{x}_j), \ldots, U_n(\tilde{x}_j)) \qquad \text{(Postulat c)}$$

Die Postulate a bis c sind überdies offensichtlich stark genug, um sowohl eine lineare ex-ante-swf als auch eine lineare ex-post-swf zu erzeugen:

$$(5)\ \forall\, \tilde{x} \in \tilde{X}\colon W^a(\tilde{x}) = \sum_{i=1}^{n} a_i \cdot U_i(\tilde{x})$$

$$(6)\ \forall\, \tilde{x}_j \in X\colon W^p(\tilde{x}_j) = \sum_{i=1}^{n} a_i \cdot U_i(\tilde{x}_j)$$

Sobald man diese beiden Linearitätsbedingungen mit den Implikationen (1) und (2) verknüpft, ist klar zu erkennen, daß das Theorem 10 die grundsätzliche Konkurrenz des ex-ante- und ex-post-Ansatzes zuverlässig beseitigt:[45]

$$(7)\ \forall\, \tilde{x} \in \tilde{X}: W^a(\tilde{x}) = \sum_{i=1}^{n} a_i \cdot \sum_{j=1}^{m} p_j \cdot U_i(\tilde{x}_j)$$

$$= \sum_{j=1}^{m} p_j \cdot \sum_{i=1}^{n} a_i \cdot U_i(\tilde{x}_j) = W^p(\tilde{x})$$

3.2. Die normative Kritik des Harsanyi-Theorems wurde entscheidend von einem Einwand geprägt, den Diamond (1967) gegen die Übertragung des Bayes'schen Rationalitätskonzepts auf gesellschaftliche Entscheidungen erhoben hat. Diamonds Argument setzt eine Zwei-Personen-Gesellschaft ($N=\{1, 2\}$) und zwei riskante Alternativen der folgenden Form voraus ($x, y, z \in X$ und $x^*, y^* \in X^*$):[46]

$$x^* = (x, \tfrac{1}{2}; y, \tfrac{1}{2})$$
$$y^* = (x, \tfrac{1}{2}; z, \tfrac{1}{2})$$

Vor diesem Hintergrund betrachtet Diamond das Problem eines gesellschaftlichen Planers, die Alternativen x^* und y^* auf der Grundlage der folgenden vNM-Nutzenwerte in eine ethische Rangordnung zu bringen:

$$U_1(x) = U_1(y) = U_2(z) = 1$$
$$U_2(x) = U_2(y) = U_1(z) = 0$$
$$U_1(x^*) = 1, U_2(x^*) = 0$$
$$U_1(y^*) = U_2(y^*) = \tfrac{1}{2}$$

Während die Aktion x^* mit Sicherheit eine (1, 0)-Nutzenverteilung zugunsten des Individuums 1 erzeugt, steht mit y^* eine Alternative zur Wahl, die mit der glei-

[45] Vgl. dazu Broome (1982), 208–210, Hammond (1982), 93f. und Hammond (1983), 189–192.

[46] Zu einigen verwandten Beispielen vgl. Myerson (1981), 884, Broome (1982), 205 und Sen (1985a), 119f.

chen Wahrscheinlichkeit entweder eine (1, 0)- oder eine (0, 1)-Verteilung der ex-post-Nutzen liefert. Angesichts dieser Tatsache ist es für Diamond ein Gebot der Fairneß gegenüber Individuum 2, für die Wahl der Aktion y* zu votieren (y*Px*). Geht man nun aber davon aus, daß die Präferenzen des ethischen Beobachters sowohl auf einer symmetrischen Behandlung der individuellen Interessen beruhen (vgl. Diamond [1967], 765) als auch den Bayes'schen Rationalitätspostulaten genügen, so ist er offensichtlich gezwungen, x* und y* für gesellschaftlich indifferent zu erklären. Die beiden sicheren Alternativen y und z sind unter diesen Umständen nämlich als gleich gut auszuweisen, weil sie zwei symmetrische Nutzenverteilungen erzeugen, und das *sure-thing principle* (Axiom III') sorgt dafür, daß sich diese Indifferenz auch auf die riskanten Aktionen x* und y* überträgt (yIz → x*Iy*). Für Diamond ist dieses Ergebnis Grund genug, um Harsanyis Postulat a – und insbesondere die Anwendung des *sure-thing principle* auf gesellschaftliche Entscheidungsprobleme bei Risiko – entschieden abzulehnen.

3.2.1. Nun ist zu beachten, daß das Harsanyi-Theorem per se keineswegs die von Diamond kritisierte Indifferenz erzeugt. Sobald man die lineare swf des Theorems 10 unmittelbar auf Diamonds Beispiel anwendet, erhält man nämlich das folgende Ergebnis:

$$W^a(x^*) = W^p(x^*) = a_1$$
$$W^a(y^*) = W^p(y^*) = \tfrac{1}{2}\cdot(a_1 + a_2)$$

Damit ist klar, daß die Postulate a bis c jede beliebige – und insbesondere auch die von Diamond favorisierte – Rangordnung der beiden Alternativen zulassen:

$$x^*Py^* \leftrightarrow a_1 > a_2$$

$$x^*Iy^* \leftrightarrow a_1 = a_2$$
$$y^*Px^* \leftrightarrow a_2 > a_1$$

Dieser Befund legt die Vermutung nahe, daß Diamond Harsanyis Postulat e benötigt, um dessen Postulat a wirksam kritisieren zu können. Tatsächlich läßt sich aber zeigen, daß Diamond mit seiner – nicht näher spezifizierten – Symmetrie-Bedingung implizit über die *unit comparability* des Postulats e hinaus von interpersonell vergleichbaren Nutzenniveaus (und damit: von einer völligen Vergleichbarkeit der vNM-Nutzenfunktionen) ausgeht.[47] Solange nämlich lediglich die interpersonelle Vergleichbarkeit der individuellen Nutzeneinheiten gewährleistet ist, läßt sich Diamonds Argument mühelos durch eine geeignete Transformation der vNM-Indikatoren untergraben. Um das zu zeigen, genügt es, die Präferenzen der beiden Individuen durch die folgenden vNM-Nutzenfunktionen zu repräsentieren (vgl. Sen [1970 a], 144 f.):

$$U'_1(\cdot) = U_1(\cdot)$$
$$U'_2(\cdot) = 1 + U_2(\cdot)$$

Legt man nun Diamonds Beispiel das Profil (U'_1, U'_2) zugrunde, so garantiert die Aktion x* jedem Individuum einen Nutzen von eins, während die Alternative y* mit der gleichen Wahrscheinlichkeit entweder eine (1, 1)- oder eine (0, 2)-Verteilung der ex-post-Nutzen erzeugt. Diese einfache Modifikation der Nutzendaten hat die bemerkenswerte Konsequenz, daß zwar die von Harsanyis linearer (bzw. utilitaristischer) swf erzeugte Lösung des

[47] In diesem Zusammenhang ist darauf hinzuweisen, daß sich Diamond eine explizite Vergleichbarkeitsprämisse ersparen kann, weil er von zwei identischen Individuen ausgeht. Vgl. dazu Diamond (1967), 765.

Entscheidungsproblems erhalten bleibt, gleichzeitig aber Diamonds Kritik des *sure-thing principle* die Grundlage entzogen wird. Vor dem Hintergrund des Profils (U'_1, U'_2) ist es nämlich einerseits überhaupt kein Problem, Diamonds Fairneßargument zugunsten der Aktion x* (und des Individuums 1) umzukehren. Andererseits ist ohne weiteres zu erkennen, daß Harsanyis lineare swf die gesellschaftliche Rangordnung der beiden Alternativen nach wie vor von der relativen Gewichtung der individuellen Nutzenwerte abhängig macht:[48]

$$W'^{a}(x*) = W'^{p}(x*) = a_1 + a_2$$
$$W'^{a}(y*) = W'^{p}(y*) = \tfrac{1}{2}\cdot(a_1 + 3a_2)$$

3.2.2. Diamonds Beispiel beruht auf der impliziten Idee, daß die Alternativen x* und y* zwar ex-post, nicht aber ex-ante als gleich unfair zu betrachten sind. Mit seiner Kritik des Postulats a ist daher offensichtlich ein Plädoyer für den ex-ante-Ansatz verbunden. Nun hängt die Reichweite seines Arguments – so viel ist bisher klar geworden – in jedem Fall von zwei Prämissen ab, die für Harsanyis Fundierung einer identischen ex-ante- und ex-post-Bewertung völlig irrelevant sind (Symmetrie, *full comparability*). Darüber hinaus läßt sich zeigen, daß Diamonds Fairneßargument auch unter diesen beiden Annahmen allenfalls dann gegen das *sure-thing principle* (und den ex-post-Ansatz) ins Feld geführt werden kann, wenn man eine sehr spezielle Interpretation des skizzierten Entscheidungsproblems unterstellt.

---

48 Da das Profil (U'_1, U'_2) annahmegemäß zwei vNM-Nutzenfunktionen mit interpersonell vergleichbaren Einheiten enthält, sind die a_i hier unmittelbar als ethische Gewichte zu interpretieren.

3.2.2.1. Geht man zunächst einmal von der Annahme aus, daß die Verteilungskonsequenzen der Aktionen x* und y* einem Risiko unterliegen, das vom gesellschaftlichen Planer nicht gesteuert werden kann, so liegt es nahe, die ex-ante-Fairneß der beiden Alternativen an der Verteilung der Erwartungsnutzen zu messen. Diamonds Votum für y* läßt sich dann offensichtlich mit der Tatsache begründen, daß diese Aktion – im Gegensatz zu x* – die ex-ante-Nutzen der beiden Individuen gleich verteilt (vgl. implizit Diamond [1967], 766). Nun ist allerdings unschwer zu erkennen, daß Diamonds Plädoyer für die egalitäre Verteilung der erwarteten Nutzen kein überzeugendes Kriterium für die allgemeine Beantwortung der Frage liefern kann, unter welchen Bedingungen ein zwischen der ex-ante- und ex-post-Bewertung bestehender Konflikt zugunsten des ex-ante-Ansatzes entschieden werden sollte. Sobald man nämlich von der plausiblen Prämisse ausgeht, daß Diamond über die Gleichverteilung der Erwartungsnutzen hinaus auch eine egalitäre Verteilung der ex-post-Nutzen favorisiert (vgl. Broome [1984], 626), läßt sich sein Fairneßargument durch die geeignete Konstruktion eines alternativen Entscheidungsproblems ohne weiteres zugunsten des ex-post-Ansatzes umkehren. Um das zu zeigen, genügt es, Diamonds Beispiel um die folgende riskante Alternative zu erweitern (vgl. Keeney/Kirkwood [1975], 432):

$z^* = (v, \frac{1}{2}; w, \frac{1}{2})$
mit $v, w \in X$, $z^* \in X^*$ und
$U_1(v) = U_2(v) = 1$
$U_1(w) = U_2(w) = 0$
$U_1(z^*) = U_2(z^*) = \frac{1}{2}$

Mit z* steht offenbar eine Aktion zur Wahl, die nicht nur (wie y*) gleiche erwartete Nutzen gewährleistet, sondern darüber hinaus auch (im Gegensatz zu x* und y*) eine Gleichverteilung der ex-post-Nutzen erzeugt. Folgt man nun Diamonds egalitärer Position, so erscheint es als ein Gebot der ex-post-Fairneß, der Alternative z* im Paarvergleich mit y* gesellschaftlich den Vorzug zu geben.[49]

3.2.2.2. Die Gleichverteilung der Erwartungsnutzen ist nicht das einzige Kriterium, mit dem Diamond die ex-ante-Fairneß der Aktion y* zu untermauern versucht. Seine Kritik des Postulats a operiert vielmehr darüber hinaus mit der impliziten Idee, daß y* – im Gegensatz zu x* – einen fairen Auswahlprozeß repräsentiert (vgl. Diamond [1967], 766). Nun kann angesichts der in seinem Beispiel verwendeten Daten wohl kein Zweifel daran bestehen, daß Diamond mit einem fairen Auswahlprozeß einen Zufallsmechanismus meint, mit dessen Hilfe darüber entschieden werden soll, welches der beiden Individuen letztlich in den Genuß einer Nutzeneinheit kommen soll. Sobald man Diamonds Beispiel die Idee einer fairen Zufallsauswahl zugrunde legt, läßt sich das Problem des gesellschaftlichen Planers offenbar nicht mehr mit der Bewertung zweier Aktionen (x*, y*) beschreiben, deren Verteilungskonsequenzen (x, y, z) einem exogenen Risiko unterliegen. Die mit der zweiten Version des Diamond'schen Fairneßarguments verbundene Intention kommt dagegen sehr deutlich zum Vorschein,

[49] Auch diese Umkehrung des Diamond'schen Fairneßarguments läßt sich im übrigen kritisch gegen das Harsanyi-Theorem – wenn auch nicht unmittelbar gegen das *sure-thing principle* – wenden. Die Postulate a bis c haben nämlich in jedem Fall (d. h.: auch ohne die zusätzliche Einführung einer Symmetrie-Bedingung) eine identische Bewertung der beiden Aktionen zur Folge: $W^a(z*) = W^p(z*) = \frac{1}{2}\cdot(a_1 + a_2) = W^a(y*) = W^p(y*)$.

wenn man die drei folgenden Alternativen betrachtet (vgl. dazu Deschamps/Gevers [1977], 81 und McClennen [1981], 103):

$$x = (x, \tfrac{1}{2}; x, \tfrac{1}{2})$$
$$y* = (x, \tfrac{1}{2}; z, \tfrac{1}{2})$$
$$z = (z, \tfrac{1}{2}; z, \tfrac{1}{2})$$

Um die Interpretation dieses Entscheidungsproblems zu erleichtern, wollen wir davon ausgehen, daß der gesellschaftliche Planer einen festen Geldbetrag (oder einen bestimmten Warenkorb) zur Verfügung hat, den es auf eines der beiden Individuen zu verteilen gilt. Die beiden sicheren Alternativen stehen dann für die Option, den Betrag unmittelbar dem ersten (x) bzw. zweiten Individuum (z) zukommen zu lassen. Die Aktion y* repräsentiert dagegen die Entscheidung, die Lösung des Verteilungsproblems einem fairen Zufallsmechanismus zu überlassen. Wendet man nun Harsanyis Postulat a auf dieses spezielle Entscheidungsproblem an, so ist ohne weiteres zu erkennen, daß das *sure-thing principle* dem gesellschaftlichen Planer (zumindest unter den skizzierten zusätzlichen Prämissen) keine andere Wahl läßt, als alle drei Alternativen für gleichwertig zu erklären (xIy*Iz). Demgegenüber vertritt Diamond ganz offensichtlich die Position, daß die mit einem bewußt erzeugten Risiko operierende Aktion y* den beiden sicheren Alternativen gesellschaftlich vorzuziehen ist (y*Px, y*Pz). Da die besondere moralische Qualität der Aktion y* nun ausschließlich auf die Fairneß einer Zufallsauswahl zurückgeführt wird, spielt die Tatsache, daß y* – im Gegensatz zu x und z – die ex-ante-Nutzen der beiden Individuen gleich verteilt, offenbar keine genuine Rolle mehr. Mit der zweiten Version des Diamond'schen Fairneßarguments erhält die Kritik des Postulats a daher einen völlig neuen Akzent: Dem *sure-thing principle* (und dem ex-post-Ansatz) wird nun nämlich in erster Linie die Unfähigkeit angelastet, auf ethisch relevante Merkmale kollektiver Auswahlprozesse zu reagieren.

Nun hängt das Gewicht dieses Einwands offenbar entscheidend von der Frage ab, ob man grundsätzlich bereit ist, der zufälligen Verteilung von Gütern irgendeine ethische Bedeutung beizumessen. Sobald man nämlich die legitime Position vertritt, daß es überhaupt keinen Grund gibt, die Lösung von Verteilungsproblemen über einen Zufallsmechanismus für moralisch wertvoller zu halten als die unmittelbare Zuteilung von Gütern, zielt Diamonds Kritik des *sure-thing principle* ins Leere (vgl. dazu Harsanyi [1975 b], 69–71). Ist man dagegen nicht bereit, einer staatlich organisierten Lotterie grundsätzlich jede ethische Relevanz abzusprechen, so hängt die Reichweite des Diamond'schen Fairneßarguments offenbar von der Beantwortung der Frage ab, unter welchen konkreten Bedingungen die Lösung von Verteilungsproblemen einem Zufallsprozeß überlassen werden sollte. Nun ist ohne größere Mühe zu erkennen, daß sich ein überzeugendes Argument zugunsten einer fairen Zufallsauswahl nur für eine sehr spezielle Sorte von Verteilungsproblemen konstruieren läßt. So genügt z. B. bereits eine simple Modifikation des zuletzt skizzierten Entscheidungsproblems, um Diamonds Fairneßargument die Grundlage zu entziehen. Sobald man nämlich dem gesellschaftlichen Planer über die drei bisher betrachteten Aktionen (x, y*, z) hinaus die naheliegende Option an die Hand gibt, den Geldbetrag (bzw. Warenkorb) gleichmäßig auf die beiden Individuen zu verteilen, würde sich wohl kaum mehr ein Zeitgenosse finden, der die Alternative y* nach wie vor für die fairste Lösung des Verteilungsproblems hielte. Da diese egalitäre Option immer dann zur Verfügung steht, wenn es Geld oder teilbare Güter zu verteilen gilt, läßt sich Diamonds Fairneßargument offenbar nur auf Situationen anwenden, in denen über die Verteilung eines unteilbaren Gutes entschieden werden muß.[50] Angesichts dieser überaus speziellen (und empirisch höchst selten erfüllten) Voraussetzung wird man Diamonds Kritik des *sure-thing principle* wohl kaum zum Anlaß nehmen können, um das Postulat a – und mit ihm das ganze Harsanyi-Theorem – in Bausch und Bogen über Bord zu werfen. Vielmehr tut man gut daran, Diamonds Fairneßargument als einen Hinweis auf die Existenz gesellschaftlicher Entscheidungsprobleme zu interpretieren, bei deren normativer Analyse der in der Wohlfahrtsökonomie vorherrschende – und im *sure-thing principle* nur exemplarisch zur Geltung kommende – „konsequentialistische" Ansatz an seine Grenzen stößt (vgl. dazu Hammond [1983], 202).

3.3. Da die Postulate a bis c per se nur ein reines Repräsentationstheorem erzeugen, dem keinerlei substantielle Bedeutung zukommt, ist es einigermaßen überraschend, daß Harsanyis Symmetrie-Bedingung bei seinen Kritikern nur sehr wenig Aufmerksamkeit gefunden hat.[51] So-

---

[50] Diamonds Kritik des Postulats a läßt sich daher mit Hobbes' dreizehntem Naturgesetz fundieren, das für die Verteilung von Gütern, die weder teilbar noch gemeinsam zu genießen sind, einen Losentscheid fordert. Vgl. dazu Hobbes (1651), 80f. und McClennen (1981), 105. Zur Analyse der substantiellen Grundlagen des Diamond-Beispiels vgl. auch Broome (1984), 628f.

[51] So kommt Harsanyis Symmetrie-Postulat im Verlauf der umfangreichen Debatte, die – ausgelöst unter anderem durch Diamonds Kritik des *sure-thing principle* – um die moralischen Vorzüge nicht-linearer Sozialer Wohlfahrtsfunktionen geführt wurde, kaum einmal zur Sprache. Vgl. zu dieser Kontroverse vor allem Sen (1973), 15–23, Harsanyi (1975b), Sen (1976b), 247–251, Harsanyi (1977b) und Sen (1977a),

bald man sich die Tatsache ins Gedächtnis zurückruft, daß das primäre Ziel des Harsanyi-Theorems keineswegs in der Fundierung einer identischen ex-ante- und ex-post-Bewertung riskanter gesellschaftlicher Aktionen, sondern vielmehr in der axiomatischen Rechtfertigung einer utilitaristischen swf besteht, ist die überragende Bedeutung des Postulats e eigentlich gar nicht zu übersehen. Mit Harsanyis Symmetrie-Bedingung wird nämlich nicht nur die zentrale normative Forderung der utilitaristischen Ethik (gleiche Gewichtung der individuellen Nutzen), sondern gleichzeitig auch deren charakteristische Vergleichbarkeitsprämisse *(unit comparability)* auf direktem Wege eingeführt (vgl. Brock [1978], 362 und Strasnick [1981], 78). Da die substantiellen Implikationen der Postulate a, b und c (bzw. d) ganz entscheidend von dieser Symmetrie-Bedingung abhängen, gibt es gute Gründe für die Empfehlung, sich im Zuge einer fundamentalen Kritik des Harsanyi-Theorems nicht auf die Verwendung des Axioms III', sondern auf die beiden Komponenten des Postulats e zu konzentrieren (vgl. in diesem Zusammenhang unten IV.3. und V.4.).

c. „Impersonality"-Modell

1. Im Zuge seines Bemühens, dem Neoutilitarismus eine allgemein akzeptierbare Grundlage zu geben, operiert Harsanyi über den axiomatischen Ansatz hinaus mit der Konstruktion eines hypothetischen Entscheidungsproblems, das eine direkte Modellierung der favorisierten formalen Kriterien *(sympathy, impartiality)* enthält und

---

aber auch Ng (1975), 546f., Gauthier (1978 a), 702–706, Nunan (1981), Gauthier (1982), 153–155, Weirich (1983) sowie Lie (1986), 74–76.

gleichzeitig die Anwendung der Bayes'schen Rationalitätspostulate erlaubt.[52]

1.1. Mit dem *impersonality*-Modell rückt eine konzeptuelle Unterscheidung in den Vordergrund, die bisher vernachlässigt wurde. Harsanyi geht nämlich von der allgemeinen Annahme aus, daß jedes Individuum grundsätzlich in der Lage ist, bei der Bewertung gesellschaftlicher Zustände alternativ seine „subjektiven" oder seine „ethischen" Präferenzen zur Geltung zu bringen (vgl. Harsanyi [1955], 13f.). Während die subjektiven Präferenzen die faktischen Bedürfnisse und Motive eines Individuums widerspiegeln, haben die ethischen Präferenzen insofern einen hypothetischen Charakter, als sie die Urteile repräsentieren, die ein Individuum fällen würde, wenn es seinen Bewertungen eine „impartial and impersonal attitude" (Harsanyi [1955], 14) zugrunde legte. Diese Unterscheidung hat die formale Konsequenz, daß sich die Bewertungen eines beliebigen Individuums h (unter den üblichen Meßbarkeitsprämissen) nicht nur durch eine Nutzenfunktion U_h (subjektive Präferenzen), sondern auch durch eine Bergson-Samuelson-swf W_h (ethische Präferenzen) repräsentieren lassen. Da das allgemeine Konzept einer ethischen Präferenz zunächst nur diejenigen Verteilungsprinzipien ausschließt, die nicht als reellwertige Soziale Wohlfahrtsfunktionen repräsentiert wer-

52 Diese allgemeine Kennzeichnung des *impersonality*-Modells ergibt sich zwar zwingend aus der unter III.2.a. skizzierten methodologischen Konzeption, wird von Harsanyi selbst aber offenbar nicht uneingeschränkt geteilt. Er spricht nämlich gelegentlich davon, daß sich das *impersonality*-Modell auf dem Wege einer rein logischen Analyse dessen gewinnen läßt, was üblicherweise unter einem moralischen Urteil verstanden wird. Vgl. dazu Harsanyi (1955), 7 und Harsanyi (1975b), 66.

den können, läßt sich Harsanyis Ziel, den Neoutilitarismus als allgemein akzeptierbare Moral zu fundieren, offenbar nur dann erreichen, wenn es gelingt, die *impartiality*- bzw. *impersonality*-Idee durch die Formulierung einiger fundamentaler formaler Kriterien derart zu spezifizieren, daß das Spektrum der zulässigen W_h auf eine utilitaristische swf reduziert wird.

Die mit dem *impersonality*-Modell verbundene Präzisierung des Konzepts einer ethischen Präferenz läßt sich in der folgenden Weise skizzieren (vgl. Harsanyi [1953] und Harsanyi [1955], 14 f.):[53] Betrachtet man für ein beliebiges Individuum h das Problem, die Elemente der Menge X zu bewerten, so kämen seine ethischen Präferenzen nach Harsanyi genau dann zum Vorschein, wenn es von seinem Wissen um die eigene gesellschaftliche Position abstrahierte und seinen Urteilen die Annahme zugrunde legte, es könne mit der gleichen Wahrscheinlichkeit die n Positionen aller Gesellschaftsmitglieder einnehmen. Da mit der *equiprobability assumption* alle Verteilungszustände $x \in X$ als riskante Alternativen modelliert werden,[54] lassen sich auf die ethischen Präferenzen

---

[53] Als Vorstufe zu Harsanyis *impersonality*-Modell ist Vickreys *potential immigrant*-Modell zu betrachten, das mit der Annahme identischer (subjektiver) Präferenzen aller Gesellschaftsmitglieder operiert, um dem Problem des interpersonellen Nutzenvergleichs aus dem Wege zu gehen. Vgl. dazu Vickrey (1945), 328 f., Vickrey (1960), 523–525 und Pattanaik (1971), 153–156. Zur Verwendung des *impersonality*-Kriteriums vgl. auch Leibenstein (1965), 42 f. und McDermott (1982), 573 f.

[54] Harsanyis *equiprobability assumption* erinnert nur auf den ersten Blick an eine Annahme, die Lerner (1944) verwendet, um die egalitäre Lösung eines reinen Verteilungsproblems zu begründen. Während nämlich Harsanyi die skizzierte Wahrscheinlichkeitsprämisse für die Fundierung des Neoutilitarismus benötigt, hat Lerners *equiprobability assumption* lediglich die Funktion, eine spezielle Kalkulationsgrundlage für die Maximierung einer – probabilistisch gefaßten – utilitaristischen swf zu erzeugen. Vgl. in diesem Zusammenhang Lerner (1944), 28–32,

des Individuums h die Bayes'schen Rationalitätspostulate anwenden. Vor diesem Hintergrund kommt die zentrale Aussage des *impersonality*-Modells in der Behauptung zum Ausdruck, daß ein – im Bayes'schen Sinne – rationales Individuum keine andere Wahl hat, als bei der ethischen Bewertung der Alternativenmenge X einer genuin utilitaristischen Logik zu folgen. Geht man nämlich davon aus, daß die ethischen Präferenzen des Individuums h die Bayes'schen Rationalitätspostulate erfüllen, so wird es zwar grundsätzlich bemüht sein, jeden Verteilungszustand x in der Höhe seines eigenen erwarteten Nutzens zu bewerten. Die speziellen Prämissen des *impersonality*-Modells bieten aber nach Harsanyis Überzeugung die Gewähr dafür, daß der erwartete Nutzen des Individuums h mit dem durchschnittlichen Nutzen aller Gesellschaftsmitglieder i (i = 1, …, n) übereinstimmt. Mit dem *impersonality*-Modell unternimmt Harsanyi also den Versuch, die ethischen Präferenzen aller Individuen auf eine utilitaristische swf der folgenden Form zu reduzieren:

$$\forall\, x \in X\colon\; W_h(x) = \tfrac{1}{n} \cdot \sum_{i=1}^{n} U_i(x) \qquad (h = 1, \ldots, n)$$

1.2. Die formalen Grundlagen des *impersonality*-Modells lassen sich exakt formulieren, wenn man auf die Konzepte einer erweiterten Alternative *(extended alternative)* und einer erweiterten Präferenzordnung *(extended ordering)* zurückgreift (vgl. Suppes [1966], 295 und Sen [1970 a], 152). Unter einer erweiterten Alternative (x, i) wird hier eine vollständige Beschreibung der gesellschaftlichen Position verstanden, die das Individuum i im Verteilungszustand x einnimmt. Diese Beschreibung um-

---

Samuelson (1964), 173–176, Sen (1969), 213–216, Sen (1973), 83–85 und Samuelson (1981), 256 f.

faßt grundsätzlich nicht nur die objektiven Bedingungen, die die Position des Individuums i im gesellschaftlichen Zustand x kennzeichnen (also etwa sein Verteilungsergebnis x_i), sondern auch seine subjektiven Merkmale (wie seine persönlichen Präferenzen R_i). Vor diesem Hintergrund geht das Konzept einer *extended ordering* von der fundamentalen Annahme aus, daß jedes Individuum h in der Lage ist, zwei beliebige erweiterte Alternativen (x, i) und (y, j) in eine Rangordnung zu bringen. Die erweiterte Präferenzordnung eines Individuums h läßt sich dann formal mit einer binären Präferenzrelation $\tilde{R}_h$ („mindestens so gut wie") beschreiben, die über der Menge X×N aller individuellen Positionen definiert ist und die folgenden Eigenschaften besitzt (Reflexivität, Vollständigkeit, Transitivität):

$$(1)\ \forall\,(x, i) \in X{\times}N:\ (x, i)\tilde{R}_h(x, i)$$
$$(2)\ \forall\,(x, i), (y, j) \in X{\times}N:$$
$$[(x, i) \neq (y, j)] \rightarrow [(x, i)\tilde{R}_h(y, j) \vee (y, j)\tilde{R}_h(x, i)]$$
$$(3)\ \forall\,(x, i), (y, j), (z, k) \in X{\times}N:$$
$$[(x, i)\tilde{R}_h(y, j) \wedge (y, j)\tilde{R}_h(z, k)] \rightarrow (x, i)\tilde{R}_h(z, k)$$

Die erweiterten Präferenzrelationen $\tilde{P}_h$ ("besser als") und $\tilde{I}_h$ ("ebensogut wie") sind offensichtlich wie folgt zu definieren:

$$(4)\ (x, i)\tilde{P}_h(y, j) \leftrightarrow [(x, i)\tilde{R}_h(y, j) \wedge \neg\,\{(y, j)\tilde{R}_h(x, i)\}]$$
$$(5)\ (x, i)\tilde{I}_h(y, j) \leftrightarrow [(x, i)\tilde{R}_h(y, j) \wedge (y, j)\tilde{R}_h(x, i)]$$

Soweit sich die Bewertungen des Individuums h lediglich auf die eigenen Positionen (x, h), (y, h) etc. beziehen, enthält seine *extended ordering* $\tilde{R}_h$ offenbar die gleichen Informationen wie seine persönliche Präferenzordnung R_h. Zwischen den subjektiven und den erweiterten Präferenzen eines Individuums besteht daher – rein formal betrachtet – ein einfacher Zusammenhang, der in der folgenden Definition zum Ausdruck kommt:

$$(6)\ \forall\ x, y \in X, \forall\ (x, h), (y, h) \in X\times\{h\}:$$
$$xR_h y \leftrightarrow (x, h)\tilde{R}_h(y, h)$$

1.3. Nun geht Harsanyi mit dem *impersonality*-Modell insofern über das skizzierte Konzept einer *extended ordering* hinaus, als er den Bewertungen des Individuums h riskante erweiterte Alternativen der Form [(x, i), p; (y, j), 1-p] zugrunde legt (vgl. zum folgenden Harsanyi [1977c], 53-55). Das von Harsanyi vorausgesetzte Entscheidungsproblem läßt sich daher auf allgemeinstem Niveau mit der Menge $\hat{X} = \{\hat{x}, \hat{y}, \hat{z}, \ldots\}$ aller Wahrscheinlichkeitsverteilungen beschreiben, die über der Menge X×N definiert werden können. Betrachtet man nun für ein beliebiges Individuum h das Problem, aus der Menge $\hat{X}$ eine – gemessen an seinen erweiterten Präferenzen – optimale Alternative auszuwählen, so sind die Bayes'schen Rationalitätspostulate offenbar in der folgenden Weise zu reformulieren:

Axiom I:* Die Präferenzrelation $\tilde{R}_h$ ist in der Menge $\hat{X}$ reflexiv, vollständig und transitiv.

Axiom II:* Für alle (x, i), (y, j), (z, k) ∈ X×N sind die Mengen $\{p|[(x, i), p; (y, j), 1\text{-}p]\tilde{R}_h(z, k)\}$ und $\{p|(z, k)\tilde{R}_h[(x, i), p; (y, j), 1\text{-}p]\}$ abgeschlossen.

Axiom III:* ∀ (x, i), (y, j), (z, k) ∈ X×N:
$(x, i)\tilde{I}_h(y, j) \rightarrow [(x, i), p; (z, k), 1\text{-}p]\tilde{I}_h[(y, j), p; (z, k), 1\text{-}p]$.

Die Axiome I* bis III* haben die formale Konsequenz, daß sich über der Alternativenmenge $\hat{X}$ (und damit auch: über der Menge X×N) eine kardinale *extended utility* *function* $\tilde{U}_h$ definieren läßt, die die erweiterte Präferenzordnung $\tilde{R}_h$ repräsentiert und die Eigenschaften einer vNM-Nutzenfunktion besitzt. Ein Individuum h, dessen erweiterte Präferenzen die Bayes'schen Rationalitätspostulate erfüllen, wird demnach jeder individuellen Position (x, i) einen kardinalen Nutzenwert $\tilde{U}_h(x, i)$ zuordnen und eine riskante Alternative der Form $\hat{x} = [(x, i), p; (y, j), 1\text{-}p]$ in der folgenden Weise bewerten:

$$\tilde{U}_h(\hat{x}) = p \cdot \tilde{U}_h(x, i) + (1\text{-}p) \cdot \tilde{U}_h(y, j)$$

Vor diesem allgemeinen Hintergrund ist das spezielle Ergebnis des *impersonality*-Modells ohne weiteres zu erkennen, wenn man bedenkt, daß Harsanyi die zu bewertenden Verteilungszustände $x \in X$ als riskante erweiterte Alternativen der folgenden Form konzipiert:

$$x = [(x, 1), \tfrac{1}{n}; \ldots; (x, i), \tfrac{1}{n}; \ldots; (x, n), \tfrac{1}{n}]$$

Ein im Bayes'schen Sinne rationales Individuum h hat unter diesen besonderen Umständen ganz offensichtlich keine andere Wahl, als den erwarteten Nutzen $\tilde{U}_h(x)$ mit dem durchschnittlichen Wert aller $\tilde{U}_h(x, i)$ zu identifizieren:

$$\forall\, x \in X: \tilde{U}_h(x) = \tfrac{1}{n} \cdot \sum_{i=1}^{n} \tilde{U}_h(x, i)$$

Da die erweiterte Nutzenfunktion des Individuums h genau dann seine ethischen Präferenzen repräsentiert, wenn man ihren Definitionsbereich auf alle riskanten Alternativen der Form $[(x, 1), \tfrac{1}{n}; \ldots; (x, n), \tfrac{1}{n}]$ reduziert, läßt sich das formale Ergebnis des *impersonality*-Modells alternativ in der folgenden Weise formulieren:

$$\forall\, x \in X: W_h(x) = \tfrac{1}{n} \cdot \sum_{i=1}^{n} \tilde{U}_h(x, i)$$

1.4. Harsanyi verknüpft dieses formale Resultat mit der substantiellen Idee, daß das Individuum h bei der Bewertung jeder erweiterten Alternative (x, i) von seiner eigenen Identität abstrahiert und sich vollkommen mit den persönlichen Umständen identifiziert, die die Position des Individuums i im Verteilungszustand x kennzeichnen. Das Individuum h wird demnach jede Alternative (x, i) unter der hypothetischen Annahme bewerten, daß es im Verteilungszustand x den Platz des Individuums i einzunehmen hätte, und sich daher sowohl die objektiven Bedingungen als auch die subjektiven Merkmale dieses Gesellschaftsmitglieds anverwandeln *(imaginative empathy)*.[55] Geht man nun davon aus, daß das bewertende Individuum imstande ist, sich vollkommen in die Lage aller übrigen Gesellschaftsmitglieder zu versetzen, so wird seine erweiterte Präferenzordnung $\tilde{R}_h$ neben R_h auch die subjektiven Präferenzordnungen aller anderen Individuen i enthalten (vgl. Sen [1970a], 156 und Harsanyi [1977c], 54):

$$\forall\, x, y \in X, \forall\, i \in N \setminus \{h\}, \forall\, (x, i), (y, i) \in X \times \{i\}:$$
$$x R_i y \leftrightarrow (x, i) \tilde{R}_h (y, i)$$

Das Konzept einer *extended ordering* läßt sich unter dieser speziellen Annahme aber auch verwenden, um ein geschlossenes System von ordinalen interpersonellen Nutzenvergleichen *(extended sympathy comparisons)* zu modellieren. Sobald man nämlich den erweiterten Präferenzen des Individuums h sowohl die objektiven Positionen als auch die subjektiven Merkmale aller Gesellschaftsmitglieder i zugrunde legt, gibt es gute Gründe dafür, die

[55] Vgl. dazu und zum folgenden Harsanyi (1955), 22 (Fußnote 16), Harsanyi (1975a), 50f., Harsanyi (1977a), 638–642 und Harsanyi (1977c), 51–60 sowie kritisch Mackay (1986), 316–322.

Aussagen „$(x, i)\tilde{R}_h(y, j)$" und „$U_i(x) \geq U_j(y)$" als synonym zu betrachten.[56]

Während sich nun die meisten Verfechter des *extended sympathy approach* mit der Existenz einer erweiterten Präferenzordnung $\tilde{R}_h$ begnügen, die über die R_i hinaus verläßliche Informationen über die interpersonelle Rangordnung der individuellen Nutzenniveaus enthält, benützt Harsanyi diesen Ansatz, um die Informationsgrundlagen einer utilitaristischen swf zu erzeugen. Das *impersonality*-Modell geht nämlich von der Annahme aus, daß das Individuum h in der Lage ist, allen erweiterten Alternativen (x, i) auf dem Wege einer vollkommenen Introspektion kardinale Nutzenwerte $U_i(x)$ zuzuordnen, die die subjektiven Bewertungen der Gesellschaftsmitglieder auf interpersonell völlig vergleichbarem Niveau repräsentieren.[57] Unter dieser speziellen Prämisse läßt sich das mit der *equiprobability assumption* modellierte Entscheidungsproblem offenbar auf die Frage reduzieren, wie das Individuum h die Verteilungszustände $x \in X$ bewerten würde, wenn es von der fiktiven Annahme ausginge, es könne mit der gleichen Wahrscheinlich-

---

[56] Zur Rekonstruktion ordinaler interpersoneller Nutzenvergleiche als *extended sympathy comparisons* vgl. Arrow (1963), 114f., Sen (1970a), 137f., Sen (1979b), 186–188 und Borglin (1982). Vgl. in diesem Zusammenhang auch unten V.1.

[57] Harsanyi betrachtet den Ansatz völlig vergleichbarer kardinaler Nutzenfunktionen zwar als Idealfall, betont aber gleichzeitig, daß es für die praktischen Zwecke der Wohlfahrtsökonomie (d.h.: für die Gewährleistung einer eindeutigen gesellschaftlichen Rangordnung der Verteilungszustände) genügt, die U_i in der gleichen Einheit auszudrükken. Vgl. dazu Harsanyi (1977c), 56f. Da das *impersonality*-Modell jedoch auf dem Konzept einer erweiterten Präferenzordnung beruht, das in Verbindung mit der *extended sympathy*-Idee unmittelbar die interpersonelle Vergleichbarkeit der individuellen Nutzenniveaus garantiert, wird mit der *unit comparability* der kardinalen U_i implizit auch ihre völlige Vergleichbarkeit unterstellt.

keit eines der n Nutzenniveaus ($U_1(x), \ldots, U_n(x)$) realisieren (vgl. Harsanyi [1977 a], 632). Wendet man nun auf das derart spezifizierte Entscheidungsproblem die Bayes'schen Rationalitätspostulate an, so ergibt sich nach Harsanyi der zwingende Schluß, daß das Individuum h seinen erwarteten Nutzen nolens volens mit dem durchschnittlichen Nutzenniveau aller Gesellschaftsmitglieder identifizieren wird. Mit dem *impersonality*-Modell ist daher die substantielle Behauptung verbunden, daß das bewertende Individuum unter der Annahme einer vollkommenen Sympathie mit allen Gesellschaftsmitgliedern keine andere Wahl hat, als die vNM-Nutzenwerte $\tilde{U}_h(x, i)$ in der Höhe der *introspective utilities* $U_i(x)$ anzusetzen:

$$\forall\, x \in X, \forall\, i \in N\colon \tilde{U}_h(x, i) = U_i(x)$$

Geht man nun mit Harsanyi davon aus, daß diese Identität unter den Bedingungen des *impersonality*-Modells in jedem Fall erfüllt ist, so erhält man aus dem formalen Resultat der Axiome I* – III* unmittelbar das favorisierte substantielle Ergebnis:

$$\forall\, x \in X\colon W_h(x) = \tfrac{1}{n} \cdot \sum_{i=1}^{n} U_i(x)$$

Da sich das von Harsanyi präsentierte Kalkül auf die ethischen Präferenzen jedes beliebigen Individuums anwenden läßt, ist mit diesem Resultat überdies die These verbunden, daß die moralischen Urteile aller Gesellschaftsmitglieder in einer genuin utilitaristischen swf zum Ausdruck kommen:

$$\forall\, x \in X, \forall\, h \in N\colon W_h(x) = W(x) = \tfrac{1}{n} \cdot \sum_{i=1}^{n} U_i(x)$$

2. Obwohl auch das zweite Argument, das Harsanyi zur Rechtfertigung des Neoutilitarismus vorbringt, ganz entscheidend auf der Verwendung des Bayes'schen Rationalitätskonzepts beruht, kann überhaupt kein Zweifel daran bestehen, daß es von seinem ersten Argument völlig unabhängig ist.[58] Während nämlich der axiomatische Ansatz ein gesellschaftliches Entscheidungsproblem bei faktischem Risiko voraussetzt, dem per se keinerlei ethische Bedeutung zukommt, operiert das *impersonality*-Modell mit einer hypothetischen Risikosituation, deren spezielle Konstruktion die moralische Qualität einer individuellen Entscheidung garantieren soll. Nun ist zwar die ethische Relevanz des mit der *equiprobability assumption* und der *imaginative empathy*-Idee modellierten Entscheidungsproblems kaum zu bestreiten, wenn man sich wie Harsanyi den Kriterien der *impartiality* und *sympathy* verpflichtet fühlt (vgl. Harsanyi [1977 a], 633). Es läßt sich aber zeigen, daß die Bayes'schen Rationalitätspostulate keineswegs – wie Harsanyi behauptet – bereits ausreichen, um eine genuin utilitaristische Lösung dieses fiktiven Entscheidungsproblems zu gewährleisten.

2.1. Harsanyis Ergebnis – so viel ist bisher klar geworden – fußt auf der These, daß die vNM-Nutzenindizes $\tilde{U}_h(x, i)$ unter den Bedingungen des *impersonality*-Modells notwendig mit den auf introspektivem Wege gewonnenen Nutzenwerten $U_i(x)$ übereinstimmen. Nun

[58] Zum Verhältnis der beiden Ansätze vgl. Harsanyi (1977 a), 636, Harsanyi (1977 c), 64 und 69 sowie Harsanyi (1978), 227. In der Literatur wird das *impersonality*-Modell im übrigen allzu oft mit dem Harsanyi-Theorem vermengt. Vgl. dazu etwa Mueller (1979), 250 f., Lambert/Weale (1981), 123 f., Rothkirch (1981), 94–97, Yaari (1981), 10 f., Hammond (1983), 193 f. und Lie (1986), 69.

bietet die Annahme der vollkommenen Sympathie zwar die Gewähr dafür, daß sich das Individuum h beim Ansatz der $\tilde{U}_h(x, i)$ nicht an seinen persönlichen Präferenzen, sondern an den subjektiven Bewertungen der Gesellschaftsmitglieder i orientiert.[59] Selbst wenn man aber mit Harsanyi davon ausgeht, daß sich das Individuum h bei der Bewertung jeder riskanten Alternative $[(x, 1), \frac{1}{n}; \ldots; (x, n), \frac{1}{n}]$ auf den Nutzenvektor $(U_1(x), \ldots, U_n(x))$ stützt, ist mit dem Bayes'schen Rationalitätskonzept noch keineswegs der Zwang verbunden, die $\tilde{U}_h(x, i)$ in Höhe der $U_i(x)$ anzusetzen. Der Grund für diese möglichen Abweichungen ist in der Tatsache zu suchen, daß die vNM-Nutzenwerte $\tilde{U}_h(x, i)$ nicht nur von den *introspective utilities* $U_i(x)$, sondern auch von der Risikoneigung des Individuums h abhängen (vgl. Pattanaik [1968], 1158 f.).[60]

Daß die Risikoneigung des bewertenden Individuums für das substantielle Ergebnis des *impersonality*-Modells von ganz entscheidender Bedeutung ist, läßt sich mit dem folgenden Beispiel demonstrieren: Man betrachte

[59] Eine Kritik des *impersonality*-Modells, die den Einfluß der subjektiven Präferenzen des Individuums h auf die Bewertung der (x, i) betont, geht daher völlig an Harsanyis Intentionen vorbei. Vgl. zu diesem Einwand Gauthier (1978 a), 701 f. und Gauthier (1982), 156–158.

[60] Die allgemeine Tatsache, daß ein vNM-Nutzenindex unweigerlich die Risikoneigung des betreffenden Individuums widerspiegelt, läßt sich rasch verdeutlichen, wenn man auf die unter III.2.a. definierte vNM-Nutzenfunktion zurückgreift. Die charakteristische Wahrscheinlichkeit p_{xi} wird nämlich (für eine gegebene Alternative x) umso höher sein, je weniger das betrachtete Individuum i bereit ist, bei seinen Entscheidungen Risiken einzugehen. Diese allgemeine Eigenschaft des vNM-Ansatzes hat Arrow bekanntlich dazu bewogen, den vNM-Nutzenskalen grundsätzlich jede ethische Bedeutung abzusprechen. Vgl. dazu Arrow (1951), 10 sowie Friedman/Savage (1948), 283 (Fußnote 11) und Rawls (1972), 323. Zur Gegenposition vgl. Harsanyi (1975 a), 48 f. und Harsanyi (1979), 298–300.

für jedes Mitglied einer Drei-Personen-Gesellschaft ($N = \{1, 2, 3\}$) das Problem, zwei Verteilungszustände x und y in eine ethische Rangordnung zu bringen. Es wird angenommen, daß jedes Individuum seinen ethischen Präferenzen die folgenden *introspective utilities* zugrunde legt, die als kardinale und interpersonell völlig vergleichbare Repräsentanten der subjektiven Präferenzen aller drei Gesellschaftsmitglieder zu interpretieren sind:

$$U_1(x) = 80,\ U_2(x) = 60,\ U_3(x) = 10$$
$$U_1(y) = U_2(y) = U_3(y) = 50$$

Betrachtet man nun die beiden Alternativen vor dem Hintergrund der *equiprobability assumption*, so birgt der gesellschaftliche Zustand y insofern weder Risiken noch Chancen, als er dem bewertenden Individuum in jedem Fall – d. h.: völlig unabhängig davon, welche der drei Positionen es tatsächlich einnehmen wird – ein Nutzenniveau von 50 garantiert. Mit x steht dagegen ein Verteilungszustand zur Wahl, der zwar einerseits wie y ein durchschnittliches Nutzenniveau von 50 erzeugt, andererseits aber das Risiko (bzw. die Chance) enthält, diesen Durchschnittswert erheblich zu unterschreiten (bzw. zu übertreffen). Nun hat die Anwendung der Bayes'schen Rationalitätspostulate in jedem Fall die Konsequenz, daß die ethischen Präferenzen aller drei Gesellschaftsmitglieder – rein formal betrachtet – in der gleichen swf zum Ausdruck kommen:

$$W_h(\cdot) = \tfrac{1}{3} \cdot \sum_{i=1}^{3} \tilde{U}_h(\cdot, i) \qquad (h = 1, 2, 3)$$

Die substantiellen Implikationen dieser swf können sich allerdings erheblich unterscheiden, wenn man das gesamte Spektrum der möglichen individuellen Risikoneigungen berücksichtigt. Um das zu zeigen, genügt es, den drei Gesellschaftsmitgliedern bei der ethischen Bewertung der beiden Verteilungszustände alternativ ein risikofreudiges (Individuum 1), risikoneutrales (Individuum 2) bzw. risikoscheues Verhalten (Individuum 3) zu unterstellen. Die spezifischen Risikopräferenzen der drei Individuen lassen sich dann mit den folgenden vNM-Nutzenansätzen abbilden:

(1) $\tilde{U}_h(y, 1) = \tilde{U}_h(y, 2) = \tilde{U}_h(y, 3) = 50 \; (h = 1, 2, 3)$
(2) $\tilde{U}_1(x, 1) > 80, \tilde{U}_1(x, 2) > 60, \tilde{U}_1(x, 3) = 10$
(3) $\tilde{U}_2(x, 1) = 80, \tilde{U}_2(x, 2) = 60, \tilde{U}_2(x, 3) = 10$
(4) $\tilde{U}_3(x, 1) < 80, \tilde{U}_3(x, 2) < 60, \tilde{U}_3(x, 3) = 10$

Da die individuelle Risikoneigung bei der ethischen Bewertung der Alternative y offensichtlich keine Rolle spielt, werden alle drei Gesellschaftsmitglieder für diesen Verteilungszustand – noch ganz im Sinne Harsanyis – einen Wohlfahrtswert von 50 ermitteln. Während jedoch das risikoneutrale Individuum 2 auch die Alternative x in der Höhe des durchschnittlichen Nutzens aller Gesellschaftsmitglieder bewertet, wird das risikofreudige Individuum 1 für x einen erwarteten Nutzen bestimmen, der den Durchschnittswert der *introspective utilities* übersteigt. Da für das risikoaverse Individuum 3 genau das Umgekehrte gilt, erzeugt jede Risikopräferenz eine spezifische ethische Rangordnung der beiden Verteilungszustände:

(5) $W_1(x) > W_1(y) = 50$
(6) $W_2(x) = W_2(y) = 50$
(7) $W_3(x) < W_3(y) = 50$

2.2. Das Beispiel zeigt, daß die expliziten Prämissen des *impersonality*-Modells nicht ausreichen, um mehr als eine nur triviale Version des utilitaristischen Prinzips zu implizieren (vgl. allgemein Sen [1976b], 248–250 und Sen [1977a], 300f.). Die Anwendung der Bayes'schen Rationalitätspostulate auf das mit der *equiprobability assumption* und der *imaginative empathy*-Idee modellierte Entscheidungsproblem hat nämlich per se lediglich die formale Konsequenz, daß sich die ethischen Präferenzen aller Gesellschaftsmitglieder mit der folgenden swf abbilden lassen:

$$\forall\, x \in X\colon W_h(x) = \tfrac{1}{n}\cdot\sum_{i=1}^{n}\tilde{U}_h(x, i) \qquad (h = 1, \ldots, n)$$

Solange die spezifische Risikopräferenz des bewertenden Individuums keiner Restriktion unterliegt, bleiben die substantiellen Implikationen dieser swf jedoch völlig offen. So wird ein risikoneutrales Individuum h faktisch einer utilitaristischen Logik folgen, weil es bei der ethischen Bewertung der gesellschaftlichen Zustände $x \in X$ die Verteilung der $U_i(x)$ völlig ignoriert:

$$\forall\, x \in X\colon W_h(x) = \tfrac{1}{n}\cdot\sum_{i=1}^{n}U_i(x)$$

Da ein risikofreudiges Individuum j (bzw. ein risikoscheues Individuum k) ceteris paribus – d.h.: bei gleicher Summe der $U_i(\cdot)$ – eine ungleiche (bzw. gleiche) Verteilung der *introspective utilities* bevorzugt, lassen sich seine ethischen Präferenzen auf allgemeinstem Niveau mit einer Klasse W_j (bzw. W_k) von „welfaristischen" Sozialen Wohlfahrtsfunktionen beschreiben, die einer Alternative x mindestens (bzw. höchstens) den durchschnittlichen Nutzen aller Gesellschaftsmitglieder zuordnen:[61]

[61] Da unter den Bedingungen des *impersonality*-Modells offenbar jeder möglichen Risikopräferenz eine spezifische *attitude toward inequality* entspricht, kann wohl kein Zweifel daran bestehen, daß dem vNM-Nutzenkonzept zumindest in diesem speziellen Rahmen eine erhebli-

$$\forall x \in X: W_j(x) \geq \tfrac{1}{n} \cdot \sum_{i=1}^{n} U_i(x)$$

$$\forall x \in X: W_k(x) \leq \tfrac{1}{n} \cdot \sum_{i=1}^{n} U_i(x)$$

Die Klasse W_j (bzw. W_k) enthält ausnahmslos nicht-utilitaristische Kriterien, die für jede Alternative x, die die Nutzen der Gesellschaftsmitglieder ungleich verteilt, einen Wohlfahrtswert ausweisen, der über (bzw. unter) dem durchschnittlichen Niveau der $U_i(x)$ liegt. Daß die Klasse W_j (bzw. W_k) ein überaus breites Spektrum von „welfaristischen" Verteilungsprinzipien umfaßt, läßt sich zeigen, wenn man dem Individuum j (bzw. k) eine unendlich große Risikofreude (bzw. Risikoaversion) unterstellt. Diese extreme Annahme hat nämlich die Konsequenz, daß das Individuum j (bzw. k) faktisch den ethischen Bewertungen einer Maximax-swf (bzw. Maximin-swf) folgt (vgl. unten IV.3.):

$$\forall x \in X: W_j(x) = \max_i U_i(x)$$

$$\forall x \in X: W_k(x) = \min_i U_i(x)$$

2.3. Um das von Harsanyi favorisierte Ergebnis zu gewährleisten, müssen die expliziten Prämissen des *impersonality*-Modells offensichtlich um die Annahme ergänzt werden, daß sich jedes Individuum bei der ethischen Bewertung der gesellschaftlichen Zustände risikoneutral verhält.[62] Die zentrale Bedeutung dieser zusätzlichen

che ethische Bedeutung zukommt. Vgl. dazu Pattanaik (1968), 1166f., Sen (1970a), 97f. und Sen (1985b), 194 sowie – zur Revision seiner früheren Position – Arrow (1973b), 256.

[62] Sobald man auf eine Normierung der individuellen Risikopräferenzen verzichtet, steht man vor dem Problem, die ethischen Präferenzen

Prämisse ist besonders klar zu erkennen, wenn man sie vor dem Hintergrund der *equiprobability assumption* betrachtet. Folgt man Harsanyis Argumentation, so bietet diese spezielle Wahrscheinlichkeitsannahme (in Verbindung mit dem Bayes'schen Rationalitätskonzept und der *extended sympathy*-Idee) bereits die Gewähr dafür, daß die Nutzenniveaus aller Gesellschaftsmitglieder mit dem gleichen Gewicht (von $\frac{1}{n}$) in die Ermittlung der sozialen Wohlfahrt eingehen.[63] Tatsächlich aber hat unser Beispiel gezeigt, daß die *equiprobability assumption* die ihr zugedachte Funktion nicht erfüllen kann, wenn der Risikoneigung des bewertenden Individuums keine Beschränkung auferlegt wird. Während nämlich die ethischen Präferenzen eines risikoneutralen Individuums auf einer faktischen Gleichgewichtung der Interessen aller Gesellschaftsmitglieder beruhen, lassen sich die moralischen Bewertungen eines risikofreudigen (bzw. risikoscheuen) Individuums mit einer swf beschreiben, die die relative Gewichtung der $U_i(\cdot)$ von den Verteilungsmerkmalen des Nutzenvektors $(U_1(\cdot), \ldots, U_n(\cdot))$ abhängig macht. Die Annahme einer risikoneutralen Bewertung der Verteilungszustände dient daher letztlich nur Harsanyis erklärtem Ziel, mit der *equiprobability assumption* die zen-

---

aller Gesellschaftsmitglieder zu einer allgemein akzeptierbaren swf zu aggregieren. Zu zwei unterschiedlichen Ansätzen für die Lösung dieses Aggregationsproblems vgl. Pattanaik (1968), 1160–1163 und Mueller/Tollison/Willett (1974), 351–355. Vgl. in diesem Zusammenhang auch Vickrey (1960), 531 f. und Sen (1969), 210–213.

[63] Zur moralischen Relevanz der *equiprobability assumption* vgl. Harsanyi (1975 a), 48 und 63 (Fußnote 10), Harsanyi (1977 a), 635 und Homann (1985), 145. Zu einer alternativen Modellierung der für den Utilitarismus zentralen Forderung, bei der ethischen Bewertung gesellschaftlicher Zustände die Interessen aller Individuen mit dem gleichen Gewicht zu berücksichtigen, vgl. Hare (1976), 116 f.

trale moralische Forderung der utilitaristischen Ethik zu modellieren.[64]

[64] Selbst wenn man von risikoneutralen ethischen Präferenzen ausgeht, reichen die Prämissen des *impersonality*-Modells im übrigen immer noch nicht aus, um die von Harsanyi vertretene utilitaristische Position vollständig abzubilden. Mit der bloßen Fundierung einer – für alle Individuen identischen – utilitaristischen swf läßt sich nämlich weder Harsanyis Kritik des Handlungsutilitarismus noch seine Überzeugung begründen, daß das für die neoutilitaristische Ethik charakteristische Prinzip der Präferenzautonomie einer doppelten Restriktion zu unterwerfen ist (Korrektur irrationaler Präferenzen, Ausschluß antisozialer Präferenzen). Zur Unterscheidung zwischen Handlungs- und Regelutilitarismus vgl. Brandt (1959), chap. 15. Zu Harsanyis Plädoyer für den Regelutilitarismus vgl. bereits Harsanyi (1958), 32–34, vor allem aber Harsanyi (1977d), 30–51 und Harsanyi (1980) sowie kritisch Sowden (1984). Zu den von Harsanyi empfohlenen Einschränkungen des Autonomieprinzips vgl. Harsanyi (1958), 31f., Harsanyi (1977a), 645–647, Harsanyi (1977d), 29f. und kritisch Stefanik (1981), 78–80. Zu Harsanyis Versuch, auch diese Details seiner ethischen Position aus dem *impersonality*-Modell abzuleiten, vgl. Harsanyi (1977c), 61–64.

IV. Rawls' Differenzprinzip

1. „Original Position", reflektives Gleichgewicht und Prinzipien der Gerechtigkeit

1. Mit Rawls' Theorie der Gerechtigkeit verbindet sich der Anspruch, eine überzeugende Alternative zur utilitaristischen Ethik (im allgemeinen) und zu Harsanyis *impersonality*-Modell (im besonderen) zu formulieren. Während sich die Bemühungen der Neoutilitaristen auf die Fundierung einer allgemein akzeptierbaren swf konzentrieren, läßt sich das Ziel der Rawls'schen Unternehmung mit dem Konzept einer „wohlgeordneten Gesellschaft" beschreiben (vgl. Rawls [1972], 4 f.). Dieses Konzept bringt Rawls' Ideal einer vollkommen gerechten gesellschaftlichen Ordnung zum Ausdruck und bezeichnet einen Zustand, in dem ein gemeinsames Wissen darüber herrscht, daß (1) alle Individuen die gleichen Prinzipien der Gerechtigkeit akzeptieren und (2) die grundlegenden Institutionen der Gesellschaft den allgemein akzeptierten Gerechtigkeitsprinzipien genügen. Das zentrale Problem der *Theory of Justice* besteht nun darin, das zunächst nur rein formal bestimmte Ideal einer wohlgeordneten Gesellschaft inhaltlich zu füllen, also die materialen Prinzipien zu identifizieren, die eine vollkommen gerechte gesellschaftliche Ordnung kennzeichnen.[1] Zur Lösung die-

[1] Rawls spricht im übrigen nicht von einer gesellschaftlichen Ordnung, sondern von der „Grundstruktur der Gesellschaft". Zur Kennzeichnung der *basic structure of society* und der sie konstituierenden gesell-

ses Problems greift Rawls sowohl auf die klassische Idee des Gesellschaftsvertrags als auch auf die moderne Theorie der rationalen individuellen Entscheidung bei Ungewißheit zurück. Die Prinzipien einer wohlgeordneten Gesellschaft lassen sich nämlich – so Rawls' Grundidee – als Ergebnis der Einigung freier Individuen rekonstruieren, die sich in einem ursprünglichen Zustand der Gleichheit *(original position)* befinden. Die *original position* wiederum, die dem Naturzustand klassischer Vertragstheorien entspricht, wird von Rawls als hypothetische Entscheidungssituation bei Ungewißheit konstruiert. Sieht man nun von der konkreten Beschreibung dieser Vertragssituation zunächst einmal ab, so läßt sich die fundamentale These der Rawls'schen Theorie vorläufig in der folgenden Weise formulieren: Die Prinzipien einer vollkommen gerechten gesellschaftlichen Ordnung sind diejenigen Grundsätze, auf die sich rationale Individuen unter den hypothetischen Bedingungen der *original position* zur Regelung ihres gesellschaftlichen Zusammenlebens einigen würden (vgl. dazu Rawls [1972], 11–14).[2]

1.1. Rawls führt die *original position* als Ausgangspunkt seiner Gerechtigkeitstheorie nicht ad hoc ein, sondern versucht, die spezielle Beschreibung der Vertragssitua-

---

schaftlichen Institutionen vgl. Rawls (1972), 7. Zur Begründung der Entscheidung, die Grundstruktur der Gesellschaft als primären Gegenstand der *Theory of Justice* zu betrachten, vgl. Rawls (1978).

[2] Rawls' Versuch, die Prinzipien einer wohlgeordneten Gesellschaft als Ergebnis eines Vertragsschlusses zu modellieren, hat bekanntlich zu einer breiten Wiederbelebung der klassischen Idee des Gesellschaftsvertrags in der neueren Ethik und politischen Philosophie geführt. Vgl. dazu vor allem Nozick (1974) und Buchanan (1975). Zu einer vergleichenden Analyse der von Rawls, Nozick und Buchanan verfochtenen Versionen einer „neuen Vertragstheorie" vgl. Gordon (1976), Fritsch (1984) und Koller (1984).

tion mit der allgemeinen methodologischen Konzeption des reflektiven Gleichgewichts zu untermauern.[3] Diese Konzeption geht von der grundlegenden Annahme aus, daß jedes Individuum unter normalen Umständen über moralische Fähigkeiten *(moral capacities)* verfügt, die in der ethischen Bewertung von Sachverhalten, in der Begründung dieser Bewertung und im Verlangen zum Ausdruck kommen, einem moralischen Urteil entsprechend zu handeln. Vor diesem Hintergrund wird die Moralphilosophie zunächst ganz einfach als Versuch definiert, unsere moralischen Fähigkeiten zu beschreiben (vgl. dazu und zum folgenden Rawls [1972], 46–48). Das methodologische Problem der Rechtfertigung ethischer Prinzipien besteht nun darin, daß sie nicht unmittelbar an unseren moralischen Alltagsurteilen ansetzen kann, weil diese die moralischen Fähigkeiten jedes Individuums nur in verzerrter Weise widerspiegeln. Um einer Lösung des Rechtfertigungsproblems näher zu kommen, geht es daher zunächst einmal darum, aus der Menge unserer moralischen Alltagsurteile diejenigen Urteile herauszufiltern, die unsere moralischen Fähigkeiten noch am ehesten unverzerrt zum Ausdruck bringen. Zu diesen „wohlüberlegten Urteilen" *(considered judgments)* gelangt man dadurch, daß man aus der Menge der moralischen Alltagsbewertungen eines Zeitgenossen alle Urteile ausschließt, die er nur zögernd oder in Aufregung fällt, in die er nur geringes Vertrauen hat etc., sowie alle Urteile über Sachverhalte, die die Interessen des betreffenden Individuums berühren.

Da die Menge der wohlüberlegten Urteile die verläßlichste Information über unsere moralischen Fähigkeiten

---

[3] Die folgenden Ausführungen zur metaethischen Fundierung der *original position* stützen sich auf Schmidt (1986).

enthält, muß die Rechtfertigung ethischer Prinzipien nach Rawls' Überzeugung an den *considered judgments* ansetzen. Nun gibt es allerdings keine Gewähr dafür, daß nicht auch die wohlüberlegten Urteile eines Individuums vielfältigen Unregelmäßigkeiten bzw. Verzerrungen unterliegen. Die Lösung des methodologischen Problems kann daher nicht einfach in der Beschreibung unserer wohlüberlegten Urteile bestehen. Es ist vielmehr ein Verfahren zu entwickeln, das eine kritische Überprüfung der *considered judgments* gewährleistet und ihre grundsätzliche Revidierbarkeit berücksichtigt. Das von Rawls vorgeschlagene Verfahren ist ein systematisch konzipierter Reflexionsprozeß, dem sich grundsätzlich jedes Individuum unterziehen kann. Den Endpunkt dieses Reflexionsprozesses bezeichnet Rawls als *reflective equilibrium*. Die von einem Individuum im reflektiven Gleichgewicht vertretenen wohlüberlegten Urteile zeichnen sich dadurch aus, daß sie entweder der kritischen Überprüfung standgehalten haben oder aber im Verlauf des Reflexionsprozesses korrigiert worden sind. Da Rawls das reflektive Gleichgewicht als einen Zustand interpretiert, in dem sich die Verläßlichkeit der *considered judgments* als Indikatoren unserer moralischen Fähigkeiten nicht weiter steigern läßt, weist er der Moralphilosophie letztlich die Aufgabe zu, unsere wohlüberlegten Urteile im reflektiven Gleichgewicht abzubilden.

1.2. Eine relativ einfache Lösung des methodologischen Problems bestünde darin, die wohlüberlegten Urteile eines Individuums mit alternativen Mengen moralischer Prinzipien zu konfrontieren und diejenige Menge moralischer Grundsätze für gerechtfertigt zu erklären, die am besten geeignet erscheint, die *considered judgments* des Individuums in einen geschlossenen, widerspruchsfreien

Zusammenhang zu bringen. Folgt man dieser – von Rawls (1951) verfochtenen – Position einer „reinen Kohärenztheorie", so geht es bei der Rechtfertigung ethischer Prinzipien lediglich um das Aufspüren einer allgemeinen, systematischen Grundlage unserer wohlüberlegten Urteile. Dennoch kann bereits das Ergebnis reiner Kohärenzüberlegungen, nämlich die Übereinstimmung zwischen allgemeinen Prinzipien und wohlüberlegten Einzelurteilen, in einem bescheidenen Sinne als reflektives Gleichgewicht interpretiert werden. Die Menge der von einem Individuum vertretenen *considered judgments* wird nämlich in aller Regel nicht frei von Inkonsistenzen sein, also Urteile enthalten, die auf sich widersprechenden allgemeinen Grundsätzen beruhen. Im Zuge der systematischen Fundierung unserer *considered judgments* wird es daher unumgänglich sein, eine Reihe von Einzelurteilen im Licht konfligierender Prinzipien zu überdenken und den Widerspruch dadurch zu eliminieren, daß bestimmte Urteile zugunsten ihnen entgegenstehender Prinzipien aufgegeben werden (vgl. dazu Rawls [1951], 188 f.).

Nun ist zu beachten, daß die von Rawls (1972) formulierte methodologische Konzeption keineswegs dem reinen Kohärenzmodell entspricht.[4] Der von Rawls zur kritischen Überprüfung der wohlüberlegten Urteile konzipierte Reflexionsprozeß geht vielmehr weit über das bei Anwendung der reinen Kohärenztheorie praktizierte Verfahren hinaus (vgl. Rawls [1972], 48–50 und Rawls

[4] Diese Tatsache wird in der Literatur allzu oft übersehen. Vgl. etwa Hare (1973), 82–86, Singer (1974), 493 f., Ballestrem (1977), 117–119 und Hoerster (1977), 61 f. Zu einer differenzierten Gegenüberstellung der in Rawls (1951) und Rawls (1972) vertretenen metaethischen Positionen vgl. Delaney (1977).

[1974c], 7f.). Um zu gerechtfertigten moralischen Prinzipien zu gelangen, muß jedes Individuum seine wohlüberlegten Urteile nun nämlich nicht nur mit alternativen moralischen Konzeptionen (Mengen moralischer Prinzipien) konfrontieren, sondern darüber hinaus auch die relevanten philosophischen Argumente berücksichtigen, die sich zugunsten jeder dieser Konzeptionen anführen lassen. Rawls stellt sich also einen umfassenden Reflexionsprozeß vor, der in einer kritischen Abwägung zwischen den (zu Beginn des Prozesses vertretenen) wohlüberlegten Urteilen, allen in Erwägung gezogenen moralischen Konzeptionen und den sie jeweils stützenden philosophischen Argumenten besteht. Das Problem der Rechtfertigung ethischer Prinzipien ist demnach als gelöst zu betrachten, wenn das Individuum im Zuge dieses komplizierten Abwägungsprozesses ein reflektives Gleichgewicht erreicht. Dieser Zustand ist durch die Übereinstimmung zwischen einer Menge philosophischer Argumente, einer Menge moralischer Prinzipien und einer Menge wohlüberlegter Urteile gekennzeichnet (zu einer alternativen Formulierung vgl. Daniels [1979], 258). Als gerechtfertigt gilt dann die moralische Konzeption, die das Individuum im reflektiven Gleichgewicht vertritt. Sie enthält eine Reihe allgemeiner Prinzipien, die zum einen den vom Individuum nach Abwägung aller Alternativen letztlich akzeptierten philosophischen Argumenten entsprechen und zum anderen die im Verlauf des Reflexionsprozesses überdachten (und eventuell revidierten) *considered judgments* auf einen gemeinsamen Nenner bringen.

1.3. Der Unterschied zwischen dem reinen Kohärenzmodell und der methodologischen Konzeption des reflektiven Gleichgewichts liegt offenkundig darin, daß

Rawls die wohlüberlegten Urteile durch die Forderung der zusätzlichen Berücksichtigung philosophischer Argumente grundsätzlich – d. h.: über die bloße Ausschaltung von Widersprüchen hinaus – zur Disposition stellt.[5] Der spezifische Charakter dieser philosophischen Argumente kommt sehr deutlich zum Vorschein, wenn man Rawls' Kennzeichnung der *considered judgments* etwas genauer unter die Lupe nimmt. Rawls unterscheidet nämlich strenggenommen verschiedene Arten von wohlüberlegten Urteilen, die nach dem Grad ihrer Allgemeinheit abgestuft werden, und geht insbesondere davon aus, daß die *considered judgments* eines Individuums zwei grundsätzlich verschiedene Sorten moralischer Urteile enthalten (vgl. zum folgenden Rawls [1974 c], 8):

> (1) Urteile, in denen konkrete Handlungen, Zustände bzw. Institutionen (etwa als „gut" oder „gerecht") bewertet werden. Es handelt sich dabei also um „materiale" Einzelurteile. Dieser Typus moralischer Urteile war bisher immer gemeint, wenn von „wohlüberlegten Urteilen" die Rede war, und diese Diktion soll auch im folgenden beibehalten werden.
>
> (2) Urteile, die in abstrakter Weise die erwünschten Eigenschaften moralischer Prinzipien (wie z. B. das Verallgemeinerbarkeits-Kriterium) zum Ausdruck bringen. Diese allgemeinen moralischen Urteile werden im folgenden als „formale Bedingungen" bezeichnet.

Rawls löst nun das Problem der Rechtfertigung ethischer

[5] Vgl. in diesem Zusammenhang auch die Unterscheidung, die Rawls (1974 c) zwischen einem *narrow reflective equilibrium* und einem *wide reflective equilibrium* trifft (8).

Prinzipien dadurch, daß er den beiden Typen moralischer Urteile grundsätzlich das gleiche Gewicht, aber unterschiedliche Funktionen zumißt. Die Akzeptierbarkeit moralischer Grundsätze hängt demnach ab von ihrer Übereinstimmung mit

(1) unseren materialen, aufgeklärten Alltagsurteilen, also den *considered judgments* im engeren Sinne. Diese materialen Einzelurteile lassen sich als konkrete „moralische Daten" interpretieren, an denen sich die Rechtfertigung allgemeiner Prinzipien zu orientieren hat.
(2) unseren Überzeugungen in bezug auf die allgemeinen Eigenschaften moralischer Grundsätze. Diese formalen Bedingungen sind als wesentlicher Bestandteil der argumentativen Stützung ethischer Prinzipien zu interpretieren und spielen daher bei der Lösung des Rechtfertigungsproblems eine ebenso gewichtige Rolle wie die materialen Einzelurteile.

Will nun ein Individuum zu gerechtfertigten Moralprinzipien gelangen, so muß es versuchen, auf der Grundlage eines umfassenden Reflexionsprozesses ein geschlossenes System von formalen Bedingungen, allgemeinen Grundsätzen und materialen *considered judgments* zu formulieren. Das zu erreichende reflektive Gleichgewicht zeichnet sich also dadurch aus, daß die vom Individuum favorisierte moralische Konzeption durch einen festen Satz letztlich akzeptierter formaler Bedingungen gestützt wird und die am Ende des Reflexionsprozesses vertretenen (materialen) wohlüberlegten Urteile auf einen gemeinsamen Nenner bringt.
In Rawls' methodologischer Konzeption fällt den formalen Bedingungen offenbar die entscheidende Aufgabe zu, die grundsätzliche Revidierbarkeit der wohlüberlegten

Urteile zu gewährleisten. Mit der Berücksichtigung dieser abstrakten Kriterien gehen in die Rechtfertigung moralischer Prinzipien nämlich Argumente ein, die zwar nicht ethisch neutral, von der Übereinstimmung einer moralischen Konzeption mit materialen Einzelurteilen aber grundsätzlich unabhängig sind (vgl. dazu Daniels [1979], 259f.). Ebenso wie die vorgefaßten wohlüberlegten Urteile müssen aber auch die vom Individuum zu Beginn des Reflexionsprozesses als wünschenswert erachteten Eigenschaften moralischer Prinzipien einer kritischen Prüfung unterzogen werden. Auch dafür sorgt indes der Rawls'sche Reflexionsprozeß, da er vom Individuum verlangt, die zunächst akzeptierten formalen Bedingungen gegen die eigenen (materialen) *considered judgments* sowie gegen alternative formale Anforderungen an moralische Grundsätze abzuwägen. Die methodologische Konzeption des reflektiven Gleichgewichts gewährleistet somit die grundsätzliche Revidierbarkeit sowohl der materialen Einzelurteile als auch der formalen Bedingungen.

2. Geht man nun davon aus, daß sich eine große Gruppe von Individuen dem skizzierten Reflexionsprozeß unterzieht, so werden sich die in den reflektiven Gleichgewichten vertretenen, also individuell als gerechtfertigt erachteten, Moralkonzeptionen vermutlich erheblich unterscheiden (vgl. Rawls [1974c], 9). An einem solchen Ergebnis kann Rawls aber nicht gelegen sein, wenn es um die Rechtfertigung von Gerechtigkeitsprinzipien geht. Das Hauptanliegen der *Theory of Justice* besteht ja gerade darin, eine bestimmte Konzeption der sozialen Gerechtigkeit für alle (oder doch zumindest: möglichst viele) Gesellschaftsmitglieder zu rechtfertigen. Um dieses spezielle Problem zu lösen, kommt Rawls nicht umhin,

seine allgemeine methodologische Konzeption in gewisser Weise zu standardisieren. Zur Vereinfachung des Rechtfertigungsverfahrens führt er nämlich die Idee einer hypothetischen Entscheidungssituation *(initial choice situation)* ein, die aufgrund ihrer spezifischen Bedingungen als geeignet erscheint, zur Wahl von Gerechtigkeitsprinzipien zu führen. Die *original position* ist nur eine von zahllosen denkbaren Beschreibungen dieser Entscheidungssituation, allerdings diejenige, von der behauptet wird, sie verkörpere „the most philosophically favored interpretation of this initial choice situation for the purposes of a theory of justice“ (Rawls [1972], 18).

2.1. Um die *original position* als spezifische Beschreibung der Ausgangssituation zu fundieren, greift Rawls auf die allgemeine Konzeption des reflektiven Gleichgewichts zurück. Die Konstruktion der *original position* dient nämlich dem Ziel, für alle (bzw. möglichst viele) Individuen der Gesellschaft ein identisches reflektives Gleichgewicht zu erzeugen. Folgt man Rawls' allgemeiner methodologischer Position, so bemißt sich die Akzeptierbarkeit von Gerechtigkeitsprinzipien an ihrer Übereinstimmung mit

(1) unseren wohlüberlegten, materialen Gerechtigkeitsurteilen *(considered judgments of justice)*
(2) unseren Überzeugungen in bezug auf die formalen Bedingungen, denen Prinzipien der Gerechtigkeit genügen sollten *(reasonable conditions)*.

Da diese beiden Typen wohlüberlegter Urteile in das von Rawls konzipierte Rechtfertigungsverfahren eingehen, müssen sie auch bei der Konstruktion der *original position* eine bedeutende Rolle spielen (vgl. zum folgenden Rawls [1972], 18–21). Um nun zu einer allgemein (oder doch wenigstens weithin) akzeptierten Beschreibung der *original position* zu kommen, faßt Rawls eine Gruppe von Individuen (im Idealfall: alle Mitglieder der Gesellschaft) ins Auge, von denen er annimmt, daß sie

(1) eine homogene Menge (materialer) wohlüberlegter Gerechtigkeitsurteile vertreten
(2) einen identischen Satz formaler Bedingungen akzeptieren. Diese *reasonable conditions* sind im vorliegenden Zusammenhang als Bedingungen zu interpretieren, die sich auf das Verfahren zur Wahl von Gerechtigkeitsprinzipien beziehen.

Unter diesen Annahmen kann Rawls den zu einer spezifischen Beschreibung der Entscheidungssituation führenden Reflexionsprozeß stellvertretend aus der Sicht eines einzigen Individuums betrachten. Die für die Konstruktion der *original position* vorgeschlagene Methode läßt sich dann in folgender Weise beschreiben: Die *initial choice situation* wird zunächst durch eine Reihe allgemein akzeptierter formaler Bedingungen gekennzeichnet. Erzeugen diese Prämissen eine eindeutig bestimmte Konzeption der Gerechtigkeit, so ist diese mit der Menge der materialen Gerechtigkeitsurteile zu konfrontieren. Bei diesem Vergleich wird sich in aller Regel herausstellen, daß die hergeleiteten Prinzipien mit den *considered judgments of justice* nicht übereinstimmen. In diesem Fall steht das betrachtete (repräsentative) Individuum vor dem Problem, die von ihm akzeptierten formalen Bedingungen sowie seine wohlüberlegten Gerechtigkeitsurteile zu überdenken und entsprechend der erfolgten Abwägung entweder die eingangs formulierten Prämissen oder aber seine materialen Gerechtigkeitsurteile zu modifizieren. Damit beginnt ein komplizierter Prozeß der wechselseitigen Anpassung der formalen Bedingungen (zugunsten der Deduktion von mit den *considered judgments of justice* übereinstimmenden Prinzipien) und der wohlüberlegten Gerechtigkeitsurteile (an die auf der Basis akzeptierter Verfahrensregeln hergeleiteten Grundsätze), der erst zum Stillstand kommt, wenn das Individuum ein reflektives Gleichgewicht erreicht hat. Dieser Zustand ist durch ein konsistentes System von Verfahrensregeln, Gerechtigkeitsprinzipien und wohlüberlegten Gerechtigkeitsurteilen gekennzeichnet.

Nimmt man nun an, daß sich der von Rawls unterstellte Konsens nicht nur auf die zu Beginn des Reflexionsprozesses vertretenen (formalen und materialen) wohlüberlegten Gerechtigkeitsurteile, sondern auch auf die Einzelheiten der geschilderten Abwägung erstreckt,[6] so erhält man ohne weiteres eine allgemein akzeptierte Beschreibung der *initial choice situation*. Die Bedingungen der *original position* sind dann nämlich durch die Menge der von allen Individuen (der betrachteten Gruppe bzw. der Gesellschaft) im reflektiven Gleichgewicht favorisierten Verfahrensregeln gegeben. Da Rawls die zur endgültigen Kennzeichnung der hypothetischen Entscheidungssituation verwendeten formalen Kriterien als Bedingungen ausweist, die sowohl dem geforderten Reflexionsprozeß entstammen als auch eindeutig bestimmte Gerechtigkeitsprinzipien implizieren, ist mit der Existenz einer allgemein akzeptierten Beschreibung der *original position* auch die universelle Rechtfertigung einer spezifischen Konzeption der sozialen Gerechtigkeit gewährleistet. Die im reflektiven Gleichgewicht favorisierten Prinzipien sind dann nämlich insofern „intersubjektiv be-

[6] Rawls ist sich völlig darüber im klaren, daß der mit der *original position* verbundene Rechtfertigungsansatz einen weitreichenden empirischen Konsens voraussetzt. Vgl. dazu Rawls (1972), 580–583.

gründet“, als eine nach kritischer Prüfung allgemein akzeptierte Prozedur in für jedermann nachvollziehbarer Weise zu eindeutigen Ergebnissen führt.[7]

2.2. Obwohl Rawls ausdrücklich versucht, die Konstruktion der *original position* an die methodologische Konzeption des reflektiven Gleichgewichts anzubinden, läßt sich die letztlich gewählte Beschreibung der Entscheidungssituation faktisch mit einem breiten Spektrum konkurrierender Rechtfertigungsmodelle vereinbaren. Um dieses Dilemma zu verdeutlichen, lohnt es sich, zunächst einen Blick auf zwei alternative, extreme Interpretationen der *original position* zu werfen, die in der Literatur vertreten worden sind:[8]

> (1) Nach der ersten Interpretation dient die Konstruktion der *original position* ausschließlich dem Ziel, die (materialen) wohlüberlegten Gerechtigkeitsurteile einer (nicht näher bezeichneten, Rawls selbst aber jedenfalls einschließenden) Gruppe von Zeitgenossen zu bestätigen. Danach hat also bei der

---

[7] In diesem Zusammenhang ist darauf hinzuweisen, daß mit Rawls' methodologischer Konzeption kein Anspruch auf die Begründung objektiver moralischer Wahrheiten verbunden ist. Rawls sieht selbst in der Übereinstimmung aller individuellen reflektiven Gleichgewichte kein Indiz dafür, einer objektiven moralischen Wahrheit auf der Spur zu sein und empfiehlt, die Suche nach derlei Wahrheiten (zumindest vorläufig) aufzugeben. Vgl. dazu Rawls (1974 c), 9f. und ausführlich Rawls (1980), 554–572.

[8] Zu einer dritten prominenten Interpretation der *original position*, die sich allerdings – im Gegensatz zu den beiden folgenden Deutungen – nicht mehr sinnvoll vor dem Hintergrund der methodologischen Konzeption des reflektiven Gleichgewichts diskutieren läßt, vgl. Dworkin (1973). Zur Kritik an Dworkins Rekonstruktion des der *original position* zugrunde liegenden Rechtfertigungsmodells vgl. Daniels (1980), 96–98 und Rawls (1985), 236 f. (Fußnote 19).

Kennzeichnung der Entscheidungssituation der bloße Wunsch Pate gestanden, mit den resultierenden Prinzipien einen von Anfang an favorisierten Bestand an materialen Urteilen abzubilden. Folgt man dieser Interpretation, so setzt Rawls' Rechtfertigung allgemeiner Prinzipien ausschließlich an den *considered judgments of justice* an, während den *reasonable conditions* eine rein instrumentelle Funktion zukommt. Die Konstruktion der *original position* wird daher folgerichtig als taktisches Manöver entlarvt, das der vertragstheoretischen Verschleierung eines „reinen Kohärenzarguments" (zur Diktion vgl. Lyons [1975], 149) dienen soll.[9]

(2) Eine ganz andere Deutung der *original position* ergibt sich, wenn man die Idee der reinen Verfahrensgerechtigkeit auf das Problem der Rechtfertigung von Gerechtigkeitsprinzipien anwendet. Von reiner Verfahrensgerechtigkeit wird gesprochen, wenn sich ein normatives Problem (etwa ein Verteilungsproblem) dadurch auszeichnet, daß zwar kein unabhängiges materiales Kriterium für eine „richtige" („gerechte") Lösung existiert, sich aber ein Verfahren formulieren läßt, das nach allgemeiner Überzeugung das „richtige" Ergebnis zuverlässig erzeugt. Man geht dabei offenbar von der grundlegenden Idee aus, daß sich die normative Qualität der gewählten Prozedur (also etwa ihre „Fairneß") auf die Resultate des Verfahrens überträgt, falls dessen Re-

[9] Die Verfechter dieser Interpretation, zu denen Hare (1973), Nagel (1973), Singer (1974) und (mit Abstrichen) auch Scanlon (1975) zu zählen sind, stützen sich meist auf das folgende Zitat: „We want to define the original position so that we get the desired solution." (Rawls [1972], 141)

geln präzise eingehalten werden (vgl. dazu allgemein Rawls [1972], 86f.). Nimmt man nun an, daß Rawls das methodologische Problem der *Theory of Justice* auf diesem Wege zu lösen versucht, so sind die Bedingungen der *original position* als Regeln zu interpretieren, die nach allgemeiner Überzeugung ein angemessenes bzw. faires Verfahren zur Identifizierung gerechtfertigter Prinzipien definieren.[10] Da die Idee der reinen Verfahrensgerechtigkeit aber nur greift, wenn sich kein materiales Kriterium für eine gerechte Lösung angeben läßt, spielen die *considered judgments of justice* – folgt man dieser zweiten Interpretation – in Rawls' Rechtfertigungsansatz überhaupt keine Rolle. Die formalen Bedingungen (also Rawls' *reasonable conditions*) tragen vielmehr die ganze Last der Rechtfertigung, und das Problem der Konstruktion der *original position* besteht allein darin, ein faires Verfahren zu beschreiben, das nach jedermanns Überzeugung nur korrekt durchlaufen werden muß, um zu gerechten Ergebnissen zu kommen. Weil Rawls dieses Verfahren in Anlehnung an klassische Theorien des Gesellschaftsvertrags konzipiert, soll die *original position* demnach ein „reines Vertragsargument" zugunsten der Prinzipien erzeugen.

Ruft man sich nun Rawls' methodologische Konzeption ins Gedächtnis zurück, so ist klar zu erkennen, daß die

[10] Diese – von Lyons (1975) entwickelte – Interpretation kann sich auf eindeutige Textstellen berufen: „The idea of the original position is to set up a fair procedure so that any principles agreed to will be just. The aim is to use the notion of pure procedural justice as a basis of theory." (Rawls [1972], 136) „... justice as fairness is able to use the idea of pure procedural justice from the beginning" (Rawls [1972], 120).

skizzierten extremen Interpretationen der *original position* seinem Rechtfertigungsansatz widersprechen, da in den beiden „reinen" Argumenten jeweils ein Typus der von Rawls als relevant erachteten wohlüberlegten Urteile verabsolutiert, der andere hingegen völlig vernachlässigt (bzw. instrumentalisiert) wird. Nach der Konzeption des reflektiven Gleichgewichts kommt jedoch den beiden Sorten wohlüberlegter Gerechtigkeitsurteile im Rechtfertigungsverfahren grundsätzlich das gleiche Gewicht zu. Was Rawls bei der Konstruktion der *original position* offenkundig vorschwebt, ist eine Verknüpfung von reinem Kohärenzargument und reinem Vertragsargument, wobei die Ergebnisse beider Argumentationstypen einander im Verlauf des Reflexionsprozesses kontrastiert und wechselseitig über- bzw. untergeordnet werden, bis schließlich eine Beschreibung der *initial choice situation* resultiert, bei der Vertragsargument und Kohärenzargument zu identischen Ergebnissen führen.[11] Das ist im reflektiven Gleichgewicht der Fall.

Trotz dieser scheinbaren konzeptionellen Klarheit bleibt jedoch ein erhebliches Interpretationsproblem bestehen: Da Rawls nämlich den zur endgültigen Beschreibung der Entscheidungssituation führenden Prozeß der wechselseitigen Anpassung von *reasonable conditions* und *considered judgments of justice* nur in allgemeiner Weise kennzeichnet, ohne über seinen konkreten Verlauf und

---

[11] Beide Argumente büßen im Zuge des skizzierten Abwägungsprozesses offenbar ihre „Reinheit" ein. So kann etwa von reiner Verfahrensgerechtigkeit keine Rede mehr sein, wenn die Akzeptierbarkeit eines Verfahrens auch davon abhängt, ob die resultierenden Ergebnisse mit unseren materialen *considered judgments* übereinstimmen. Vgl. dazu Lyons (1975), 158 und Pence (1977), 142f. Zur Verteidigung der Rawls'schen Kombination von Vertrags- und Kohärenzargument vgl. Koller (1981).

das vorausgesetzte „Material“ (d. h.: die vor Beginn der geforderten Abwägung akzeptierten Verfahrensregeln und materialen Urteile) ein einziges Wort zu verlieren,[12] bleibt das relative Gewicht der beiden Argumente völlig im dunkeln (vgl. dazu Höffe [1977a], 30). Aus diesem Grunde lassen sich auch die mit den beiden extremen Interpretationen der *original position* verbundenen Rechtfertigungsansätze nicht nur als Perversionen, sondern auch als zulässige Ergebnisse der methodologischen Konzeption des reflektiven Gleichgewichts deuten. Es ist ja nicht auszuschließen, daß Rawls' Beschreibung der *original position* ein Reflexionsprozeß zugrunde liegt, in dessen Verlauf die *reasonable conditions* (bzw. umgekehrt: die materialen Gerechtigkeitsurteile) ständig den *considered judgments of justice* (bzw. den formalen Bedingungen) angepaßt und daher im resultierenden reflektiven Gleichgewicht lediglich die vorausgesetzten materialen Überzeugungen (bzw. die zu Beginn akzeptierten Verfahrensregeln) bestätigt wurden. Unter diesen Umständen würde die *original position* faktisch ein reines Kohärenz- bzw. Vertragsargument erzeugen, obwohl man sich dem geforderten Abwägungsprozeß ernsthaft unterzogen hätte. Aus der genannten Unklarheit muß man daher schließen, daß die beiden extremen Interpretationen der *original position* ein Kontinuum möglicher Deutungen definieren, wobei jeder Interpretation eine (sich aus dem konkreten Verlauf des Reflexionsprozesses ergebende) spezifische relative Gewichtung von Vertrags- und Kohärenzargument entspricht. Während of-

[12] „I shall not, of course, actually work through this process. Still, we may think of the interpretation of the original position that I shall present as the result of such a hypothetical course of reflection.“ (Rawls [1972], 21)

fenkundig jede dieser Deutungen mit der methodologischen Idee des reflektiven Gleichgewichts zu vereinbaren ist, sind Rawls' Äußerungen zur Konstruktion der *original position* viel zu vage, um auch nur eine zulässige Interpretation auszuschließen.

3. Nimmt man Rawls' methodologische Fundierung der *original position* ernst, so läßt sich die normative Substanz der *Theory of Justice* offenbar – ungeachtet des zuletzt diskutierten Interpretationsproblems – auf die konkreten Bedingungen dieser Entscheidungssituation reduzieren. Die von Rawls präsentierte Beschreibung der *original position* gewährleistet dann nämlich – gemäß der Konzeption des reflektiven Gleichgewichts – sowohl die ethische Qualität als auch die Eindeutigkeit der gewählten Prinzipien.

3.1. Rawls kennzeichnet die Vertragssituation im wesentlichen durch Prämissen zur Information und Motivation der Individuen (vgl. zum folgenden Rawls [1972], §§ 24, 25). Um die moralische Akzeptierbarkeit der gewählten Grundsätze zu gewährleisten, legt Rawls über die *original position* einen Schleier des Nichtwissens *(veil of ignorance)*. Er garantiert die Unparteilichkeit *(impartiality)* der Entscheidung, indem er den Individuen alle Informationen nimmt, die sie bei der Wahl der Prinzipien zu ihrem eigenen Vorteil nützen könnten. Das bedeutet im Ergebnis, daß die Vertragsparteien kein spezifisches Wissen über ihre Person und die Gesellschaft besitzen, in der sie nach der Vertragsentscheidung als reale Individuen leben werden.[13] Jedes Individuum befindet

[13] Die einzige spezifische Information, die den Individuen in der *original position* zur Verfügung steht, bezieht sich auf die Tatsache, daß sich

sich demnach in völliger Ungewißheit über seine natürlichen Anlagen und Fähigkeiten (Intelligenz, Stärke etc.); seine persönlichen Bedürfnisse und Wünsche (Präferenzordnung); seine besonderen psychologischen Merkmale (wie etwa seine Risikoneigung); seine gesellschaftliche Stellung (Klassenzugehörigkeit, Sozialstatus); die spezifischen Bedingungen der Gesellschaft, in der es leben wird (politische Situation, ökonomische Entwicklung, Zivilisation, Kultur); die Generation, der es angehören wird. Die Individuen sind daher gezwungen, ihre Entscheidung ausschließlich auf der Grundlage allgemeiner Informationen zu fällen. Dieses allgemeine Wissen allerdings steht in der *original position* unbegrenzt zur Verfügung. Es umfaßt alle Erkenntnisse über die Gesellschaft und deren Mitglieder, die sich mit allgemeinen Begriffen beschreiben lassen, also etwa die Ergebnisse und Prinzipien politischer oder ökonomischer Theorien.

Die Motivationsprämissen haben primär die Funktion, die Deduktion einer eindeutig bestimmten Konzeption der Gerechtigkeit zu sichern. Rawls geht davon aus, daß die Individuen in der *original position* insofern dem allgemeinen Rationalitätskonzept der ökonomischen Theorie genügen, als sie versuchen werden, mit der Wahl der Gerechtigkeitsprinzipien ihre eigenen Interessen durchzusetzen. Da nun aber die persönlichen Präferenzen der Individuen in der *original position* nicht bekannt sind, stellt sich die Frage, worauf sich unter diesen hypothetischen Bedingungen eine rationale Entscheidung gründen soll. Zur Lösung dieses Problems führt Rawls das Konzept der gesellschaftlichen Primärgüter *(social primary*

---

in der für sie relevanten Gesellschaft das Problem der sozialen Gerechtigkeit stellt, daß also – in Rawls' Diktion – die *circumstances of justice* vorliegen. Vgl. dazu Rawls (1972), 126–128 und 137.

goods) ein. Von diesen Gütern wird angenommen, daß sie durch die grundlegenden Institutionen der Gesellschaft verteilt und von jedem rationalen Individuum – unabhängig davon, wie seine konkrete Präferenzordnung auch aussehen mag – in möglichst großen Mengen gewünscht werden. Die wichtigsten dieser Primärgüter sind: Rechte und Freiheiten, Machtpositionen und Chancen, Einkommen und Vermögen (vgl. Rawls [1972], 62 und 92 f.).[14] Die Wahl der gesellschaftlichen Primärgüter als Grundlage der rationalen Entscheidung in der *original position* bedeutet zweierlei:

(1) Gegenstand der individuellen Entscheidung sind die Prinzipien, nach denen diese Güter verteilt werden sollen.
(2) Jedes Individuum wird bestrebt sein, diejenigen Grundsätze zu wählen, die ihm eine möglichst umfangreiche Ausstattung mit diesen Gütern gewährleisten.

Dabei kümmern sich die Individuen nicht darum, wie gut oder wie schlecht andere Vertragsteilnehmer bei der Wahl bestimmter Prinzipien abschneiden. Jedes Individuum bemüht sich also ausschließlich darum, die eigene Versorgung mit gesellschaftlichen Primärgütern möglichst günstig zu gestalten. Der Einfluß, den die Wahl ei-

---

[14] Hinzu kommt als letztes gesellschaftliches Primärgut die individuelle Selbstachtung, die in Rawls' Theorie eine besondere Rolle spielt, im Rahmen dieser Studie aber vernachlässigt werden kann, weil sie für die entscheidungstheoretische Begründung des Differenzprinzips ohne Bedeutung ist. Zur Charakterisierung des Konzepts der gesellschaftlichen Primärgüter vgl. ausführlicher Rawls (1974 a), 641–643 und Rawls (1982 a), 161–173. Zu Rawls' Versuch, das Konzept der gesellschaftlichen Primärgüter mit einer *thin theory of the good* zu untermauern, vgl. Rawls (1972), chap. VII und Barry (1973), chap. 3.

ner bestimmten Verteilungskonzeption auf das Wohlergehen anderer hat, geht nicht in sein Kalkül ein. Mit dieser Annahme eines gegenseitigen Desinteresses der Vertragsparteien geht Rawls insbesondere davon aus, daß die Individuen in der *original position* keinen Neid empfinden.[15]

3.2. Mit den skizzierten Prämissen modelliert Rawls eine Ausgangssituation, die vom Naturzustand klassischer Vertragstheorien offenbar strikt zu unterscheiden ist. Die *original position* ist nämlich keineswegs als eine Versammlung realer (oder auch nur als real gedachter) Personen, sondern vielmehr als rein hypothetische Perspektive zu interpretieren, von der aus sich nach Rawls' Überzeugung das Problem der sozialen Gerechtigkeit lösen läßt (vgl. zum folgenden Rawls [1972], 138f.). Jedes Gesellschaftsmitglied kann sich zu jedem beliebigen Zeitpunkt in diesen hypothetischen Zustand versetzen und die Überlegungen rationaler Individuen in der *original position* simulieren. Jeder wird dann auch – so Rawls' Grundthese – auf der Basis dieser rein simulativen Argumentation zur Wahl der genau gleichen Prinzipien kommen. Der Kernsatz der *Theory of Justice* läßt sich daher endgültig so formulieren: Die Bedingungen der *original position* modellieren eine hypothetische Entscheidungsperspektive, die unabhängig davon, wer sich ihren Prämissen wann auch immer unterwirft, eine eindeutige Lö-

---

15 Die Annahme des Desinteresses wird von Rawls allerdings insofern partiell suspendiert, als er davon ausgeht, daß sich die Individuen in der *original position* dem Wohlergehen künftiger Generationen in besonderer Weise verpflichtet fühlen. Nur mit dieser geänderten Motivationsprämisse glaubt Rawls verhindern zu können, daß die Vertragsteilnehmer bei der Wahl eines Sparprinzips die eigene Generation bevorzugen. Vgl. dazu Rawls (1972), 128f. und 140.

sung des Problems der sozialen Gerechtigkeit erzeugt. Die zentrale Prämisse der ganzen Theorie ist dabei der *veil of ignorance*. Er gewährleistet Rawls zufolge nicht nur die ethische Qualität der gewählten Prinzipien, sondern auch die Einstimmigkeit der Entscheidung. Da kein Individuum in der *original position* seine spezifischen Charakteristika kennt, bleibt auch kein Spielraum für eine wirklich individuelle Entscheidung. Alle Individuen sind vielmehr gezwungen, auf der Grundlage identischer Prämissen zu entscheiden und werden deshalb auch die gleichen Überlegungen anstellen. Das bedeutet auch, daß es in der *original position* keine Grundlage für Bargainingprozesse oder Konflikte gibt.[16]

Wenn demnach bereits der *veil of ignorance* die Einstimmigkeit gewährleistet, läßt sich die Wahl der Gerechtigkeitsprinzipien durch die Rekonstruktion der rationalen Entscheidung eines einzigen, beliebig ausgewählten Individuums analysieren (vgl. dazu explizit Rawls [1972], 139). Damit zeigt sich auch, daß Rawls' Theorie mit einer Vertragstheorie herzlich wenig gemein hat. Vertragsverhandlungen oder ein Vertragsschluß kommen in der *Theory of Justice* nämlich überhaupt nicht vor.[17] Es liegt daher nahe, Rawls' Theorie trotz des rhetorischen Rück-

---

[16] Alle Versuche, das für die *original position* charakteristische Entscheidungsproblem mit dem Instrumentarium der Spieltheorie zu reformulieren, gehen daher völlig an Rawls' Intentionen vorbei. Zur spieltheoretischen Analyse der *original position* vgl. etwa Kaplan (1976), chap. 3 (v.a. 121–123), Wolff (1977), chap. XV, Howe/Roemer (1981) und Gaa (1984). Zu zwei Ansätzen, die im Gegensatz zu Rawls' entscheidungstheoretischer Modellierung der *original position* die Fruchtbarkeit einer spieltheoretischen Fundierung ethischer Prinzipien betonen, vgl. Gauthier (1978 b) und Brock (1979).

[17] Zur Kritik des Vertragsaspekts der *Theory of Justice* vgl. ausführlicher Alexander (1974), 604 f., Schaefer (1974), 102 f. und Hampton (1980).

griffs auf die Vertragsidee als eine Theorie der rationalen individuellen Entscheidung unter hypothetischen Bedingungen *(hypothetical choice theory)* zu kennzeichnen (vgl. Hare [1973], 87).[18]

4. Mit den skizzierten Prämissen glaubt Rawls eine Beschreibung der *initial choice situation* gefunden zu haben, die zum einen von jedermann akzeptiert werden kann[19] und zum anderen eine dezidiert antiutilitaristische Lösung des Problems der sozialen Gerechtigkeit erzeugt.

4.1. Rawls kommt zu dem Ergebnis, daß sich rationale Individuen in der *original position* wahlweise[20] für eine der beiden folgenden Konzeptionen der Gerechtigkeit entscheiden würden:[21]

---

[18] Für diese Einschätzung spricht im übrigen auch das folgende Zitat: „The theory of justice is a part, perhaps the most significant part, of the theory of rational choice." (Rawls [1972], 16) Vgl. ähnlich Rawls (1972), 172 sowie ergänzend Rawls (1985), 237 (Fußnote 20).

[19] „... the conditions embodied in the description of the original position are ones that we do in fact accept. Or if we do not, then perhaps we can be persuaded to do so by philosophical reflection." (Rawls [1972], 21) Vgl. auch Rawls (1972), 587.

[20] Rawls geht implizit davon aus, daß die Wahl der Gerechtigkeitsprinzipien in zwei Schritten erfolgt. Danach werden sich die Individuen in der *original position* für die Prinzipien und Prioritätsregeln der Speziellen Konzeption entscheiden, wenn sie ihrem Kalkül die Annahme zugrunde legen, daß die Befriedigung der elementaren materiellen Bedürfnisse in der für sie relevanten Gesellschaft jedermann zuverlässig möglich ist. Gehen sie bei ihrer Entscheidung von der gegenteiligen Annahme aus, so werden sie das allgemeine Differenzprinzip wählen. Vgl. dazu Rawls (1972), 151 f. Die Gewährleistung eines elementaren materiellen Wohlfahrtsniveaus avanciert im übrigen zur zentralen Voraussetzung für die Herleitung der Priorität der Freiheit. Vgl. dazu Rawls (1972), 542 f.

[21] In diesem Zusammenhang ist darauf hinzuweisen, daß Rawls die *original position* über die Fundierung einer Konzeption der sozialen Ge-

Allgemeine Konzeption
Rawls' Allgemeine Konzeption der Gerechtigkeit besteht aus nur einem Grundsatz, der die Verteilung aller gesellschaftlichen Primärgüter in der folgenden Weise regelt („allgemeines Differenzprinzip"):

> „All social primary goods – liberty and opportunity, income and wealth, and the bases of self-respect – are to be distributed equally unless an unequal distribution of any or all of these goods is to the advantage of the least favored." (Rawls [1972], 303)

Spezielle Konzeption
Die Spezielle Konzeption der Gerechtigkeit enthält zwar noch den Verteilungsgrundsatz der Allgemeinen Konzeption, wendet ihn aber nicht mehr auf alle gesellschaftlichen Primärgüter an. Für zentrale Primärgüter (Freiheiten, Chancen) wird gemäß dieser Konzeption vielmehr eine strikte Gleichverteilung gefordert. Das Differenzprinzip (nunmehr als „spezielles Differenzprinzip" zu interpretieren) regelt demnach nur noch die Verteilung der verbleibenden Primärgüter (Machtpositionen, Einkommen, Vermögen). Die Prinzipien der Speziellen Konzeption lauten:

> *Prinzip 1*
> „Each person is to have an equal right to the most extensive total system of equal basic liberties compatible with a similar system of liberty for all." (Rawls [1972], 250)[22]

---

rechtigkeit hinaus auch verwendet, um ethische Prinzipien des individuellen Verhaltens zu begründen. Vgl. dazu Rawls (1972), §§ 18, 19 und chap. VI sowie Feinberg (1973).

[22] Zu einer neueren Reformulierung dieses Prinzips vgl. Rawls (1982b), 5.

Prinzip 2

„Social and economic inequalities are to be arranged so that they are both

(a) to the greatest benefit of the least advantaged and

(b) attached to offices and positions open to all under conditions of fair equality of opportunity." (Rawls [1972], 83)[23]

Die Spezielle Konzeption enthält darüber hinaus Prioritätsregeln zur Rangordnung dieser Prinzipien. Danach hat das erste Prinzip absoluten Vorrang („lexikographische Priorität") gegenüber dem zweiten Grundsatz (vgl. Rawls [1972], 43 und 61). Innerhalb des zweiten Prinzips rangiert der Grundsatz der fairen Chancengleichheit mit lexikographischer Priorität vor dem Differenzprinzip (vgl. Rawls [1972], 89).

4.2. Obwohl Rawls zwei alternative Lösungen des mit der *original position* formulierten Entscheidungsproblems präsentiert, steht die Deduktion der Speziellen Konzeption (sowie die Analyse ihrer institutionellen Konsequenzen) eindeutig im Mittelpunkt der *Theory of Justice*.[24] Die beiden Grundsätze dieser Konzeption spie-

---

[23] Die endgültige Formulierung dieses Prinzips enthält noch ein *just savings principle*, das das Problem der intergenerativen Gerechtigkeit lösen und die (intragenerative) Anwendung des Differenzprinzips beschränken soll. Vgl. dazu Rawls (1972), 302. Zur (überaus vagen) Kennzeichnung und „vertragstheoretischen" Fundierung dieses Sparprinzips vgl. Rawls (1972), § 44. Zu formalen Analysen des *just savings principle* und seiner möglichen Implikationen vgl. Arrow (1973 a) und Dasgupta (1974), 330–341. Zur Kritik der Rawls'schen Begründung des Sparprinzips vgl. Arrow (1973 b), 260–262 und Harsanyi (1975 a), 54 f.

[24] Rawls nimmt daher durchweg an, daß die an die Geltung der Speziellen Konzeption geknüpften materiellen Bedingungen erfüllt sind. Vgl. Rawls (1972), 152.

geln insofern eine dem Liberalismus verpflichtete Idee von der Dualität der gesellschaftlichen Ordnung wider, als das erste Prinzip die strikte Gewährleistung gleicher Freiheitsrechte durch die politische Verfassung fordert, während der zweite Grundsatz gleichzeitig die Existenz sozialer und ökonomischer Ungleichheiten rechtfertigt (vgl. Rawls [1972], 61 und Daniels [1975a], 253f.). Zu den *basic liberties*, die das erste Prinzip jedem Individuum in gleicher Weise garantiert, zählen im einzelnen (vgl. Rawls [1972], 61 und Rawls [1982b], 5): die politische Freiheit im engeren Sinne (aktives und passives Wahlrecht, Partizipationsprinzip); die Rede-, Versammlungs- und Vereinigungsfreiheit; die Freiheit des Gewissens und der Überzeugungen; die Freiheit der Person und das Recht auf persönliches Eigentum; der Schutz vor willkürlicher Verhaftung und die Einhaltung formaler Rechtsstaatsprinzipien *(rule of law)*. Die mit dem ersten Grundsatz ebenfalls geforderte Optimierung des Gesamtsystems der gleichen Grundfreiheiten wirft ein schwieriges Aggregationsproblem auf, das hier nicht untersucht werden kann.[25] Vor dem Hintergrund des ersten Prinzips lassen sich soziale und ökonomische Ungleichheiten nach dem zweiten Grundsatz nur dann rechtfertigen, wenn allen Individuen über die gleichen Freiheitsrechte hinaus auch die gleichen Chancen eingeräumt werden, ihre Fähigkeiten gesellschaftlich zur Geltung zu bringen. Folgt man Rawls' Prinzip der fairen Chancengleichheit, so sind allen Individuen mit gleichen Fähigkeiten und gleicher Bereitschaft, diese auch einzusetzen – unabhängig davon, unter welchen gesellschaftlichen Be-

[25] Zur Interpretation des ersten Prinzips und seiner Priorität vgl. ausführlich Rawls (1972), §§ 32–39, Barry (1973), chap. 4, Hart (1973), Bowie (1980) und Rawls (1982b).

dingungen sich der einzelne von Geburt an vorfindet – die gleichen Erfolgschancen zu gewährleisten. Rawls fordert also über eine rein formale Chancengleichheit hinaus die völlige Ausschaltung des Einflusses sozialer Kontingenzen auf die Chance, Ämter oder Positionen zu erlangen (vgl. Rawls [1972], 73).

Während Rawls mit den Grundsätzen der gleichen Freiheit und der fairen Chancengleichheit im wesentlichen nur traditionelle Ideen des Liberalismus reformuliert, führt er mit dem Differenzprinzip ein originelles Kriterium für die gesellschaftliche Bewertung von Verteilungsproblemen ein (vgl. zum folgenden Rawls [1972], § 13). Das Differenzprinzip läßt bei der Verteilung sozialer und ökonomischer Vorteile (Macht, Autorität, Einkommen, Vermögen) nur solche Ungleichheiten zu, die die Position der am schlechtesten gestellten Gesellschaftsmitglieder verbessern. Eine ungleiche Verteilung dieser Güter ist demnach immer dann als gerecht zu betrachten, wenn die (durch eine Beschneidung der Vorteile der privilegierten Gesellschaftsmitglieder erzeugte) Reduzierung der Ungleichheit eine geringere Primärgüterausstattung der am schlechtesten gestellten Individuen nach sich zöge. Dieser Verteilungsidee liegt die Vorstellung zugrunde, daß sich – ausgehend von einem hypothetischen Zustand der Gleichverteilung – die Position jedes Individuums verbessern läßt, wenn man den begabteren Gesellschaftsmitgliedern die Erzielung zusätzlicher Vorteile erlaubt, diese aber an gleichzeitige (wenn auch geringere) Gewinne für alle übrigen (und insbesondere die am schlechtesten gestellten) Individuen bindet.[26] Die

---

[26] Solange man das Differenzprinzip ausschließlich auf die Verteilung des Einkommens bezieht, läßt sich dieser Zusammenhang ohne weiteres mit Anreizeffekten der Besteuerung erklären. Vgl. dazu Rawls

mit dem Differenzprinzip verbundene Rechtfertigung sozialer und ökonomischer Ungleichheit setzt ausschließlich an der Position der am meisten benachteiligten Gesellschaftsmitglieder an. Eine vollkommen gerechte Güterverteilung ist nach diesem Grundsatz nämlich genau dann erreicht, wenn sich die (in der individuellen Ausstattung mit gesellschaftlichen Primärgütern zum Ausdruck kommende) „Wohlfahrt" der am wenigsten Privilegierten durch keine Veränderung des Wohlergehens besser postierter Individuen mehr steigern läßt. Das Differenzprinzip gebietet also die strikte Maximierung der „Wohlfahrt" der am schlechtesten gestellten Gesellschaftsmitglieder (vgl. Rawls [1972], 78f.). Da sich das (allgemeine wie spezielle) Differenzprinzip ausschließlich auf die Optimierung der schwächsten gesellschaftlichen Position konzentriert, setzt seine Anwendung lediglich ordinale interpersonelle Informationen voraus. Um die praktische Verfügbarkeit dieser Informationen zu sichern, schlägt Rawls die Konstruktion eines Index vor, der die individuellen Ausstattungen mit den einzelnen (heterogenen) Primärgütern auf einen gemeinsamen Nenner bringen, ordinale Vergleiche der individuellen Verteilungspositionen ermöglichen und für die Definition der schlechtesten gesellschaftlichen Position verwendet werden soll (vgl. dazu ausführlicher Rawls [1972], §§ 15, 16).[27]

(1972), 78 und Arrow (1973b), 258f. Zur Formulierung der empirischen Bedingungen, unter denen die Anwendung des Differenzprinzips tatsächlich (d.h.: auch ohne die hypothetische Voraussetzung einer egalitären Ausgangsverteilung) die Position aller Individuen verbessert, vgl. Rawls (1972), 80–82. Zur Diskussion des Differenzprinzips als eines Prinzips des allgemeinen Vorteils vgl. Rae (1975) und Koller (1983).

[27] Die mit der Konstruktion dieses Index verbundenen Schwierigkeiten lassen sich vermeiden, wenn man das Differenzprinzip lediglich auf die

Die Prioritätsregeln der Speziellen Konzeption haben die Funktion, mögliche Konflikte der Prinzipien eindeutig entscheidbar zu machen, mithin ein rein intuitives Abwägen widerstreitender Grundsätze zu verhindern. Mit dem Terminus „lexikographische Priorität" ist gemeint, daß ein nachgeordnetes Prinzip erst dann zur Geltung kommt, wenn alle vorrangigen Grundsätze vollends erfüllt sind (vgl. Rawls [1972], 42 f.). So darf etwa das Differenzprinzip erst angewendet werden, wenn zuvor jedem Individuum der Gesellschaft ein möglichst umfangreiches System gleicher Grundfreiheiten gewährleistet und das Prinzip der fairen Chancengleichheit verwirklicht wurde.[28]

2. *Maximin und Differenzprinzip*

1. In der *original position* steht jedes Individuum vor dem Problem, sich für spezifische Prinzipien der sozialen Gerechtigkeit zu entscheiden, ohne zu wissen, welche konkreten Auswirkungen diese Prinzipien auf sein

---

Gestaltung der Einkommens- und Vermögensverteilung anwendet. Vgl. dazu Rawls (1972), 97 und Rawls (1982 a), 162 f. Zu den formalen Möglichkeiten, das Differenzprinzip ohne eine explizite Lösung des Indexproblems zu reformulieren, vgl. Plott (1978) und Gibbard (1979). Zu einer allgemeinen bzw. axiomatischen Analyse des Rawls'schen Indexproblems vgl. Hohm (1983) bzw. Blair (1988).

[28] Da die Spezielle Konzeption mit den Grundsätzen der gleichen Freiheit und der fairen Chancengleichheit (sowie den entsprechenden Prioritätsregeln) ganz entscheidend auf die Idee der reinen Verfahrensgerechtigkeit zurückgreift, um das Problem der Einkommens- und Vermögensverteilung zu lösen, kann das (spezielle) Differenzprinzip im übrigen auch nicht unmittelbar (d. h.: ohne Berücksichtigung der ihnen zugrunde liegenden gesellschaftlichen Institutionen) auf die Bewertung konkreter Verteilungszustände angewendet werden. Vgl. dazu ausführlicher Rawls (1972), 86–89 und Beauchamp (1980).

Wohlergehen als reales Mitglied einer Gesellschaft haben werden. Für jedes Individuum geht es also – technisch gesprochen – darum, ein rationales Kalkül zur Lösung eines Entscheidungsproblems bei Ungewißheit zu finden. Rawls versucht denn auch, die Rationalität eines bestimmten Kalküls in Analogie zu einer der Lösungen zu begründen, die die Entscheidungstheorie für derartige Probleme anbietet.[29]

1.1. Folgt man dem allgemeinen Modell dieser Theorie, so läßt sich ein Entscheidungsproblem bei Ungewißheit in der folgenden Weise kennzeichnen (vgl. etwa Luce/Raiffa [1957], 275–278): Man betrachtet ein beliebiges Individuum h, das

(1) aus einer Menge von m alternativen Aktionen a_i ($i = 1, \ldots, m$) eine Auswahl zu treffen hat
(2) mit einer Menge von n möglichen Umweltzuständen s_j ($j = 1, \ldots, n$) konfrontiert ist, die (von ihm selbst nicht beeinflußbar) die Ergebnisse seiner Handlungen beeinflussen
(3) in der Lage ist, jeder der zur Wahl stehenden Aktionen a_i für jeden möglichen Umweltzustand s_j ein mögliches Ergebnis c_{ij} zuzuordnen.

Vor diesem Hintergrund läßt sich ein Entscheidungsproblem bei Ungewißheit vollständig mit der folgenden (m×n)-Matrix beschreiben:

[29] Der Abschnitt IV.2. stimmt im wesentlichen mit Schmidt (1987), Abschnitt III überein.

	s_1	…	s_j	…	s_n
a_1	c_{11}	…	c_{1j}	…	c_{1n}
$\vdots$	$\vdots$		$\vdots$		$\vdots$
a_i	c_{i1}	…	c_{ij}	…	c_{in}
$\vdots$	$\vdots$		$\vdots$		$\vdots$
a_m	c_{m1}	…	c_{mj}	…	c_{mn}

Für das Individuum h geht es nun darum, auf der Grundlage dieser Ergebnisverteilung eine – gemessen an seinen persönlichen Präferenzen – optimale Aktion auszuwählen. Zur Lösung dieses Problems kann es grundsätzlich auf eine Fülle verschiedener Entscheidungsregeln zurückgreifen, deren Leistungsfähigkeit in der Theorie diskutiert wird. Das Spektrum der verwendbaren Entscheidungskriterien hängt dabei wesentlich von der Frage ab, ob sich für die s_j (objektive oder subjektive) Wahrscheinlichkeiten p_j angeben lassen. Ist das der Fall (liegt also strenggenommen ein Entscheidungsproblem bei Risiko bzw. Unsicherheit vor), so hat das Individuum h die Option, sich im Sinne der Bayes'schen Maxime für diejenige Aktion zu entscheiden, die seinen erwarteten Nutzen maximiert:

$$\max_i \sum_{j=1}^{n} p_j \cdot U_h(c_{ij})\ !$$

Existiert über der Menge der s_j keine Wahrscheinlichkeitsverteilung (ist das Entscheidungsproblem also durch eine „völlige Ungewißheit“ gekennzeichnet), so kann sich das Individuum h nur auf Entscheidungsregeln stützen, die ausschließlich auf der Basis der c_{ij} definiert sind. Eine dieser Regeln ist das Maximin-Kriterium, das in Rawls' entscheidungstheoretischer Argumentation zugunsten des Differenzprinzips (und der gesamten Speziellen Konzeption) eine zentrale Rolle spielt. Geht man davon aus, daß für die möglichen Konsequenzen der individuellen Handlungen eine numerische Repräsentation (etwa in Geld-, Güter- oder Nutzeneinheiten) existiert,[30] so läßt sich das Maximin-Kriterium mit der folgenden Maxime übersetzen:

$$\max_i \min_j c_{ij} \,!$$

Die Maximin-Regel wählt also diejenige Aktion als optimal aus, deren schlechtestes Ergebnis besser ist als die schlechtesten Ergebnisse aller übrigen Handlungsmöglichkeiten. Ist ein Entscheidungsproblem etwa durch die Matrix

	s_1	s_2	s_3
a_1	–7	8	12
a_2	–8	7	14
a_3	5	6	8

gegeben (vgl. Rawls [1972], 153), so führt die Anwendung der Maximin-Strategie zur Wahl der Aktion a_3. Gegen die Maximin-Regel ist immer wieder eingewendet worden, daß ihre mechanische Verwendung zu offenkundig irrationalen Entscheidungen führen kann (vgl. etwa Luce/Raiffa [1957], 279f. und Harsanyi [1975a],

[30] Da die Maximin-Regel strenggenommen lediglich die Existenz einer individuellen Präferenzordnung R_h über der Ergebnismenge voraussetzt, ist diese Annahme unnötig restriktiv. In der Literatur besteht im übrigen die verbreitete Tendenz, Entscheidungsprobleme bei (völliger) Ungewißheit unmittelbar mit Nutzengrößen abzubilden. Man geht dabei meist von der Annahme aus, daß über der Menge der c_{ij} eine vNM-Nutzenfunktion U_h existiert. Diese Annahme ist insofern nicht unproblematisch, als sie zur Modellierung eines nicht-probabilistischen Entscheidungsproblems ein probabilistisches Nutzenkonzept verwendet. Vgl. dazu Milnor (1954), 49, Luce/Raiffa (1957), 276 und Maskin (1979), 319f. und 326.

39 f.). Die besondere Problematik dieser Regel läßt sich rasch verdeutlichen, wenn man die folgende Ergebnismatrix (mit n aus der Menge der natürlichen Zahlen) betrachtet (vgl. Rawls [1972], 157):

	s_1	s_2
a_1	0	n
a_2	$\frac{1}{n}$	1

Da das Maximin-Kriterium bei dieser Konstellation unabhängig davon, welchen Wert n annimmt, immer a_2 als optimale Aktion ausweist, hat diese Strategie für genügend große Werte von n ganz offensichtlich irrationale Entscheidungen zur Folge. Der Grund für derartige Fehlentscheidungen ist leicht zu identifizieren: Wendet ein Individuum die Maximin-Regel an, so geht es bei der Bewertung aller Handlungsmöglichkeiten davon aus, daß der jeweils ungünstigste Umweltzustand eintritt. Die unter günstigeren Umständen resultierenden Ergebnisse werden bei der Entscheidung dagegen völlig vernachlässigt. Das Maximin-Kriterium ist daher insofern die konservativste aller Entscheidungsregeln, als seine generelle Anwendung eine extreme Risikoaversion voraussetzt.[31]

1.2. Nun ist es überaus wichtig festzuhalten, daß Rawls das allgemeine Modell der Entscheidungstheorie im Zuge seiner Maximin-Argumentation nicht unmittelbar, sondern lediglich analog verwendet (vgl. Rawls [1972], 152). Die Einzelheiten dieser Analogie sind allerdings erst dann zu erkennen, wenn man versucht, das allgemeine

[31] Zu axiomatischen Charakterisierungen des Maximin-Kriteriums, auf deren Diskussion hier verzichtet werden kann, weil sie für Rawls' Argumentation ohne Bedeutung sind, vgl. Milnor (1954), Theorem 3 sowie Maskin (1979), Theorem 9 und Theorem 15.

Modell der Entscheidungstheorie auf die *original position* zu übertragen. Es lohnt sich daher, die Determinanten des skizzierten Entscheidungsproblems unter Rawls' hypothetischen Bedingungen zu interpretieren:

(1) Da Rawls den Individuen in der *original position* eine begrenzte Liste alternativer Gerechtigkeitskonzeptionen vorgibt, unter denen die Wahl zu erfolgen hat (vgl. Rawls [1972], § 21), bereitet die Interpretation der a_i keine große Mühe.[32]

(2) Demgegenüber werfen die s_j ein ganz erhebliches Interpretationsproblem auf. Unter den Bedingungen der *original position* umfaßt die Kategorie der „Umweltzustände" nämlich alle Faktoren, die das mit der Wahl alternativer Konzeptionen für das entscheidende Individuum verbundene Verteilungsergebnis beeinflussen. Zu diesen Faktoren zählen neben der ökonomischen Prosperität der relevanten Gesellschaft und der sozialen Position des entscheidenden Individuums vor allem auch dessen persönliche Eigenschaften (wie etwa seine natürlichen Fähigkeiten oder spezifischen Präferenzen). Da die Kategorie der s_j nun auch Faktoren enthält, die die Individualität des Entscheidenden kennzeichnen, ist zunächst einmal klar, daß sich die s_j unter den Bedingungen der *original position* nicht mehr als „Umweltzustände" im Sinne der Entscheidungstheorie beschreiben lassen. Wesentlich wichtiger aber ist der folgende Punkt: Jedem Individuum ist

[32] Die von Rawls präsentierte Liste enthält neben seiner Speziellen Konzeption mit dem (klassischen) Nutzensummenprinzip und dem (etwa von Harsanyi favorisierten) Durchschnittsnutzenprinzip unter anderem auch zwei alternative Versionen der utilitaristischen Ethik. Vgl. Rawls (1972), 124.

in der *original position* nicht nur unbekannt, wie die spezifischen Ausprägungen der unter die Kategorie der s_j fallenden Faktoren für die eigene Person aussehen, Rawls' „thick veil of ignorance" (Hare [1973], 101) nimmt ihm vielmehr darüber hinaus auch eine klare Vorstellung davon, welche Ausprägungen dieser Faktoren im einzelnen überhaupt möglich sind. Da jeder Zustand s_j überdies theoretisch durch eine komplexe Kombination der verschiedenen Ausprägungen all dieser Faktoren zu beschreiben wäre, muß geschlossen werden, daß sich die Individuen wegen der Dichte des *veil of ignorance* über die relevanten s_j völlig im unklaren befinden. Im Gegensatz zu herkömmlichen Entscheidungssituationen erstreckt sich die Ungewißheit in der *original position* also nicht nur auf das Eintreten eindeutig bestimmter Zustände s_j, sondern auch auf die präzise Beschreibung dieser Zustände selbst.

(3) Wenn somit jedes Individuum in der *original position* nur eine grobe Ahnung von den die Ergebnisse seiner Entscheidungen determinierenden Faktoren hat, darüber hinaus aber außerstande ist, die relevanten Zustände s_j präzise zu bestimmen, läßt sich auch über die bei der Wahl alternativer Gerechtigkeitsprinzipien resultierenden Verteilungsergebnisse c_{ij} konkret nichts mehr aussagen.

Aus alldem ergibt sich, daß Rawls' Individuen bei ihrer Entscheidung weitgehend im dunkeln tappen. Von den Determinanten eines Entscheidungsproblems bei Ungewißheit kennen sie nämlich lediglich die a_i. Die s_j aber – und damit insbesondere die c_{ij} – sind ihnen unbekannt (vgl. dazu explizit Rawls [1972], 155f.). Dies zwingt die Individuen in der *original position* dazu, ihre Entscheidung völlig unabhängig von einer konkreten Ergebnisverteilung auf der Grundlage eines rein abstrakten Kalküls zu treffen.[33]

2. Im Zuge seines Bemühens, die beiden Prinzipien (und Prioritätsregeln) der Speziellen Konzeption aus den Bedingungen der *original position* herzuleiten,[34] greift Rawls ausdrücklich auf die Maximin-Regel zurück. Daß diesem Kriterium für die entscheidungstheoretische Fundierung von Gerechtigkeitsprinzipien zumindest potentiell eine erhebliche Bedeutung zukommt, läßt sich zeigen, wenn man zunächst einmal Rawls' (nach eigenen Worten) intuitive Begründung der Allgemeinen Konzeption betrachtet.

2.1. Bei der Wahl eines Verteilungsgrundsatzes für alle gesellschaftlichen Primärgüter wird – so Rawls' Argumentation – jedes Individuum in der *original position* die folgenden Überlegungen anstellen (vgl. Rawls [1972], 150f.):

(1) Da einerseits kein Individuum in der Lage ist, sich mit seiner Entscheidung zuverlässig besondere

[33] Diese wichtige Konsequenz der Rawls'schen Informationsprämissen wird in der Literatur gelegentlich übersehen. Zu einer entscheidungstheoretischen Modellierung der *original position*, die mit einer eindeutig bestimmten Menge der s_j und reellen Werten der c_{ij} operiert, vgl. Ellsworth (1978), v.a. 30f.

[34] An dieser Stelle ist festzuhalten, daß Rawls eine strikte Deduktion der Prinzipien als ein Ideal betrachtet, hinter dem seine eigene Argumentation weit zurückbleibt. Vgl. Rawls (1972), 121. Wenn daher im folgenden von Rawls' „Herleitung" gesprochen wird, so ist damit lediglich eine Argumentation gemeint, die – ausgehend von den Prämissen der *original position* – Gründe für die rationale Wahl bestimmter Prinzipien anzugeben versucht. Vgl. in diesem Zusammenhang auch Hare (1973), 87, Dasgupta (1974), 327 und Shue (1975), 195 (Fußnote 2).

Vorteile zu sichern (weil der *veil of ignorance* alle Informationen ausschließt, an denen die Gewährleistung spezifischer Vorteile ansetzen könnte), andererseits aber auch niemand gewillt sein dürfte, besondere Nachteile hinzunehmen, wird sich jedermann zunächst für eine strikte Gleichverteilung der Primärgüter aussprechen.

(2) Diese Entscheidung ist aber nicht endgültig. Jedes rationale, desinteressierte Individuum wird nämlich darüber hinaus einer ungleichen Verteilung dieser Güter zustimmen, wenn dadurch – gemessen am zunächst favorisierten Zustand der Gleichverteilung – jedes Individuum besser gestellt werden kann, sich also zusätzliche Vorteile für alle ergeben.

(3) Um diesen vagen Verteilungsgrundsatz zu präzisieren, entscheiden sich die Individuen schließlich für das allgemeine Differenzprinzip. Damit wird die Maximierung der „Wohlfahrt" der am schlechtesten gestellten Individuen zum Gestaltungsprinzip der politischen, sozialen und ökonomischen Ungleichheit.[35]

2.2. Nun läßt sich ohne größere Mühe zeigen, daß Rawls' intuitive Argumentation viel eher geeignet ist, das Problem einer entscheidungstheoretischen Fundierung des Differenzprinzips zu verdeutlichen, denn es zu lösen. Bereits der erste Schritt des skizzierten Arguments ist überaus problematisch. Da die Individuen unter den Motivationsprämissen der *original position* kein genuines In-

[35] Da das spezielle Differenzprinzip an keiner Stelle der *Theory of Justice* gesondert hergeleitet wird, muß man wohl davon ausgehen, daß es analog (bezogen nun auf die Primärgüter der letzten Prioritätsklasse) zu begründen ist.

teresse an einer Gleichverteilung der gesellschaftlichen Primärgüter haben können, muß diese Lösung als Ergebnis einer rationalen Entscheidung desinteressierter Individuen nachgewiesen werden, die ausschließlich nach ihrem eigenen Vorteil trachten. Rawls versucht zwar, diesen Nachweis zu führen, greift dabei aber zu unzureichenden Argumenten. Aus der bloßen Tatsache nämlich, daß der *veil of ignorance* die zuverlässige Erzielung spezifischer Vorteile verhindert, kann nicht geschlossen werden, daß ein rationales Individuum auch auf seine Chance verzichten wird, in den Genuß solcher Vorteile zu kommen. Ebensowenig läßt sich aus der Möglichkeit besonderer Nachteile schon die Rationalität einer Entscheidung folgern, die jedes solche Risiko partout zu vermeiden sucht. In Rawls' Begründung des vorläufigen Votums für eine Gleichverteilung steckt demnach die implizite Prämisse, daß sich rationale Individuen in der *original position* risikoavers verhalten (vgl. Fishkin [1975], 626). Die Entscheidung zugunsten der Gleichverteilung ist also das Ergebnis einer Haltung, die primär Risiken zu vermeiden sucht, auch wenn dafür der Preis entgangener Chancen zu bezahlen ist. Das bedeutet: Bereits mit dem ersten Schritt der Argumentation werden *gambling*-Strategien, die etwa das Bayes'sche Rationalitätskonzept ohne weiteres zuläßt, als irrational ausgeschlossen.
Selbst wenn man nun aber den ersten Schritt akzeptierte, ließe sich das Differenzprinzip nur in der vorläufigen Formulierung herleiten, nach der Ungleichheiten – gemessen am Ausgangszustand der Gleichverteilung – zum Wohle aller Gesellschaftsmitglieder ausschlagen sollen (vgl. Rawls [1972], 60 und 62). Die Wahl dieses Grundsatzes ist offenkundig für jedes desinteressierte Individuum rational, unabhängig davon, welche konkrete Verteilungsposition ihm in der Gesellschaft zukommen

wird. Die Präzisierung dieses Prinzips jedoch, mit der eine Maximierung der „Wohlfahrt" der am schlechtesten Gestellten verlangt wird, setzt wiederum eine implizite, von Rawls nicht begründete Prämisse voraus. Sie lautet: Jedes rationale Individuum geht bei der Wahl eines Verteilungsprinzips davon aus, daß es sich als reales Mitglied einer gesellschaftlichen Ordnung in der schwächsten Position befindet. Wiederum also wird den Individuen in der *original position* eine konservative Haltung, diesmal gar eine extreme Risikoaversion, als rational unterstellt.
Nun liegt es nahe, die so „begründete" Wahl des allgemeinen Differenzprinzips als Ergebnis eines Maximin-Kalküls zu rekonstruieren. Da der *veil of ignorance* die konkrete Verteilung der c_{ij} verhüllt, läßt sich die Maximin-Regel in der *original position* allerdings nur abstrakt anwenden. Das bedeutet: Die Verwendung dieses Kriteriums führt unter Rawls' Informationsprämissen nicht zur Wahl der Alternative, deren schlechtestes Ergebnis am besten ist, sondern zur Wahl eines Gerechtigkeitsprinzips, das

(1) explizit für den Fall vorsorgt, daß die vom entscheidenden Individuum als am ungünstigsten erachteten Umstände eintreten sollten
(2) diese Umstände möglichst günstig gestaltet.

Beides trifft vollkommen für das (allgemeine wie spezielle) Differenzprinzip zu. Es kann also keinen Zweifel daran geben, daß ein Maximin-Kalkül unter den abstrakten Bedingungen der *original position* in ein Votum für das Differenzprinzip münden wird. Die Herleitung des Differenzprinzips erfordert daher den Nachweis, daß rationale Individuen in der *original position* die Maximin-Regel anwenden. Dieser Nachweis ist allerdings erst noch zu führen, denn Rawls' intuitive Begründung der Allgemeinen Konzeption liefert keinerlei Anhaltspunkt für die Beantwortung der Frage, warum sich rationale Individuen in der *original position* so extrem vorsichtig verhalten sollen.[36]

3. Rawls bietet nun in der Tat ein elaboriertes Argument zugunsten der Rationalität eines Maximin-Kalküls an, will damit aber nicht nur das Differenzprinzip, sondern die gesamte Spezielle Konzeption aus den Bedingungen der *original position* herleiten.[37] Er behauptet also zweierlei (vgl. Rawls [1972], 152f.):

(1) Die Prinzipien und Prioritätsregeln der Speziellen Konzeption sind als Maximin-Lösung des für die *original position* charakteristischen Entscheidungsproblems zu betrachten.

[36] Tatsächlich ist unschwer zu erkennen, daß die skizzierte Begründung der Allgemeinen Konzeption weniger die Überlegungen rationaler Individuen in der *original position* als vielmehr die Verteilungsidee des Differenzprinzips und Rawls' Ideal der gesellschaftlichen Zusammenarbeit zum Ausdruck bringt. Vgl. dazu Scanlon (1975), 199. Zur Kennzeichnung des Rawls'schen Ideals der sozialen Kooperation vgl. Rawls (1972), § 17, Rawls (1974a), 647f. und Rawls (1974b), 144f.

[37] In diesem Zusammenhang ist darauf hinzuweisen, daß sich Rawls im Zuge seines Bemühens, die rationale Wahl der Speziellen Konzeption zu begründen, keineswegs vollends auf die folgende Maximin-Argumentation verläßt. So versucht er etwa, neben diesem entscheidungstheoretischen Argument auch die Vertragsidee für die Begründung der beiden Gerechtigkeitsprinzipien zu nützen. Vgl. dazu Rawls (1972), § 29. Von der Maximin-Argumentation sind insbesondere auch die Überlegungen unabhängig, die Rawls zugunsten der rationalen Wahl des Prinzips der gleichen Freiheit (und seiner Priorität) ins Feld führt. Vgl. dazu Rawls (1972), § 33 und § 82. Zur Rekonstruktion und Kritik dieser Überlegungen vgl. Barry (1973), chap. 7, Hart (1973), 249–252, Nowell-Smith (1973), 321f., Keat/Miller (1974), 13–15, Raphael (1974), 125f., Daniels (1975a), 263–278 und Shue (1975). Zum einzigen Argument, das sich als unabhängige Herleitung des Prinzips der fairen Chancengleichheit interpretieren läßt, vgl. Rawls (1972), 84 und kritisch Barry (1973), 85f.

(2) Unter den Prämissen dieser hypothetischen Entscheidungssituation ist es für jedes Individuum rational, das Maximin-Kriterium anzuwenden.

3.1. Rawls betont zu Beginn seiner Argumentation ausdrücklich, daß die Anwendung der Maximin-Regel nicht unter allen Umständen geeignet ist, eine akzeptable Lösung von Entscheidungsproblemen bei Ungewißheit zu erzeugen (vgl. Rawls [1972], 153). Da die generelle Verwendung dieser Regel zu offensichtlich absurden Entscheidungen führen kann, steht Rawls vor dem Problem, eine spezielle Klasse von Entscheidungssituationen zu identifizieren, deren konkrete Merkmale die Rationalität eines Maximin-Kalküls hinreichend begründen. Folgt man der Rawls'schen Lösung dieses Problems, so ist die Anwendung des Maximin-Kriteriums immer dann als rational zu betrachten, wenn eine Entscheidungssituation die drei folgenden Merkmale aufweist (Rawls [1972], 154):[38]

Merkmal 1
„... the situation is one in which a knowledge of likelihoods is impossible, or at best extremely insecure."

Merkmal 2
„... the person choosing has a conception of the good such that he cares very little, if anything, for what he might gain above the minimum stipend that

[38] Bei der Formulierung dieser Merkmale beruft sich Rawls auf Fellners Diskussion der Maximin-Regel. Vgl. Fellner (1965), 140–142 und Rawls (1972), 154 (Fußnote 19). Dieser Verweis ist insofern etwas irreführend, als Fellner mit seiner *semiprobabilistic theory* grundsätzlich weit davon entfernt ist, die Anwendung des Maximin-Kriteriums (oder einer anderen *rule of thumb*) rechtfertigen zu wollen.

he can, in fact, be sure of by following the maximin rule. It is not worthwhile for him to take a chance for the sake of a further advantage, especially when it may turn out that he loses much that is important to him."

Merkmal 3
„... the rejected alternatives have outcomes that one can hardly accept. The situation involves grave risks."

Vor dem Hintergrund des allgemeinen Modells der Entscheidungstheorie lassen sich diese Merkmale in der folgenden Weise interpretieren:

(1) Mit dem ersten Merkmal formuliert Rawls eine notwendige Bedingung für die Rationalität des Maximin-Kriteriums. Ließen sich nämlich für die s_j Wahrscheinlichkeiten angeben, wäre es offensichtlich irrational, sich ausschließlich auf der Basis des je schlechtesten Ergebnisses zu entscheiden und die Information über die Eintrittswahrscheinlichkeiten der besseren Ergebnisse völlig zu vernachlässigen.
(2) Das zweite Merkmal enthält zwei sehr spezielle Prämissen. Sie betreffen
(a) die Präferenzen des entscheidenden Individuums: Geht man davon aus, daß die c_{ij} als Gütermengen definiert sind, so wird mit diesem Merkmal die Existenz eines Sättigungspunktes (in der Literatur häufig: *threshold, required minimum, satisfactory minimum*) angenommen. Ist dieser Sättigungspunkt erreicht, so führen zusätzliche Gütermengen nur mehr zu einer unwesentlichen Steigerung der individuellen Wohlfahrt. Technisch gesprochen: Der Grenznutzen der jeweils betrachteten Güter sinkt jenseits dieses „befriedigenden Minimums" rapide

ab.[39] Andererseits läßt sich die Wohlfahrt des Individuums beträchtlich steigern, wenn dieser Sättigungspunkt noch nicht erreicht ist.

(b) die Höhe des Maximin-Ergebnisses: Ist Merkmal 2 erfüllt, so reicht ein Maximin-Kalkül bereits aus, um dem Individuum das „befriedigende Minimum" zuverlässig zu gewährleisten. Das bedeutet: Das Maximin-Ergebnis (also das schlechteste mögliche Ergebnis der nach dem Maximin-Kriterium ausgewählten Aktion) ist mindestens ebenso hoch wie die Sättigungsmenge des Individuums.

(3) Das dritte Merkmal macht eine Aussage über die möglichen Ergebnisse der bei Anwendung der Maximin-Regel abgelehnten Aktionen, setzt aber offenbar das zweite Merkmal bereits voraus. Das spezifische Risiko aller übrigen Alternativen nämlich – so muß man Rawls interpretieren – liegt nach Merkmal 3 darin, daß sie zu Ergebnissen führen können, die das „befriedigende Minimum" erheblich unterschreiten. Die Nichtakzeptierbarkeit eines bestimmten Ergebnisses hängt demnach ganz entscheidend von der Tatsache ab, daß sich das als befriedigend erachtete Minimum durch die Anwendung der Maximin-Regel garantieren läßt.

Das mit den drei Merkmalen zugunsten der Rationalität eines Maximin-Kalküls geführte Argument läßt sich zusammenfassend so formulieren: Sind für eine Ergebnis-

[39] Da Rawls nicht nur den Utilitarismus, sondern darüber hinaus auch jede Form einer „welfaristischen" Ethik entschieden ablehnt, würde er sich gegen diese Diktion vermutlich wehren. Man tut seiner Argumentation aber wohl keine Gewalt an, wenn man das zweite Merkmal, das sich ja explizit auf die individuelle Bewertung von Gütern bezieht, in der Sprache der mikroökonomischen Theorie auszudrücken versucht.

matrix $[c_{ij}]$ keine Wahrscheinlichkeiten angebbar, so ist die Anwendung des Maximin-Kriteriums immer dann rational, wenn die nach Maximin gewählte Aktion dem entscheidenden Individuum ein „befriedigendes Minimum“ garantiert, während bei der Wahl aller alternativen Handlungsmöglichkeiten die Gefahr besteht, daß dieses Minimum beträchtlich unterschritten wird. Die Grundidee des Rawls'schen Arguments wird noch deutlicher sichtbar, wenn man es so formuliert: Gewährleistet die Maximin-Strategie dem entscheidenden Individuum ein als zufriedenstellend erachtetes Minimum, so ist (falls über der Menge der s_j keine Wahrscheinlichkeitsverteilung existiert) das Eingehen von Risiken bei der Wahl alternativer Aktionen a priori irrational, weil dieses Minimum übertreffende Ergebnisse im Verhältnis zu hinter ihm zurückbleibenden Resultaten extrem gering bewertet werden.[40] Damit ist klar, daß Rawls keineswegs auf die übliche Idee einer extremen Risikoaversion zurückgreift, um die Rationalität eines Maximin-Kalküls zu fundieren. Mit den drei Merkmalen (und insbesondere den Merkmalen 2 und 3) versucht er vielmehr, eine spezielle Klasse von Entscheidungssituationen zu beschreiben, die eine rationale Bewertung der Risiken und Chancen aller Alternativen erlauben. Ein Individuum, das unter diesen besonderen Umständen der Rawls'schen Empfehlung folgt und das Maximin-Kriterium verwendet, wird sich demnach aufgrund einer rationalen Bewertung aller Risiken und Chancen nur letztlich so entscheiden, als wäre es sehr risikoscheu (vgl. Rawls [1972], 172 und Rawls [1974 a], 649). Das auf den drei Merkmalen beru-

---

[40] Zu einer formalen Rekonstruktion des Rawls'schen Arguments, die mit einer direkten Repräsentation der c_{ij} durch Nutzenwerte und der vagen Kategorie einer „Quasi-Dominanz“ operiert, vgl. Hubin (1980), 365–367.

hende Argument operiert also lediglich mit einer „Quasi-Risikoaversion".

Um Rawls' Fundierung eines quasi-risikoscheuen Verhaltens zu verdeutlichen, lohnt es sich, noch einmal auf unser zur Illustration der Maximin-Regel angeführtes Beispiel zurückzugreifen. Folgt man dem skizzierten Argument, so ist die Wahl der (vom Maximin-Kriterium als optimal ausgewiesenen) Aktion a_3 offenbar in jedem Fall rational, wenn

(1) für die drei Umweltzustände keine Wahrscheinlichkeiten angebbar sind
(2) das vom entscheidenden Individuum als befriedigend erachtete Minimum kleiner oder gleich 5 ist
(3) die Ergebnisse $c_{11} = -7$ und $c_{21} = -8$ vom Entscheidenden als nicht akzeptierbar betrachtet werden.

Sind diese drei Bedingungen erfüllt, so wird sich ein quasi-risikoscheues Individuum für die Aktion a_3 entscheiden, weil es die Chance, mit der Wahl einer anderen Alternative das „befriedigende Minimum" erheblich zu übertreffen, im Vergleich zum Risiko, dieses Minimum beträchtlich zu unterschreiten, extrem gering bewertet.

3.2. Im Mittelpunkt der Rawls'schen Maximin-Argumentation steht nun die Behauptung, daß das mit der *original position* formulierte Entscheidungsproblem alle drei Merkmale aufweist: „... the original position manifests these features to the fullest possible degree, carrying them to the limit, so to speak" (Rawls [1972], 153). Aus diesem Befund zieht Rawls den doppelten Schluß, daß jedes rationale Individuum in der *original position* sowohl

(1) bei der Wahl der Gerechtigkeitsprinzipien das Maximin-Kriterium anwenden als auch

(2) für die Spezielle Konzeption als Maximin-Lösung des Entscheidungsproblems votieren wird.

Rawls' Herleitung hat daher zuallererst den Nachweis zu führen, daß die drei Merkmale unter den Prämissen der *original position* tatsächlich erfüllt sind, es also für die Individuen rational ist, sich quasi-risikoscheu zu entscheiden.

3.2.1. Rawls behauptet zunächst, daß sich unter den Bedingungen der *original position* für die relevanten Zustände s_j keine Wahrscheinlichkeiten angeben lassen (vgl. Rawls [1972], 155). Für die rationale Entscheidung der Individuen wäre dabei – grob gesprochen – die Wahrscheinlichkeit von Bedeutung, sich als ein konkretes Mitglied einer bestimmten Gesellschaft herauszustellen. Da nun der *veil of ignorance* den Individuen jede spezifische Information entzieht, lassen sich die relevanten p_j auf keinen Fall als objektive, durch empirische Evidenz (wie etwa relative Häufigkeiten) fundierte, Wahrscheinlichkeiten ansetzen (vgl. Rawls [1972], 168). Die Kenntnis derartiger Wahrscheinlichkeiten würde eine unparteiische Entscheidung in jedem Falle gefährden. Den Individuen steht jedoch grundsätzlich die Option offen, ihre Entscheidung auf subjektive, den Grad ihrer persönlichen Überzeugungen ausdrückende, Wahrscheinlichkeiten zu stützen, solange die Konsistenz dieser subjektiven Einschätzungen (also vor allem: $\sum_{j=1}^{n} p_j = 1$) gewahrt bleibt (vgl. Gardner [1975], 261). Wegen der Dichte des *veil of ignorance* ist es allerdings nicht möglich, eindeutig bestimmten Zuständen s_j konkrete Wahrscheinlichkeitswerte p_j zuzuordnen. Unter den restriktiven Informationsprämissen der *original position* lassen sich subjektive

Wahrscheinlichkeiten demnach nur für abstrakt bestimmbare Zustände s_j ansetzen. Da überdies die Konsistenz der p_j zu gewährleisten ist, bleibt den Individuen im wesentlichen nur eine Möglichkeit, subjektive Wahrscheinlichkeiten zu verwenden, nämlich der abstrakte Ansatz gleicher Wahrscheinlichkeiten für alle relevanten Zustände ($p_j = \frac{1}{n}$ für $j = 1, \ldots, n$).[41] Zu diesem Ergebnis würden die Individuen im übrigen auch kommen, wenn sie sich – einer zweiten Option folgend – am Prinzip des unzureichenden Grundes orientierten. Nach diesem Prinzip ist die Annahme gleicher Wahrscheinlichkeiten immer dann als gerechtfertigt zu betrachten, wenn sich das entscheidende Individuum in völliger Ungewißheit darüber befindet, welcher der n möglichen Umweltzustände s_j tatsächlich eintreten wird.[42]

---

[41] Ein derart abstraktes Wahrscheinlichkeitskalkül hat man sich – in Anlehnung an Harsanyis *impersonality*-Modell – etwa so vorzustellen: Jedes Individuum geht davon aus, daß in der relevanten Gesellschaft n grundsätzlich unterscheidbare (wenn auch im einzelnen nicht bekannte) individuelle Verteilungspositionen existieren, und trifft seine Entscheidung unter der Annahme, die Wahrscheinlichkeit, eine dieser Positionen tatsächlich einzunehmen, sei für alle ihm potentiell zukommenden Verteilungspositionen gleich. Vgl. dazu Rawls (1972), 165 und unten IV.3. Neben der Annahme gleicher Wahrscheinlichkeiten lassen die Informationsprämissen der *original position* grundsätzlich auch extreme Wahrscheinlichkeitskalküle zu, die etwa im Ansatz einer subjektiven Wahrscheinlichkeit von 1 für die Realisierung der (jeweils nur abstrakt bestimmbaren) besten oder schlechtesten Verteilungsposition zum Ausdruck kommen.

[42] Auf dem Prinzip des unzureichenden Grundes beruht im übrigen das Laplace-Kriterium, das dem entscheidenden Individuum zur Auswahl der optimalen Aktion die folgende Maxime an die Hand gibt: $\max_i \frac{1}{n} \cdot \sum_{j=1}^{n} c_{ij}$! Vgl. dazu etwa Luce/Raiffa (1957), 284f. Zu axiomatischen Charakterisierungen des Laplace-Kriteriums vgl. Milnor (1954), Theorem 2 und Maskin (1979), Theorem 8. – In konkreten Entscheidungssituationen ist die Verwendung des *principle of insufficient reason*

Da diese beiden grundsätzlich möglichen Wahrscheinlichkeitskalküle die Anwendung des Bayes'schen Rationalitätskonzepts – und damit: eine entscheidungstheoretische Fundierung des Neoutilitarismus – erlaubten (vgl. unten IV.3.), ist Rawls im Zuge seiner Maximin-Argumentation bemüht, die Ablehnung der Annahme gleicher Wahrscheinlichkeiten als Ergebnis rationaler Erwägungen in der *original position* zu begründen. Sein Argument läßt sich mit der folgenden Behauptung übersetzen (vgl. Rawls [1972], 169 und 176): Rationale Individuen werden eine so fundamentale, endgültige[43] und gegenüber künftigen Generationen zu verantwortende Entscheidung wie die Wahl von Gerechtigkeitsprinzipien nicht auf der Grundlage von Wahrscheinlichkeiten treffen, die lediglich auf subjektive Überzeugungen oder das Prinzip des unzureichenden Grundes zurückgehen. Sie werden bei ihrer Entscheidung vielmehr Vorsicht walten lassen und nicht leichtfertig von der Annahme gleicher Wahrscheinlichkeiten ausgehen. Anders formuliert: Der be-

---

bekanntlich überaus problematisch, weil der einem bestimmten Zustand s_j zugeordnete Wahrscheinlichkeitswert p_j offenkundig von der Zahl der als relevant erachteten Umweltzustände abhängt. Solange es daher nicht gelingt, die Menge aller relevanten (und sich gegenseitig ausschließenden) Umweltzustände eindeutig zu definieren, kann die Orientierung am Prinzip des unzureichenden Grundes zu widersprüchlichen Wahrscheinlichkeitsansätzen führen. Da die relevanten s_j unter Rawls' Informationsprämissen nur abstrakt bestimmbar sind, reicht dieser übliche Einwand allerdings nicht aus, um die Verwendung dieses Prinzips in der *original position* zu diskreditieren. Vgl. dazu Hare (1973), 102f.

[43] Mit der Endgültigkeit der in der *original position* zu wählenden Prinzipien nennt Rawls hier übrigens eine der formalen Bedingungen, die er über die bisher skizzierten Prämissen hinaus zur zusätzlichen Spezifizierung des hypothetischen Entscheidungsproblems verwendet. Zur Kennzeichnung dieser *formal constraints of the concept of right* vgl. Rawls (1972), § 23.

sondere Charakter der zu fällenden Entscheidung erzeugt eine Risikoaversion der Individuen, die zur rationalen Ablehnung der nur dürftig begründeten (und eine risikoneutrale Haltung implizierenden) Annahme gleicher Wahrscheinlichkeiten führt. Nun ist dieses Argument zwar insofern überaus interessant, als es versucht, eine tatsächliche Risikoscheu als Konsequenz der für die *original position* formulierten Bedingungen zu begründen (vgl. dazu auch Rawls [1974 b], 143). Im Augenblick aber lohnt es sich noch nicht, das Risikoaversions-Argument näher zu untersuchen, weil Rawls selbst weit davon entfernt ist, sich auf dieses Argument zu verlassen. Um das Problem der Wahrscheinlichkeitsansätze in der *original position* definitiv zu lösen, greift er nämlich letztlich auf die simple Annahme zurück, daß rationale Individuen ihre Entscheidungen nur auf Wahrscheinlichkeiten mit objektiven Grundlagen stützen (vgl. Rawls [1972], 172). Da der *veil of ignorance* die Kenntnis objektiver Wahrscheinlichkeiten ausschließt, werden die Individuen in der *original position* demnach überhaupt kein Wahrscheinlichkeitskalkül anstellen. Die Nichtangebbarkeit von Wahrscheinlichkeiten wird damit faktisch zu einer Prämisse der Entscheidungssituation erhoben (vgl. Rawls [1972], 146 und 173). Mit anderen Worten: Das erste Merkmal ist in der *original position* per definitionem erfüllt.

Nun ist das mit diesem Merkmal geführte Argument zwar einerseits stark genug, um die Bayes'sche Maxime als potentielle Entscheidungsregel auszuschalten, andererseits aber viel zu schwach, um die spezifische Rationalität des Maximin-Kriteriums zu begründen. Denn es gibt unendlich viele Entscheidungsregeln, die unabhängig von Wahrscheinlichkeiten definiert sind. Um das zu zeigen, genügt es, sich das Hurwicz-Kriterium zu betrachten, das für die Auswahl der optimalen Aktion die folgende Maxime vorgibt (mit $0 \leq \alpha \leq 1$): [44]

$$\max_i \,[\alpha \cdot \min_j c_{ij} + (1-\alpha) \cdot \max_j c_{ij}]\,!$$

Dieses Kriterium definiert offensichtlich für jeden beliebigen Wert der Variable α, die die Risikoneigung des jeweils betrachteten Individuums repräsentiert, eine spezifische nicht-probabilistische Entscheidungsregel. Da das Spektrum der mit dem Hurwicz-Kriterium vereinbaren Entscheidungsregeln von der extrem pessimistischen Maximin-Strategie ($\alpha = 1$) bis zum äußerst optimistischen Maximax-Kriterium ($\alpha = 0$) reicht, ist klar zu erkennen, daß mit dem ersten Merkmal – wie bereits erwähnt – nur eine notwendige Bedingung für die rationale Verwendung der Maximin-Regel erfüllt ist. Die zentrale Funktion der Merkmale 2 und 3 besteht daher darin, die Rationalität dieses extrem konservativen Kriteriums hinreichend zu begründen.

3.2.2. Da Rawls' Quasi-Risikoaversions-Argument im wesentlichen auf dem zweiten Merkmal beruht, ist sein Versuch, die beiden Prämissen dieses Merkmals in der *original position* zu verorten, für die Herleitung der Speziellen Konzeption von ganz besonderer Bedeutung. Folgt man der Rawls'schen These, so kann jedes Individuum in der *original position* davon ausgehen, daß ihm die Anwendung der Maximin-Regel (und damit meint Rawls automatisch auch immer: die Wahl der gesamten Speziellen Konzeption) ein befriedigendes Minimum garantiert (vgl. Rawls [1972], 156). Nun genügt aber bereits

[44] Zur Analyse des Hurwicz-Kriteriums vgl. Luce/Raiffa (1957), 282–284 sowie Milnor (1954), Theorem 4 und Maskin (1979), Theorem 2.

ein kurzer Blick auf die Formulierung des zweiten Merkmals, um zu erkennen, daß es unter den restriktiven Informationsprämissen dieser hypothetischen Entscheidungssituation niemals erfüllt sein kann:[45]

> (1) Da die Individuen ihre spezifischen Präferenzen nicht kennen, wissen sie weder, ob in ihrer konkreten Bedürfnisstruktur ein Sättigungspunkt existiert, noch, wie ein derart befriedigendes Minimum gegebenenfalls inhaltlich zu bestimmen wäre.
> (2) Ebensowenig sind den Individuen die Verteilungsergebnisse bekannt, die die zur Wahl stehenden Gerechtigkeitskonzeptionen in der für sie relevanten Gesellschaft erzeugen würden. Diese Ungewißheit erstreckt sich insbesondere auch auf die Frage, mit welcher Verteilungsposition man bei einem Votum für das Differenzprinzip schlimmstenfalls zu rechnen hätte. Das bedeutet: Selbst wenn die Individuen in der *original position* ihre konkreten Präferenzen kennten und imstande wären, ein als befriedigend erachtetes Minimum zu bestimmen, könnten sie niemals sicher sein, daß die Wahl der Speziellen Konzeption ihnen dieses Minimum auch tatsächlich gewährleistete.

Da Rawls' Individuen weder ihre spezifischen Präferenzen noch die konkreten Verteilungsimplikationen alternativer Gerechtigkeitsprinzipien kennen, können sie unmöglich zu dem Schluß kommen, daß ihnen die Wahl einer bestimmten Konzeption ein befriedigendes Minimum garantiert. Das zweite Merkmal liegt demnach in der *original position* nicht vor. Mit ihm läßt sich die spe-

[45] Vgl. zum folgenden Barry (1973), 104f., Hare (1973), 106, Nagel (1973), 12, Schaefer (1974), 100f. und Fishkin (1975), 626.

zifische Rationalität einer – wie auch immer gearteten – Entscheidungsregel nur begründen, wenn sowohl die Präferenzen des betrachteten Individuums als auch die Ergebnisverteilung bekannt sind. Beides ist zwar in herkömmlichen Entscheidungssituationen der Fall, nicht aber in der *original position*, wo auf der Grundlage abstrakter Überlegungen entschieden werden muß. Rawls' Versuch, das zweite Merkmal in der *original position* nachzuweisen, muß daher mißlingen. Letztlich postuliert er nur, daß seine Konzeption den Individuen ein befriedigendes Minimum garantiert, und verletzt dabei die Prämissen der hypothetischen Entscheidungssituation.

3.2.3. Mit der Behauptung, die Wahl alternativer (vor allem: utilitaristischer) Prinzipien berge – im Vergleich zur Speziellen Konzeption – erhebliche Risiken, glaubt Rawls seine Herleitung erfolgreich zu Ende führen zu können. Da die Individuen in der *original position* über die Option verfügen, sich mit einem Votum für die Prinzipien und Prioritätsregeln der Speziellen Konzeption ein befriedigendes Minimum zu sichern, wird nach Rawls' Maximin-Argumentation kein rationales Individuum bereit sein, die mit der Wahl alternativer Konzeptionen verbundenen Risiken in Kauf zu nehmen (vgl. Rawls [1972], 156). Nun ist klar zu erkennen, daß das dritte Merkmal nur dann ein Argument für die Wahl der Rawls'schen Prinzipien liefern könnte, wenn das zweite Merkmal in der *original position* erfüllt wäre, die Individuen also tatsächlich sicher sein könnten, daß ihnen die Spezielle Konzeption ein befriedigendes Minimum garantierte. Da davon aber keine Rede sein kann, läßt sich das dritte Merkmal für die Herleitung der Speziellen Konzeption offenbar auch dann nicht nutzen, wenn man ohne weiteres davon ausgeht, daß mit der Wahl alternativer Gerechtigkeitsprinzipien in der Tat spezifische Risiken verknüpft sind. Aus dem bloßen Vorliegen besonderer Risiken kann nämlich nicht schon die Rationalität ihrer Vermeidung geschlossen werden, solange diesen Risiken auch erhebliche Chancen gegenüberstehen. Wenn die Individuen in der *original position* demnach nicht davon ausgehen können, daß ihnen die Etablierung der Rawls'schen Prinzipien ein befriedigendes Minimum sichern würde, so kann es für sie offenbar auch rationale Motive geben, mit der Entscheidung zugunsten alternativer Konzeptionen Risiken einzugehen (vgl. Barry [1973], 106f.).

Nun steht mit dem Durchschnittsnutzenprinzip in der *original position* ein Grundsatz zur Wahl, der in der Tat – gemessen an Rawls' Spezieller Konzeption – spezifische Risiken birgt. Da die Individuen die konkreten Verteilungsimplikationen alternativer Gerechtigkeitsprinzipien nicht kennen, können sie zwar nicht definitiv beurteilen, ob die Etablierung der Speziellen Konzeption tatsächlich zu einer besseren Verteilungsposition der am schlechtesten Gestellten führte als etwa die Anwendung des Durchschnittsnutzenprinzips. Es kann aber keinen Zweifel daran geben, daß mit der Wahl des utilitaristischen Prinzips – rein abstrakt betrachtet – ein größeres Risiko verbunden ist als mit der Entscheidung zugunsten der Speziellen Konzeption. Während nämlich Rawls' Konzeption über die Gewährleistung gleicher Freiheiten und Chancen hinaus explizit die Maximierung der „Wohlfahrt" der am schlechtesten gestellten Individuen fordert, gebietet das Durchschnittsnutzenprinzip lediglich die Maximierung der Pro-Kopf-Wohlfahrt, ohne sich um die Verteilung der gesamten gesellschaftlichen Nutzensumme (oder der einzelnen Primärgüter) genuin zu kümmern. Aus der abstrakten Perspektive der *origi-*

nal position ist daher das Durchschnittsnutzenprinzip in der Tat riskanter als etwa das Differenzprinzip. Nur: Das spezifische Risiko des utilitaristischen Grundsatzes liegt keineswegs – wie Rawls behauptet – in der Unterschreitung eines befriedigenden Minimums, das sich durch eine alternative Entscheidung gewährleisten ließe. Aus alldem ergibt sich: Das dritte Merkmal liegt in der *original position* nur insofern vor, als die Wahl alternativer (vor allem: utilitaristischer) Konzeptionen tatsächlich mit besonderen Risiken verbunden ist. Da dieses Risiko jedoch nicht konkret in der Gefährdung eines (durch die Wahl der Rawls'schen Prinzipien gewährleistbaren) befriedigenden Minimums besteht, kann dieses Merkmal per se kein Argument zugunsten der Rationalität eines Maximin-Kalküls liefern.

3.2.4. Die bisherige Analyse hat gezeigt, daß sich Rawls' Quasi-Risikoaversions-Argument unter den restriktiven Informationsprämissen der *original position* nicht verwenden läßt, um die Rationalität einer bestimmten Entscheidungsregel (bzw. die Wahl einer bestimmten Konzeption der sozialen Gerechtigkeit) zu begründen. Aus dem Ausschluß von Wahrscheinlichkeitskalkülen und der Tatsache, daß die zur Wahl stehenden Prinzipien jeweils spezifische Risiken und Chancen bergen, kann nämlich lediglich geschlossen werden, daß die Entscheidung eines rationalen Individuums

(1) auf einem Kriterium basieren muß, das unabhängig von Wahrscheinlichkeiten definiert ist
(2) von seiner speziellen Bewertung der Risiken und Chancen aller Alternativen abhängt.

Diese beiden Folgerungen sind offensichtlich viel zu schwach, um die Rationalität eines Maximin-Kalküls (bzw. ein Votum für die Spezielle Konzeption) hinreichend zu fundieren.

3.3. Die mit Rawls' Maximin-Argumentation verbundenen Schwierigkeiten lassen sich von einer anderen Seite beleuchten, wenn man die Frage untersucht, ob die drei Merkmale, selbst wenn sie allesamt in der *original position* erfüllt wären, denn überhaupt ausreichten, um die Rationalität des Maximin-Kriteriums zwingend zu begründen. Da das skizzierte Quasi-Risikoaversions-Argument im wesentlichen mit der Existenz einer Alternative operiert, die dem entscheidenden Individuum zuverlässig ein befriedigendes Minimum gewährleistet, hätte eine zwingende Fundierung der Maximin-Regel offenbar den Nachweis zu erbringen, daß unter den speziellen Prämissen des Rawls'schen Arguments nur die Anwendung der Maximin-Strategie zur Wahl der Option mit dem höchsten Sicherheitsniveau führte (vgl. Hubin [1980], 367). Die Notwendigkeit dieses Nachweises ist deutlich zu erkennen, wenn man sich das zur Illustration der Maximin-Regel gewählte Beispiel noch einmal vor dem Hintergrund der drei Merkmale betrachtet. Das Maximin-Kriterium ist nämlich keineswegs die einzige Strategie, die im Beispiel a_3 als optimale Aktion ausweist und dem betrachteten Individuum daher das (mit einem Wert von höchstens 5 zu veranschlagende) befriedigende Minimum garantiert:

> (1) Wegen der speziellen Konstruktion der Ergebnismatrix (c_{11}, $c_{21} < 0$) hat bereits ein Entscheidungsverhalten, das Verluste um jeden Preis zu vermeiden sucht, die Wahl von a_3 zur Folge.
> (2) Zur gleichen Entscheidung wird insbesondere auch eine Versicherungsstrategie *(insurance strategy)*

führen, deren explizites Ziel in der Erreichung eines befriedigenden Minimums besteht.

Ein dem Beispiel analoger Befund ergibt sich auch unter den Bedingungen der *original position*. Selbst wenn man nämlich annehmen könnte, daß in dieser hypothetischen Entscheidungssituation über die Merkmale 1 und 3 hinaus auch das zweite Merkmal erfüllt wäre, sich also eine Option identifizieren ließe, die den Individuen ein befriedigendes Minimum sicherte, gäbe es immer noch keinen zwingenden Grund für den Schluß, daß ein rationales Individuum bei der Wahl der Prinzipien einem Maximin-Kalkül folgen würde.[46] Geht man unter diesen Umständen mit Rawls davon aus, daß die Anwendung des Maximin-Kriteriums zur Wahl dieser Option führte, so stünde den Individuen mit der Versicherungsstrategie offenbar ein alternatives Kalkül zur Verfügung, das die gleiche Entscheidung erzeugte. Da Rawls die Rationalität dieser Entscheidung in erster Linie mit der Chance begründet, sich ohne jedes Risiko ein befriedigendes Minimum sichern zu können, legt sein Quasi-Risikoaversions-Argument überdies den Schluß nahe, daß sich ein rationales Individuum angesichts der skizzierten Alternative unmittelbar für ein Versicherungskalkül entscheiden würde. Der spezifischen Logik dieses Kalküls entspräche dann offensichtlich die Wahl eines Gerechtigkeitsprinzips, das für alle Gesellschaftsmitglieder die Gewährleistung eines – wie auch immer bestimmten – befriedigenden Minimums fordert *(guaranteed minimum principle)*.

Mit den drei Merkmalen – so viel ist bisher klar gewor-

---

[46] Vgl. zum folgenden Barry (1973), 97–99, Hare (1973), 104f., Fishkin (1975), 626f., Gardner (1975), 265–267 und Hubin (1980), 369.

den – begründet Rawls lediglich die rationale Wahl einer Aktion, die dem entscheidenden Individuum ein als zufriedenstellend erachtetes Ergebnis garantiert, nicht jedoch die spezifische Rationalität der Maximierung des jeweils schlechtesten Ergebnisses. Nun wäre der Einwand, daß sich Rawls' „Maximin"-Argumentation bei genauerer Betrachtung als *insurance*-Argumentation entpuppt, offenbar nicht sonderlich erheblich, wenn sich die rationale Wahl der gesamten Speziellen Konzeption grundsätzlich mit der Anwendung eines Versicherungskalküls fundieren ließe. Die Prinzipien und Prioritätsregeln dieser Konzeption wären dann eben als – von Rawls als „Maximin"-Lösung lediglich falsch etikettierte – *insurance*-Lösung des für die *original position* charakteristischen Entscheidungsproblems zu interpretieren. Es ist aber unschwer zu erkennen, daß sich mit der Anwendung einer Versicherungsstrategie allenfalls die Grundsätze der gleichen Freiheit und der fairen Chancengleichheit herleiten ließen, dann nämlich, wenn gleiche Freiheiten und Chancen (unter Verletzung der für die *original position* formulierten Prämissen) als Bestandteile des befriedigenden Minimums unterstellt würden, dessen Gewährleistung die Individuen im Zuge eines *insurance*-Kalküls zu fordern hätten. Demgegenüber ist es ganz offensichtlich unmöglich, den allgemeinen Verteilungsgrundsatz des Differenzprinzips auch nur als potentiellen Bestandteil eines (wie auch immer spezifizierten) befriedigenden Minimums zu interpretieren. Selbst wenn man nämlich davon ausgeht, daß sich dieses Minimum in der *original position* inhaltlich bestimmen ließe, würde es (unter anderem) immer nur ein spezielles Niveau der sozialen und ökonomischen „Wohlfahrt" enthalten. Die daraus abgeleitete Entscheidung, dieses „Wohlfahrtsniveau" jedem Individuum zu garantieren, könnte jedoch kein allgemeines Verteilungsprinzip fundieren, keinen Grundsatz also, nach dem zu verfahren wäre, wenn das geforderte Mindestniveau

(1) nicht allen Gesellschaftsmitgliedern gleichzeitig garantiert werden kann
(2) bereits allen Individuen gewährleistet wurde und die Verteilung zusätzlicher Vorteile ansteht.

Die Anwendung eines Versicherungskalküls hätte also in der *original position* die Konsequenz, daß die Wahl eines allgemeinen Verteilungsprinzips für soziale und ökonomische Vorteile indeterminiert bliebe. Damit ist insbesondere klar, daß sich die Rationalität einer Versicherungsstrategie unter keinen Umständen für die Herleitung des Differenzprinzips nutzen läßt.

4. Nimmt man die Informationsprämissen der *original position* ernst, so kann eine entscheidungstheoretische Fundierung des Differenzprinzips nur dann gelingen, wenn sich zeigen läßt, daß es wegen der spezifischen Bedingungen dieser hypothetischen Entscheidungssituation für jedes Individuum rational ist, seinem Votum ein genuines (wenn auch abstraktes) Maximin-Kalkül zugrunde zu legen. Die beiden Argumente, die Rawls zugunsten einer rationalen Wahl der Allgemeinen bzw. Speziellen Konzeption ins Feld führt, sind offenbar in keiner Weise geeignet, diesen Nachweis zu erbringen. Während nämlich die intuitive Begründung des allgemeinen Differenzprinzips letztlich nur mit ad-hoc-Prämissen (zur individuellen Risikoneigung) operiert, um die Rationalität eines Maximin-Kalküls zu untermauern, beruht das zugunsten der Speziellen Konzeption geführte „Maximin"-Argument im wesentlichen auf der Einführung konkreter Informationen (über die individuellen Präferenzen

und die Verteilungsergebnisse alternativer Prinzipien), die sich abgesehen davon, daß sie in der *original position* überhaupt nicht zur Verfügung stehen, allenfalls verwenden ließen, um die Anwendung einer Versicherungsstrategie zu fundieren. Wenngleich nun die *Theory of Justice* explizit keinen weiteren Versuch enthält, die genuine Rationalität eines Maximin-Kalküls mit den spezifischen Bedingungen der Entscheidungssituation zu begründen, ist unschwer zu erkennen, daß sich im Rahmen der Rawls'schen Überlegungen ohne weiteres ein drittes – und überdies zumindest potentiell fruchtbares – Argument zugunsten des Differenzprinzips rekonstruieren läßt.

4.1. Die Untersuchung des zugunsten der Allgemeinen Konzeption geführten Arguments hat ergeben, daß sich die Rationalität eines genuinen Maximin-Kalküls unter den restriktiven Informationsprämissen der *original position* nur mit einer extremen Risikoaversion der Individuen untermauern ließe. Da der *veil of ignorance* die persönlichen, in den Entscheidungen des täglichen Lebens zum Ausdruck kommenden, Risikoneigungen der Individuen verhüllt (vgl. dazu ausdrücklich Rawls [1972], 172), hätte Rawls im Zuge einer universellen Fundierung des (allgemeinen oder speziellen) Differenzprinzips grundsätzlich den Nachweis zu erbringen, daß die spezifischen Bedingungen der Entscheidungssituation zwangsläufig eine äußerst risikofeindliche Haltung erzeugen. Gelänge es, diesen Nachweis zu führen, ließe sich die rationale Wahl des Differenzprinzips offenbar mit einem völlig abstrakten Kalkül beschreiben. Geht man nämlich davon aus, daß die Prämissen der *original position* nicht nur jegliche Wahrscheinlichkeitskalkulation ausschließen, sondern darüber hinaus auch eine extreme Risikoscheu erzeugen, so wird jedes rationale Individuum (abstrakt) das Maximin-Kriterium verwenden und für das Differenzprinzip votieren, das dieser Strategie vollkommen entspricht. Jedes Individuum wird sich dann so entscheiden, als ob es davon ausginge, seine gesellschaftliche Position werde ihm von einem böswilligen Gegenspieler oder seinem ärgsten Feind zugewiesen, obwohl in der *original position* keinerlei Grund besteht, dies wirklich anzunehmen (vgl. dazu Rawls [1972], 152 f.). Nun hat sich gezeigt, daß das zugunsten der Speziellen Konzeption vorgebrachte Quasi-Risikoaversions-Argument unter anderem auch den Versuch enthält, aus den Bedingungen der Entscheidungssituation eine faktische Risikoscheu abzuleiten. Das von Rawls in diesem Zusammenhang präsentierte (und primär gegen die Annahme gleicher Wahrscheinlichkeiten gerichtete) Argument lautete: Rationale Individuen werden in der *original position* wegen der Endgültigkeit ihrer Entscheidung, der fundamentalen Bedeutung der zu wählenden Prinzipien für die eigenen Lebenschancen und ihrer Verantwortung gegenüber künftigen Generationen eine konservative Haltung einnehmen und Risiken tunlichst zu vermeiden suchen. Nun ist dieses Argument zwar insofern zumindest potentiell fruchtbar, als es die immense Bedeutung betont, die der individuellen Risikoneigung unter den abstrakten Bedingungen der *original position* zukommt. Der Hinweis auf den besonderen Charakter der zu fällenden Entscheidung reicht aber ganz offensichtlich nicht aus, um die genuine Rationalität einer konservativen Haltung, geschweige denn einer extremen Risikoaversion, zu fundieren. So ist ohne weiteres zu erkennen, daß sich mit allen drei Komponenten des Rawls'schen Arguments ebensogut eine risikofreudige oder risikoneutrale Entscheidung begründen ließe:[47]

(1) Die Endgültigkeit der in der *original position* zu treffenden Entscheidung eröffnet den Individuen ja nicht nur die Option, mit der Wahl des Differenzprinzips ein für allemal besondere Risiken auszuschließen, sondern gleichzeitig auch die Chance, sich mit einem Votum für das Durchschnittsnutzenprinzip für alle Zukunft spezifische Vorteile zu sichern.

(2) Ebenso wie die Endgültigkeit ihrer Entscheidung könnte auch deren fundamentale Bedeutung die Individuen grundsätzlich sowohl dazu bewegen, sich in erster Linie an der Vermeidung von Risiken zu orientieren, als auch veranlassen, dezidiert auf die eigenen Chancen zu setzen.

(3) Schließlich haben die Individuen in der *original position* gegenüber künftigen Generationen nicht nur das (mit der Wahl des Durchschnittsnutzenprinzips verbundene) Eingehen besonderer Risiken, sondern auch die (für die Entscheidung zugunsten des Differenzprinzips charakteristische) Nichtwahrnehmung erheblicher Chancen zu verantworten.

In Rawls' Argumentation wird demnach eine faktische Risikoaversion der Individuen nicht zwingend aus den Bedingungen der Entscheidungssituation abgeleitet, sondern implizit bereits vorausgesetzt, weil Rawls den Blick einseitig auf die zu vermeidenden Risiken lenkt, ohne gleichzeitig auch die möglichen bzw. entgangenen Chancen zu berücksichtigen. Bringt man demgegenüber die charakteristischen Risiken und Chancen der zur Wahl

[47] Vgl. zum folgenden Barry (1973), 107, Hare (1973), 103, Musgrave (1974), 626f., Schaefer (1974), 100, Barber (1975), 297–300 und Harsanyi (1975a), 48.

stehenden Prinzipien gleichermaßen und vorurteilslos ins Bild, so stellt sich heraus, daß die Prämissen der *original position* keine erkennbare Vorkehrung enthalten, die die genuine Rationalität einer risikoscheuen Entscheidung (bzw. allgemeiner: irgendeiner spezifischen Risikopräferenz) sichern könnte. Da die von Rawls gewählte Beschreibung der Entscheidungssituation nicht ausreicht, um auch nur eine denkbare Risikopräferenz als irrational auszuschließen, läßt sich die grundsätzlich bestehende Chance, die Herleitung des Differenzprinzips mit der spezifischen Rationalität eines Maximin-Kalküls zu untermauern, im Rahmen der *Theory of Justice* nicht nutzen, ohne auf die ad-hoc-Prämisse einer massiven Risikoaversion zurückzugreifen.

4.2. Nun ist es überhaupt kein Problem, sich Modifikationen der *original position* vorzustellen, die die exklusive Rationalität eines Maximin-Kalküls ohne weiteres sicherten. So würde es bereits genügen, in die Beschreibung des hypothetischen Entscheidungsproblems eine der beiden folgenden Prämissen einzubringen, um das Differenzprinzip als dessen einzige Lösung zu fundieren:

> (1) Jedes Individuum hat seine Entscheidung unter der Annahme zu treffen, daß ihm sein Platz in der Gesellschaft tatsächlich von einem böswilligen Gegenspieler zugewiesen wird.
> (2) Jedes Individuum hat bei der Wahl der Prinzipien die Vorgabe zu beachten, daß sich nach seiner Entscheidung zunächst alle übrigen Gesellschaftsmitglieder ihre relativen Positionen aussuchen können, es selbst also mit der am Ende verbleibenden Verteilungsposition vorlieb nehmen muß (vgl. dazu Fishkin [1975], 628f.).

Jede dieser beiden Konstruktionen hätte (in Verbindung mit der Annahme des gegenseitigen Desinteresses) offensichtlich die Konsequenz, daß ein rationales Individuum völlig unabhängig von seiner Risikoneigung gezwungen wäre, sich nach einem Maximin-Kalkül und daher für das Differenzprinzip zu entscheiden. Mit jeder der beiden Modifikationen würde allerdings auch der substantielle Kern des mit der *original position* (im allgemeinen) und dem *veil of ignorance* (im besonderen) verbundenen Rechtfertigungsansatzes preisgegeben. Die unter (1) und (2) skizzierten Modellierungen des Entscheidungsproblems führten nämlich die Wahl von Gerechtigkeitsprinzipien nicht mehr auf eine – im Rawls'schen Sinne – faire Ausgangssituation, sondern letztlich auf das (wenn auch durch eine hypothetische Konstruktion erzeugte) spezifische Wissen zurück, daß sich das entscheidende Individuum in der schlechtesten gesellschaftlichen Position befindet. Selbst wenn man also grundsätzlich bereit wäre, den beiden Modifikationen der *original position* für die Fundierung ethischer Prinzipien eine nicht unerhebliche Bedeutung beizumessen, ist doch in jedem Fall festzuhalten, daß das auf diesem Wege hergeleitete Differenzprinzip jeweils einer Entscheidungssituation entspringt, die sich mit Rawls' *impartiality*-Idee nicht vereinbaren läßt.

3. Rawls versus Harsanyi

1. Mit dem *impersonality*-Modell und der *original position* wurden bisher zwei entscheidungstheoretische Ansätze zur universellen Fundierung ethischer Prinzipien vorgestellt, die – folgt man den Intentionen ihrer Verfechter – erstens auf zwei grundsätzlich verschiedenen metaethischen Konzeptionen beruhen, dessen ungeachtet

zweitens mit eng verwandten qualitativen Annahmen operieren (vgl. Harsanyi [1977a], 634) und überdies schließlich drittens eine dezidiert utilitaristische bzw. antiutilitaristische Lösung des Problems der sozialen Gerechtigkeit erzeugen. Da sich Harsanyi und Rawls trotz der systematischen Divergenz ihrer allgemeinen methodologischen Positionen letztlich in der Behauptung treffen, mit dem *impersonality*-Modell bzw. der *original position* eine für jedermann akzeptierbare Beschreibung des *moral point of view* geliefert zu haben, setzt eine kritische Bewertung der von den beiden Autoren ausgetragenen Kontroverse (vgl. vor allem Rawls [1972], §§ 26-28 und Harsanyi [1975a]) zunächst eine vergleichende Analyse der Prämissen voraus, die den entscheidungstheoretischen Fundierungen des Durchschnittsnutzenprinzips bzw. des Differenzprinzips zugrunde liegen.[48]

1.1. Der grundsätzliche Unterschied zwischen den von Harsanyi und Rawls verfochtenen metaethischen Konzeptionen besteht offensichtlich darin, daß Harsanyi im Zuge der Fundierung ethischer Prinzipien für die ausschließliche Verwendung grundlegender formaler Bedingungen plädiert (und die exklusive Rolle eines Rationalitätskriteriums betont), während Rawls die gleichzeitige und gleichgewichtige Berücksichtigung wohlüberlegter materialer Urteile fordert (ohne der Verwendung eines Rationalitätskonzepts eine besondere Bedeutung beizumessen). Nun sind Harsanyi und Rawls zwar insofern

[48] Sobald man die Tatsache berücksichtigt, daß in der *original position* neben der Speziellen Konzeption und zwei Versionen der utilitaristischen Ethik auch einige *mixed conceptions* zur Wahl stehen, ist es völlig legitim, die Harsanyi-Rawls-Kontroverse auf die Begründungen des Durchschnittsnutzenprinzips und des Differenzprinzips zuzuspitzen. Vgl. dazu Rawls (1972), 124 und § 49 sowie Rawls (1974b), 143–145.

um die gleiche Standardisierung ihrer methodologischen Unternehmung bemüht, als sie beide versuchen, die für die Rechtfertigung moralischer Grundsätze letztlich als relevant erachteten formalen Kriterien in der Konstruktion einer hypothetischen Entscheidungssituation zu versammeln. Der bloße Hinweis auf die Tatsache, daß das *impersonality*-Modell und die *original position* als alternative Beschreibungen einer *initial choice situation* zu interpretieren sind (vgl. dazu Rawls [1972], 121 f.), reicht aber offensichtlich nicht aus, um die grundsätzliche Konkurrenz der beiden metaethischen Positionen zu beseitigen. Während sich nämlich für Harsanyi mit der Beschränkung der Moralphilosophie auf den Beweis hypothetischer Imperative die Chance eröffnet, die Relevanz der zur Kennzeichnung des *impersonality*-Modells verwendeten formalen Kriterien mit ihrer unmittelbaren Konsensfähigkeit zu begründen, sieht sich Rawls gemäß der Konzeption des reflektiven Gleichgewichts dazu genötigt, die für die Beschreibung der *original position* herangezogenen Prämissen mit der Idee eines umfassenden Reflexionsprozesses zu untermauern, der die Auswahl der letztlich favorisierten Verfahrensregeln nicht nur (unmittelbar) von der allgemeinen Akzeptierbarkeit dieser formalen Bedingungen, sondern auch (mittelbar) von ihrer Vereinbarkeit mit weithin als grundlegend erachteten materialen Urteilen abhängig macht.

Wenngleich nun einerseits kein Zweifel daran bestehen kann, daß Rawls mit der metaethischen Fundierung der *original position* konzeptionell weit über die Intentionen Harsanyis hinausgeht, ist doch andererseits auch klar zu erkennen, daß sich das in der *Theory of Justice* tatsächlich praktizierte Rechtfertigungsverfahren ohne weiteres mit der methodologischen Idee des *impersonality*-Modells vereinbaren läßt. Da Rawls mit der Kennzeichnung der hypothetischen Entscheidungssituation lediglich die Idee eines reflektiven Gleichgewichts assoziiert, ohne den relevanten Abwägungsprozeß explizit zu schildern, sind grundsätzlich zwei alternative Interpretationen der *original position* zulässig, die die Relevanz dieser Konstruktion unmittelbar auf die allgemeine Akzeptierbarkeit der verwendeten Verfahrensregeln zurückführen. Zum einen hat man nämlich – wie bereits erwähnt – die Option, die *original position* im Rahmen der methodologischen Konzeption des reflektiven Gleichgewichts als eine Beschreibung der *initial choice situation* zu interpretieren, die faktisch mit dem Rechtfertigungsmodell der reinen Verfahrensgerechtigkeit operiert (vgl. oben IV.1.). Zum anderen eröffnen Rawls' Äußerungen auch die Möglichkeit, die *original position* – völlig unabhängig von der komplizierten Idee des reflektiven Gleichgewichts – ganz einfach als eine intuitiv plausible Entscheidungssituation zu betrachten, deren ethische Relevanz ausschließlich auf der unmittelbaren Attraktivität ihrer formalen Konstruktion beruht (vgl. dazu ausführlicher Schmidt [1986], 58 f.):

> „On the other hand, this conception [gemeint ist die *original position*] is also an intuitive notion that suggests its own elaboration, so that led on by it we are drawn to define more clearly the standpoint from which we can best interpret moral relationships." (Rawls [1972], 21 f.)

Folgt man nun einer dieser beiden Interpretationen, so läßt sich der zwischen den Fundierungen des Differenzprinzips und des Durchschnittsnutzenprinzips bestehende Konflikt offenbar direkt auf die von Rawls bzw. Harsanyi favorisierten formalen Bedingungen reduzieren.

1.2. Die von Harsanyi und Rawls präsentierten Versionen der *initial choice situation* sind insofern eng miteinander verwandt, als beide die allgemeine Akzeptierbarkeit ethischer Prinzipien mit der Idee einer unparteiischen und rationalen Entscheidung zu untermauern versuchen. Das für das *impersonality*-Modell und die *original position* charakteristische Anliegen läßt sich daher – folgt man Harsanyis Diktion – mit dem Ziel beschreiben, das allgemeine Konzept einer rationalen ethischen Präferenz für die universelle Fundierung spezieller moralischer Grundsätze zu nutzen. Wenngleich sich nun die von Harsanyi und Rawls gewählten Spezifizierungen dieses Konzepts letzten Endes fundamental voneinander unterscheiden, ist doch zunächst einmal festzuhalten, daß die mit dem *impersonality*-Modell und der *original position* verbundenen, alternativen Modellierungen des *impartiality*-Kriteriums einen gemeinsamen substantiellen Kern enthalten. Den beiden Versionen der *initial choice situation* liegt nämlich ganz offensichtlich die Überzeugung zugrunde, daß sich bei der individuellen Bewertung ethisch relevanter Sachverhalte eine unparteiische Entscheidung nur dann gewährleisten läßt, wenn man dem betrachteten Individuum alle Informationen entzieht, die es grundsätzlich verwenden könnte, um seine moralischen Urteile von seinen persönlichen Interessen abhängig zu machen. Angesichts dieser substantiellen Übereinstimmung mag es auf den ersten Blick irritieren, daß sich die von Harsanyi und Rawls verwendeten Informationsprämissen im Detail ganz erheblich unterscheiden: Während nämlich der „thick veil of ignorance" den Individuen in der *original position* jedes spezifische Wissen über die eigene Person und die relevante Gesellschaft vorenthält, stellt das *impersonality*-Modell dem bewertenden Individuum eine potentiell unbegrenzte

Menge von spezifischen Informationen (über die objektiven Bedingungen und die subjektiven Merkmale aller Gesellschaftsmitglieder in allen relevanten Verteilungszuständen) zur Verfügung und beschränkt seine Ungewißheit ausschließlich auf die Frage, welche der ihm grundsätzlich offen stehenden gesellschaftlichen Positionen es tatsächlich einnehmen wird. Bei einer genaueren Betrachtung dieses scheinbar krassen Gegensatzes stellt sich allerdings heraus, daß die substantielle *impartiality*-Idee der *original position* auch unter den gelockerten Informationsprämissen des *impersonality*-Modells erhalten bleibt, wenn man Harsanyis „economical veil of ignorance" mit dem Ausschluß objektiver Wahrscheinlichkeitsansätze verknüpft (vgl. Hare [1973], 90 und 102). Da es überdies ohne weiteres möglich ist, die entscheidungstheoretische Fundierung des Durchschnittsnutzenprinzips (bzw. des Differenzprinzips) unter den restriktiven (bzw. komfortablen) Informationsprämissen der *original position* (bzw. des *impersonality*-Modells) analog zu reformulieren (vgl. dazu Rawls [1972], 165 f. sowie unten), sind mit den beiden skizzierten Versionen des *veil of ignorance* offenbar auch keine substantiellen Vorentscheidungen verbunden, die über die Modellierung der gemeinsamen *impartiality*-Idee hinausgehen würden. Damit ist klar, daß den Details der jeweils favorisierten Informationsprämissen im Rahmen der von Harsanyi und Rawls ausgefochtenen Kontroverse keine essentielle Bedeutung zukommt.

1.3. Der substantielle Kern dieser Kontroverse läßt sich untersuchen, wenn man die folgende (m×n)-Matrix verwendet, um eine vorläufige Beschreibung der *initial choice situation* zu modellieren, die auf den Informationsprämissen des *impersonality*-Modells beruht und sowohl Harsanyis als auch Rawls' speziellen Intentionen angepaßt werden kann:

	1	…	i	…	n
x	(x, 1)	…	(x, i)	…	(x, n)
⋮	⋮		⋮		⋮
z	(z, 1)	…	(z, i)	…	(z, n)
⋮	⋮		⋮		⋮
w	(w, 1)	…	(w, i)	…	(w, n)

Diese formale Kennzeichnung des hypothetischen Entscheidungsproblems ist offen genug, um die von Harsanyi und Rawls jeweils favorisierten Interpretationen der Mengen $X = \{x, \ldots, z, \ldots, w\}$, $N = \{1, \ldots, i, \ldots, n\}$ und $X \times N = \{(x, 1), \ldots, (z, i), \ldots, (w, n)\}$ gleichzeitig erfassen zu können. Während Harsanyi die Mengen X, N und X×N als Repräsentanten aller relevanten Verteilungszustände, aller Gesellschaftsmitglieder und aller möglichen individuellen Positionen betrachtet, würde es Rawls wohl bevorzugen, von den Mengen aller relevanten gesellschaftlichen Ordnungen, aller repräsentativen Individuen (vgl. Rawls [1972], § 16) und aller repräsentativen individuellen Positionen zu sprechen. Sieht man nun von diesen interpretatorischen Feinheiten einmal ab, so läßt sich der Ausgangspunkt der hier zu diskutierenden Kontroverse offenbar auf die Frage reduzieren, wie sich ein rationales Individuum h angesichts der m Alternativen x entscheiden würde, wenn es nicht wüßte, welche der n ihm jeweils potentiell offen stehenden Positionen (x, i) es tatsächlich einzunehmen hätte. Da mit jeder spezifischen Lösung dieses hypothetischen Entscheidungsproblems – gemäß dem allgemeinen Konzept einer ethischen Präferenz – die implizite Definition einer Bergson-Samuelson-swf W_h verbunden ist, kommt die normative Substanz der von Harsanyi und Rawls zur zusätzlichen Spezifizierung der *initial choice situation* verwendeten Prämissen sehr deutlich zum Vorschein, wenn man das Problem des Individuums h mit dem analogen Problem eines vollkommen informierten gesellschaftlichen Planers konfrontiert, dessen explizite Aufgabe darin besteht, über der Alternativenmenge X eine ethisch akzeptable swf W zu definieren.

1.4. Vor dem Hintergrund dieser vorläufigen Beschreibung der *initial choice situation* läßt sich der zwischen den entscheidungstheoretischen Fundierungen des Durchschnittsnutzenprinzips und des Differenzprinzips bestehende Konflikt zunächst einmal auf die Tatsache zurückführen, daß Harsanyi und Rawls von den in der Menge X×N enthaltenen Informationen einen radikal verschiedenen Gebrauch machen. Während nämlich das *impersonality*-Modell von der Annahme ausgeht, daß das Individuum h alle Informationen über die objektiven Bedingungen und die subjektiven Charakteristika aller Gesellschaftsmitglieder nützt, um die erweiterten Alternativen (x, i), (y, j) etc. in kardinale und interpersonell völlig vergleichbare Nutzenwerte $U_i(x)$, $U_j(y)$ etc. zu transformieren *(imaginative empathy)*, würde Rawls das bewertende Individuum dazu anhalten, auf eine Berücksichtigung der persönlichen Merkmale aller Gesellschaftsmitglieder ganz zu verzichten und von den verfügbaren objektiven Informationen nur jenen Teil zu verwenden, der sich auf die Primärgüterausstattungen der (repräsentativen) Individuen bezieht. Die substantiellen Implikationen dieses Gegensatzes liegen auf der Hand: So läßt sich Harsanyis Plädoyer für das Sympathie-Kriterium ganz offensichtlich mit der Forderung übersetzen, die ethische Bewertung der Verteilungszustände ausschließlich von den Nutzenniveaus der Gesellschaftsmitglieder abhängig zu machen:

$$\forall x \in X: W(x) = W(U_1(x), \ldots, U_n(x))$$

Während die *imaginative empathy*-Idee die implizite Gewähr dafür bietet, daß sich die ethischen Präferenzen des Individuums h mit einer „welfaristischen" swf abbilden lassen, ist mit dem Konzept der gesellschaftlichen Primärgüter die ausdrückliche Absicht verbunden, die kollektive Bewertung von Verteilungsproblemen nicht auf das subjektive Ausmaß, sondern auf die objektiven Grundlagen der Wohlfahrt aller Gesellschaftsmitglieder zu stützen (vgl. Rawls [1972], 94f. und Rawls [1974a], 642f.). Rawls hätte daher unter den Informationsprämissen des „economical veil of ignorance" von der Annahme auszugehen, daß das Individuum h den erweiterten Alternativen (x, i), (y, j) etc. numerische Werte x_i, y_j etc. zuordnet, die die Primärgüterausstattungen der Individuen i, j etc. in den gesellschaftlichen Ordnungen x, y etc. auf ordinalem und interpersonell vergleichbarem Niveau repräsentieren. Da Rawls die Informationsgrundlage des Individuums h faktisch auf die Vektoren $(x_1, \ldots, x_n)$, $(y_1, \ldots, y_n)$ etc. reduziert, liegt der entscheidungstheoretischen Fundierung des Differenzprinzips offenbar das implizite Plädoyer für eine anti-„welfaristische" swf der folgenden Form zugrunde:

$$\forall x \in X: W(x) = W(x_1, \ldots, x_n)$$

Während die bisher betrachteten Prämissen als Vorkehrungen zu interpretieren sind, die die Informationsgrundlage einer rationalen und unparteiischen Entscheidung (und damit: einer allgemein akzeptierbaren swf) festlegen, fällt den von Harsanyi und Rawls verwendeten Spezifizierungen des Unparteilichkeits- und Rationalitätskriteriums die zentrale Aufgabe zu, das Durchschnittsnutzenprinzip bzw. das Differenzprinzip als zwingendes Ergebnis einer solchen Entscheidung (und damit: als einzig akzeptable swf) zu fundieren. So ist Harsanyi der Überzeugung, daß die mit der *equiprobability assumption* verbundene Präzisierung des *impartiality*-Kriteriums bereits genügt, um ein – im Bayes'schen Sinne – rationales Individuum h zu einer genuin utilitaristischen Bewertung der Verteilungszustände zu zwingen:

$$\forall\, x \in X\colon W_h(x) = \tfrac{1}{n} \cdot \sum_{i=1}^{n} U_i(x)$$

Demgegenüber lassen sich Rawls' Intentionen mit der Behauptung übersetzen, daß eine nicht-probabilistische Modellierung der Unparteilichkeitsbedingung die spezifische Rationalität eines Maximin-Kalküls erzeugt und daher eine Bewertung der Alternativen gewährleistet, die der genuinen Logik des Differenzprinzips entspricht:

$$\forall\, x \in X\colon W_h(x) = \min_i x_i$$

Da sich das Bayes'sche Rationalitätskonzept (bzw. das Maximin-Kriterium) nur auf probabilistisch (bzw. nicht probabilistisch) beschreibbare Entscheidungsprobleme anwenden läßt, liegt es nahe, die substantielle Konkurrenz der beiden Fundierungsansätze im wesentlichen auf die gegensätzlichen Modellierungen des *impartiality*-Kriteriums zurückzuführen (vgl. dazu Levi [1977], 753 f.). Nun ist zwar ohne weiteres zu erkennen, daß mit den von Harsanyi und Rawls favorisierten Wahrscheinlichkeitsprämissen implizit zwei substantielle Vorkehrungen getroffen werden, die tendenziell eine entscheidungstheoretische Fundierung des Durchschnittsnutzenprinzips bzw. des Differenzprinzips begünstigen. So wird das bewertende Individuum h durch die *equiprobability assumption* des *impersonality*-Modells ganz offensichtlich dazu gezwungen, den Nutzenniveaus aller Gesellschaftsmitglieder grundsätzlich das gleiche Gewicht beizumessen, während der für die *original position* charakteristische Ausschluß aller Wahrscheinlichkeitskalküle die Möglichkeit eröffnet, die Gewichtung der individuellen Interessen unmittelbar vom relativen Niveau der (repräsentativen) Primärgüterausstattungen abhängig zu machen. Es hat sich aber auch gezeigt, daß diese Wahrscheinlichkeitsprämissen per se viel zu schwach sind, um die für eine utilitaristische swf und das Differenzprinzip jeweils typische Gewichtung der individuellen Interessen tatsächlich zu garantieren. Solange nämlich die Risikoneigung des Individuums h keiner Restriktion unterliegt, ist sowohl Harsanyis probabilistische als auch Rawls' nicht-probabilistische Modellierung des *impartiality*-Kriteriums faktisch mit jeder beliebigen relativen Gewichtung der $U_i(x)$ bzw. der x_i vereinbar (vgl. oben III.2.c. und IV.2.). Da die expliziten Prämissen des *impersonality*-Modells (bzw. der *original position*) um die implizite Annahme einer risikoneutralen (bzw. extrem risikoscheuen) Bewertung der Alternativen ergänzt werden müssen, um eine entscheidungstheoretische Fundierung des Durchschnittsnutzenprinzips (bzw. des Differenzprinzips) zu gewährleisten, lohnt es sich, die substantielle Reichweite dieser zusätzlichen Normierungen etwas genauer unter die Lupe zu nehmen.

1.5. Sobald man von der Tatsache absieht, daß sich die Informationsgrundlage des Differenzprinzips von der des Durchschnittsnutzenprinzips erheblich unterscheidet, ist es überhaupt kein Problem, die normative Substanz der Harsanyi-Rawls-Kontroverse ausschließlich auf die zur Standardisierung der individuellen Risikopräferenzen erforderlichen Prämissen zu reduzieren. Die substantielle Reichweite dieser Annahmen ist besonders deutlich zu erkennen, wenn man das formale Resultat des *impersonality*-Modells (unter Vernachlässigung des Faktors $\frac{1}{n}$) mit der Klasse der homothetischen, symmetrischen und additiv trennbaren Sozialen Wohlfahrtsfunktionen repräsentiert:[49]

$$\forall\, x \in X\text{: } W_h(x) = \sum_{i=1}^{n} \tilde{U}_h(x, i) = \sum_{i=1}^{n} \frac{[U_i(x)]^{1-\varepsilon}}{1-\varepsilon}$$

Diese spezielle Repräsentation der ethischen Präferenzen des Individuums h trägt offensichtlich der allgemeinen Tatsache Rechnung, daß Harsanyis explizite Prämissen zwar einerseits zu einer grundsätzlichen Gleichgewichtung der Interessen aller Gesellschaftsmitglieder zwingen, andererseits aber gleichzeitig mit einem breiten Spektrum konkurrierender relativer Gewichtungen der individuellen Nutzenniveaus vereinbar sind, solange der Risikoneigung des Individuums h (und das heißt hier: dem numerischen Wert der Konstante ε) keine Beschränkung auferlegt wird. Vor diesem Hintergrund ist unmittelbar zu erkennen, daß das *impersonality*-Modell nur unter der speziellen Annahme einer risikoneutralen Bewertung der Alternativen (ε = 0) eine genuin utilitaristi-

[49] Um diese Klasse auch für ε = 1 zu definieren, wird üblicherweise die folgende Konvention verwendet: $\forall\, x \in X\text{: } W_h(x) = \sum_{i=1}^{n} \log U_i(x)$. Mit der Klasse der homothetischen, symmetrischen und additiv trennbaren Sozialen Wohlfahrtsfunktionen sind im übrigen sehr hohe Anforderungen an die Meßbarkeit und Vergleichbarkeit der $U_i(\cdot)$ verknüpft *(ratio-scale full comparability)*. Die folgenden Überlegungen gehen überdies davon aus, daß die n Nutzenfunktionen U_i nur strikt positive Werte annehmen. Vgl. in diesem Zusammenhang Roberts (1980a), 423f. und 432 sowie unten V.4.

sche swf erzeugt, die den n Nutzenniveaus $U_i(\cdot)$ tatsächlich – völlig unabhängig von ihrer Verteilung – das gleiche Gewicht (von eins) beimißt. Darüber hinaus läßt sich unschwer feststellen, daß eine risikoscheue ($\varepsilon > 0$) bzw. risikofreudige Entscheidung ($\varepsilon < 0$) unweigerlich eine nicht-utilitaristische swf impliziert, die die relative Gewichtung der $U_i(\cdot)$ von den Verteilungsmerkmalen des Nutzenvektors $(U_1(\cdot), \ldots, U_n(\cdot))$ abhängig macht und bevorzugt die Interessen der schlechter bzw. besser gestellten Gesellschaftsmitglieder berücksichtigt. Daß zu den zulässigen Ergebnissen des *impersonality*-Modells auch die Maximin-swf (bzw. Maximax-swf) zählt, die sich ausschließlich auf das Wohlfahrtsniveau des jeweils am schlechtesten (bzw. besten) postierten Individuums konzentriert, wird deutlich, wenn man den Grenzwert der Klasse W_h für $\varepsilon \to \infty$ (bzw. $\varepsilon \to -\infty$) betrachtet:[50]

$$\forall\, x \in X: \lim_{\varepsilon \to \infty} W_h(x) = \min_i U_i(x)$$

$$\forall\, x \in X: \lim_{\varepsilon \to -\infty} W_h(x) = \max_i U_i(x)$$

Da sich im Rahmen der expliziten Prämissen des *impersonality*-Modells grundsätzlich sowohl eine utilitaristische swf als auch eine „welfaristische" Version des Differenzprinzips fundieren läßt, sind mit der *equiprobability assumption* und dem Bayes'schen Rationalitätskonzept offenbar keine wesentlichen substantiellen Vorentscheidungen verbunden. Damit ist auch klar, daß eine kriti-

[50] Vgl. dazu Atkinson (1970), 257, Arrow (1973b), 256f., Alexander (1974), 610f., Sen (1974a), 396f. und Sen (1986), 1123f. Sobald man die Eigenschaften der Klasse W_h im konzeptuellen Rahmen eines Sozialen Wohlfahrtsfunktionals untersucht, läßt sich zeigen, daß auch die lexikographischen Versionen des Maximin- bzw. Maximax-Prinzips als mögliche Grenzfälle für $\varepsilon \to \infty$ bzw. $\varepsilon \to -\infty$ resultieren. Vgl. dazu Hammond (1975), Roberts (1980a), 432 und unten V.4.

sche Bewertung der Harsanyi-Rawls-Kontroverse in erster Linie nicht an den alternativen Modellierungen der gemeinsam favorisierten formalen Kriterien (Unparteilichkeit, Rationalität), sondern an den impliziten Normierungen der individuellen Risikoneigung anzusetzen hat.

2. Die bisherigen Überlegungen haben ergeben, daß die von Harsanyi und Rawls favorisierten Versionen des Unparteilichkeits- und Rationalitätskriteriums nur dann für die entscheidungstheoretische Fundierung eindeutig bestimmter Gerechtigkeitsprinzipien genutzt werden können, wenn das Konzept einer rationalen ethischen Präferenz mit zwei speziellen Annahmen verknüpft wird, die zum einen die Informationsgrundlage und zum anderen die Risikoneigung des Individuums h festlegen. Darüber hinaus hat sich gezeigt, daß diese zusätzlichen Prämissen den substantiellen Kern der gesamten Harsanyi-Rawls-Kontroverse transportieren, weil sie sowohl über die charakteristische Abbildung als auch über die typische Gewichtung der individuellen Interessen entscheiden. Nun kann angesichts dieser substantiellen Implikationen wohl kein Zweifel daran bestehen, daß Harsanyi und Rawls mit den Annahmen, die die Informationsgrundlage und die Risikoneigung des Individuums h regeln, implizit materiale ethische Urteile in ihre „entscheidungstheoretische" Argumentation einführen. Es liegt daher nahe, die zwischen dem Differenzprinzip und dem Durchschnittsnutzenprinzip bestehende Konkurrenz völlig unabhängig von den hypothetischen Vorgaben der *original position* und des *impersonality*-Modells zu diskutieren und die Essenz der Harsanyi-Rawls-Kontroverse explizit mit den folgenden Urteilen abzubilden: [51]

„Es ist moralisch geboten, bei der gesellschaftlichen Bewertung von Verteilungsproblemen
(1) ausschließlich die Primärgüterausstattungen der (repräsentativen) Individuen zu berücksichtigen
(1') das *welfarism*-Postulat zu befolgen
(2) den Interessen der am schlechtesten gestellten Gesellschaftsmitglieder ein unendlich hohes Gewicht einzuräumen
(2') den Bedürfnissen aller Individuen – unabhängig von ihren relativen Verteilungspositionen – das gleiche Gewicht beizumessen."

Dieses Verfahren hat zunächst einmal den praktischen Vorteil, daß es jedem beliebigen Zeitgenossen eine unmittelbare Bewertung der beiden rivalisierenden Prinzipien ermöglicht, ohne ihn der komplizierten Frage auszusetzen, wie denn die angemessene Informationsgrundlage und die typische Risikopräferenz einer rationalen und unparteiischen Entscheidung auszusehen hätten. Zugleich weist es aber auch auf die schlichte Tatsache hin, daß der Fundierung moralischer Grundsätze sehr enge Grenzen gezogen sind, solange über die jeweils favorisierten formalen Bedingungen hinaus nicht – explizit oder implizit, jedenfalls aber auf direktem Wege – materiale Urteile ins Spiel gebracht werden. Die Harsanyi-Rawls-Kontroverse ließe sich nämlich offenbar nur dann eindeutig zugunsten des Differenzprinzips oder einer utilitaristischen swf entscheiden, wenn gezeigt werden könnte, daß nicht nur die formalen Kriterien der Unpar-

[51] Vgl. in diesem Zusammenhang Alexander (1974), 616–618. Zum Versuch, die Substanz dieser Kontroverse durch eine axiomatische Analyse der (einfachen bzw. lexikographischen) Maximin-Regel und des Laplace-Kriteriums in den Griff zu bekommen, vgl. Ellsworth (1978).

teilichkeit und Rationalität, sondern auch die materialen Urteile (1) und (2) bzw. (1') und (2') zu den grundlegenden moralischen Überzeugungen aller Gesellschaftsmitglieder zu zählen sind.

V. Rawlsianismus und Utilitarismus

1. Grundlagen

1. Die von Fleming, Harsanyi und Rawls unternommenen Versuche, das Konzept einer individualistischen swf bzw. die Idee einer rationalen und unparteiischen Entscheidung für die universelle Fundierung der utilitaristischen Ethik bzw. des Differenzprinzips zu nutzen, sind – so viel ist bisher klar geworden – schwerwiegenden Einwänden ausgesetzt. Da die von Fleming und Harsanyi präsentierten axiomatischen Ansätze auf eine explizite Formulierung der benötigten Meßbarkeits- und/oder Vergleichbarkeitsprämissen verzichten, sind ihre Resultate (Theorem 8, Theorem 10) als reine Repräsentationstheoreme zu betrachten, denen per se keinerlei substantielle Bedeutung zukommt. Während demgegenüber die ethische Relevanz des *impersonality*-Modells und der *original position* kaum zu bestreiten ist, bleiben auch die von Harsanyi und Rawls geführten entscheidungstheoretischen Argumente hinter ihrem Anspruch zurück, weil das substantielle Ergebnis der beiden Versionen einer *initial choice situation* im wesentlichen von der impliziten Einführung materialer ethischer Urteile abhängt. Nun lassen sich die spezifischen Probleme der bisher diskutierten Fundierungsansätze ohne weiteres vermeiden, wenn man das Konzept eines Sozialen Wohlfahrtsfunktionals (oder verwandte, speziellere Konzepte) zur axiomatischen Analyse alternativer Verteilungsprinzipien verwendet. Folgt man diesem, in der neueren *social*

choice theory praktizierten Verfahren, so ist es überhaupt kein Problem, die normative Substanz der Rawls'schen bzw. utilitaristischen Verteilungsethik auf eine explizite Formulierung sowohl der charakteristischen materialen Urteile als auch der erforderlichen Meßbarkeits- und Vergleichbarkeitsprämissen zurückzuführen.

1.1. Um eine axiomatische Analyse des Differenzprinzips zu ermöglichen, wurde in der neueren *social choice theory* – parallel zum Konzept eines Sozialen Wohlfahrtsfunktionals – das Konzept einer Verallgemeinerten Sozialen Wohlfahrtsfunktion (*generalized social welfare function*: „GSWF") entwickelt, das auf der Idee einer objektiven erweiterten Präferenzordnung beruht. Geht man zunächst einmal von der *extended ordering* $\tilde{R}_h$ eines beliebigen Individuums h aus, die über der Menge X×N aller (sicheren) erweiterten Alternativen definiert ist, so sind die in $\tilde{R}_h$ enthaltenen Aussagen der Formen „$(x, i)\tilde{R}_h(y, i)$" und „$(x, i)\tilde{R}_h(y, j)$" grundsätzlich als Ausdruck der persönlichen Ansichten zu interpretieren, die das bewertende Individuum h in bezug auf die subjektiven Präferenzen und die relativen Positionen aller Gesellschaftsmitglieder vertritt. Da mit dem bloßen Konzept einer erweiterten Präferenzordnung keine substantielle Restriktion verbunden ist, die den Gebrauch der in der Menge X×N enthaltenen Informationen regelte, werden sich die *extended orderings* $\tilde{R}_i$ der n Gesellschaftsmitglieder i in aller Regel erheblich voneinander unterscheiden. Nun ist es zwar – rein formal betrachtet – überhaupt kein Problem, im Zuge der kollektiven Bewertung von Verteilungskonflikten die erweiterten Präferenzordnungen aller Individuen zu berücksichtigen und die gesellschaftliche Präferenzrelation R als Funktion eines n-Tupels $(\tilde{R}_1, \ldots, \tilde{R}_n)$ zu betrachten. Dieser, mit den Konzepten einer *general collective choice rule* (vgl. Sen [1970a], 154) bzw. einer *extensive social welfare function* (vgl. Roberts [1980b], 416) eingeschlagene Weg hat aber unter substantiellen Aspekten die bedenkliche Konsequenz, daß in die ethische Bewertung der Verteilungszustände $x \in X$ über die subjektiven Präferenzordnungen R_i hinaus auch die heterogenen persönlichen Ansichten eingehen, die die n Individuen i in bezug auf die tatsächlichen Präferenzen aller übrigen Gesellschaftsmitglieder j und die interpersonelle Rangordnung der individuellen Positionen vertreten.[1] Um das skizzierte Problem einer gleichzeitigen Berücksichtigung konkurrierender (intra- wie interpersoneller) Informationen zu vermeiden, geht das Konzept einer GSWF von der Existenz einer objektiven erweiterten Präferenzordnung $\tilde{R}$ aus, die sich zwar grundsätzlich als schlichter Repräsentant der neutralen Bewertungen eines vollkommen informierten gesellschaftlichen Planers interpretieren ließe (vgl. Hammond [1976], 800), meist aber mit der anspruchsvollen Idee einer für alle In-

[1] Mit den Konzepten einer *general collective choice rule* bzw. einer *extensive social welfare function* wird daher ein komplexes Aggregationsproblem modelliert, dessen ethische Relevanz zumindest als zweifelhaft zu erachten ist. Zur axiomatischen Analyse dieses Problems vgl. Sen (1970a), 154–156, Kelly (1976), Kelly (1978), 121–139, Roberts (1980b), 415–419, Gaertner (1981), 85–93 und Gaertner (1983). – In diesem Zusammenhang ist darauf hinzuweisen, daß auch die Theorie der fairen Allokationen faktisch auf einer subjektiven Interpretation der $\tilde{R}_i$ beruht. Das zentrale Anliegen dieser Theorie besteht nämlich darin, die Menge aller – als Güterallokationen $(x_1, \ldots, x_n)$ konzipierten – Alternativen auf die Allokationen $x \in X$ zu reduzieren, die den beiden folgenden Fairneßbedingungen genügen: (1) $\forall\ i, j \in N$: $x_i R_i x_j$, (2) $\neg[\exists y \in X: y\bar{P}x]$. Zur Entwicklung der Theorie fairer Allokationen vgl. Foley (1967), 74–76, Feldman/Kirman (1974), Pazner/Schmeidler (1974), Varian (1974), Pazner (1977) und Suzumura (1983a), chap. 5. Für einen kritischen Überblick vgl. Kötter (1984), 83–87 und Sen (1986), 1106–1111.

dividuen identischen „fundamentalen Präferenz" identifiziert wird (vgl. Sen [1970a], 156 und Kolm [1972], 79f.):[2]

$$\forall\, i, j \in N: \tilde{R}_i = \tilde{R}_j = \tilde{R}$$

Da eine objektive *extended ordering* $\tilde{R}$ über die n individuellen Präferenzordnungen R_i hinaus ein geschlossenes System von ordinalen interpersonellen Informationen enthält, wird das Konzept einer Arrow-SWF mit der folgenden Definition erheblich erweitert (vgl. Hammond [1976], 796):

Definition 5: Eine GSWF ist eine funktionale Beziehung g, die jeder erweiterten Präferenzordnung $\tilde{R}$ (über X×N) genau eine gesellschaftliche Präferenzordnung R (über X) zuordnet: $R = g(\tilde{R})$.

Obwohl diese Definition per se lediglich eine Klasse von Verteilungsprinzipien beschreibt, die die gesellschaftliche Rangordnung der Alternativen auf ordinale Informationen der Formen „$(x, i)\tilde{R}(y, i)$" und „$(x, i)\tilde{R}(y, j)$" stützen, besteht eine weit verbreitete Tendenz, das Konzept einer GSWF ausschließlich mit dem substantiellen Anliegen des *extended sympathy approach* zu verknüpfen.[3] Folgt man dieser herrschenden Interpretation, so ist eine erweiterte Präferenzordnung $\tilde{R}$ als das Ergebnis eines vollkommenen Identifikationsprozesses zu betrachten, der sich sowohl auf die objektiven Bedingungen als auch auf

---

[2] Zu den Grundlagen des Kolm'schen Konzepts einer *préférence fondamentale* vgl. bereits Harsanyi (1955), 15–18 und Tinbergen (1957), 500f. Vgl. in diesem Zusammenhang auch Arrow (1977), 225 und Harsanyi (1977c), 57–60.

[3] Vgl. Sen (1970a), chap. 9 und chap. 9*, Hammond (1976), Sen (1976b), Arrow (1977) und Roberts (1980b).

die subjektiven Merkmale aller Gesellschaftsmitglieder in allen Verteilungszuständen erstreckt. Da es unter diesen Umständen ohne weiteres möglich ist, die in $\tilde{R}$ enthaltenen Informationen mit intra- bzw. interpersonellen Aussagen über die Rangordnung der individuellen Nutzenniveaus zu übersetzen („$U_i(x) \geq U_i(y)$" bzw. „$U_i(x) \geq U_j(y)$"), repräsentiert das Konzept einer GSWF demnach die gleiche substantielle Idee wie das Konzept eines SWFL, solange zu dessen Spezifizierung lediglich die Invarianzbedingung OL verwendet wird. Nun kann zwar einerseits kein Zweifel daran bestehen, daß die übliche Interpretation einer Verallgemeinerten Sozialen Wohlfahrtsfunktion den speziellen Intentionen widerspricht, die Rawls mit dem Konzept der gesellschaftlichen Primärgüter verfolgt (vgl. ausführlich Rawls [1982 a], 173–183). Andererseits ist aber auch zu erkennen, daß sich das Konzept einer GSWF grundsätzlich ohne weiteres mit der von Rawls favorisierten Informationsgrundlage vereinbaren läßt. Da nämlich auch die Idee einer objektiven erweiterten Präferenzordnung noch keine substantielle Restriktion nach sich zieht, die die Verwendung der in der Menge X×N enthaltenen Informationen eindeutig reglementierte (vgl. dazu Strasnick [1979 a], 312 f.), ist es völlig legitim, von der Annahme auszugehen, daß sich die Sympathie des gesellschaftlichen Planers (bzw. die Empathie eines beliebigen Individuums) ausschließlich auf die Primärgüterausstattungen x_i erstreckt, die die objektiven Verteilungspositionen der (repräsentativen) Gesellschaftsmitglieder im Sinne der Rawls'schen Theorie abbilden. Folgt man dieser zulässigen Interpretation einer objektiven *extended ordering*, so sind die formalen Aussagen „$(x, i)\tilde{R}(y, i)$" bzw. „$(x, i)\tilde{R}(y, j)$" offenbar mit den substantiellen Informationen „$x_i \geq y_i$" bzw. „$x_i \geq y_j$" zu identifizieren. Es ist daher auch nicht länger möglich, eine Verallgemeinerte Soziale Wohlfahrtsfunktion als bloßen Spezialfall eines Sozialen Wohlfahrtsfunktionals zu betrachten. Mit dem Konzept einer GSWF wird nun nämlich eine genuine Klasse von Verteilungsprinzipien modelliert, die die gesellschaftliche Bewertung der Alternativen grundsätzlich von der (intra- wie interpersonellen) Rangordnung der (repräsentativen) individuellen Primärgüterausstattungen abhängig machen.

Sobald man sich für die zuletzt genannte Interpretation einer objektiven erweiterten Präferenzordnung entscheidet, bleibt die substantielle Verteilungsidee des Differenzprinzips im wesentlichen erhalten, wenn man es in der folgenden Weise als Maximin-GSWF definiert (vgl. Sen [1970 a], 157):[4]

$$\forall\, x, y \in X: xRy \leftrightarrow [\exists j \in N: \{\forall i \in N: (x, i)\tilde{R}(y, j)\}]$$

Vor diesem Hintergrund hat eine axiomatische Fundierung des Differenzprinzips den Nachweis zu erbringen, daß sich die Klasse aller Verallgemeinerten Sozialen Wohlfahrtsfunktionen durch die Formulierung einiger fundamentaler ethischer Bedingungen auf die Maximin-GSWF reduzieren läßt. Nun ist ohne weiteres zu erkennen, daß das – als GSWF modellierte – Differenzprinzip den folgenden vier Bedingungen genügt, die als analoge Reformulierungen der Arrow-Axiome U, I, P und D zu interpretieren sind:

[4] Mit dieser Definition wird allerdings immer noch die Tatsache vernachlässigt, daß Rawls das Differenzprinzip nicht auf die unmittelbare Bewertung alternativer Verteilungszustände, sondern auf die Gestaltung der ihnen zugrunde liegenden gesellschaftlichen Institutionen bezieht.

(I) Der Definitionsbereich von g umfaßt alle logisch möglichen erweiterten Präferenzordnungen.

(II) Für je zwei erweiterte Präferenzordnungen $\tilde{R}$ und $\tilde{R}'$, denen g die gesellschaftlichen Präferenzordnungen R bzw. R' zuordnet, und jedes Alternativenpaar x, y ∈ X gilt:
$[\forall i,j \in N: \{(x, i)\tilde{R}(y, j) \leftrightarrow (x, i)\tilde{R}'(y, j)\} \wedge \{(y, j)\tilde{R}(x, i) \leftrightarrow (y, j)\tilde{R}'(x, i)\}] \rightarrow [(xRy \leftrightarrow xR'y) \wedge (yRx \leftrightarrow yR'x)]$.

(III) $\forall$ x, y ∈ X: $[\forall i \in N: (x, i)\tilde{P}(y, i)] \rightarrow xPy$.

(IV) Es gibt kein Individuum i ∈ N, so daß für alle erweiterten Präferenzordnungen im Definitionsbereich von g und alle Alternativenpaare x, y ∈ X gilt: $(x, i)\tilde{P}(y, i) \rightarrow xPy$.

Dieses Ergebnis erlaubt zwar per se lediglich den nicht sonderlich überraschenden Schluß, daß sich das Arrow-Dilemma bereits im formalen Rahmen einer GSWF vermeiden läßt (vgl. dazu oben II.3.), ist aber insofern von größter Bedeutung, als es den gemeinsamen Ausgangspunkt aller axiomatischen Charakterisierungen des Differenzprinzips (bzw. seiner lexikographischen Variante) markiert. Die typische Leistung der hier zu diskutierenden Rawlsianismus-Theoreme besteht nämlich im Nachweis, daß eine spezifische Verschärfung (bzw. Ergänzung) der Bedingungen (I) – (IV) bereits genügt, um die Maximin-GSWF (bzw. deren lexikographische Version) als einzig akzeptables Verteilungsprinzip zu fundieren.

1.2. Das Konzept einer GSWF geht zwar erheblich über das Konzept einer Arrow-SWF hinaus, ist aber doch insofern auch überaus restriktiv, als es die axiomatische Analyse alternativer Verteilungsprinzipien auf diejenigen Kriterien beschränkt, die bei der gesellschaftlichen Bewertung der Alternativen lediglich auf Informationen über die Rangordnung der individuellen Positionen zurückgreifen. Da zu den Opfern dieses rein ordinalen Konzepts auch das utilitaristische Prinzip zu zählen ist, liegt es nahe, das Spektrum der grundsätzlich in Betracht zu ziehenden Gerechtigkeitskriterien mit dem allgemeineren Konzept eines SWFL zu modellieren. Dabei ist allerdings zu beachten, daß mit dem Konzept eines SWFL nur dann eine substantielle Erweiterung des GSWF-Konzepts verbunden ist, wenn man sowohl (1) die Idee einer objektiven erweiterten Präferenzordnung $\tilde{R}$ definitiv mit dem *extended sympathy approach* verknüpft als auch (2) zur Spezifizierung der zulässigen Sozialen Wohlfahrtsfunktionale nur die Bedingung CF (bzw. noch schwächere Invarianzaxiome) verwendet. Dieser spezielle Zusammenhang läßt sich verdeutlichen, wenn man die formale Chance nützt, ein n-Tupel individueller Nutzenfunktionen U_i (definiert jeweils über X) durch eine einzige Nutzenfunktion $\tilde{U}$ (definiert über X×N) zu repräsentieren (vgl. Arrow [1977], 219 und d'Aspremont/Gevers [1977], 199f.):

$$\forall\, x \in X, \forall\, i \in N: \tilde{U}(x, i) = U_i(x)$$

Diese simple Setzung hat zunächst einmal die formale Konsequenz, daß ein SWFL auch als funktionale Beziehung F definiert werden kann, die jeder Nutzenfunktion $\tilde{U}$ genau eine gesellschaftliche Präferenzordnung R zuordnet: $R = F(\tilde{U})$. Darüber hinaus läßt sich zeigen, daß die substantiellen Implikationen dieser alternativen Definition ganz entscheidend von den jeweils verwendeten Meßbarkeits- und Vergleichbarkeitsprämissen abhängen. Einer Nutzenfunktion $\tilde{U}$ kommt nämlich keine genuine (d. h.: über die äquivalente Repräsentation eines n-Tupels $(U_1, \ldots, U_n)$ hinausgehende) Bedeutung zu, wenn das Konzept eines SWFL durch die Invarianzaxiome ON, CN oder CU spezifiziert wird.[5] Demgegenüber eröffnen die Bedingungen OL und CF die Möglichkeit, $\tilde{U}$ als ordinale bzw. kardinale *extended utility function* zu interpretieren, die eine objektive erweiterte Präferenzordnung $\tilde{R}$ – und damit: die *extended sympathy comparisons* des gesellschaftlichen Planers (oder eines beliebigen Individuums) – numerisch repräsentiert.[6] Damit ist klar, daß die Klasse der als grundsätzlich akzeptierbar erachteten Sozialen Wohlfahrtsfunktionale nur dann definitiv umfangreicher ist als die Klasse aller Verallgemeinerten Sozialen Wohlfahrtsfunktionen, wenn der für das Konzept einer GSWF charakteristische, klassische *extended sympathy approach* mit der Invarianzbedingung CF auf die Annahme kardinaler und interpersonell völlig vergleichbarer Nutzen (bzw. auf noch anspruchsvollere Meßbarkeits- und Vergleichbarkeitsprämissen) ausge-

---

5 Da die Bedingungen ON, CN und CU die Möglichkeit zulassen, daß sich die n Transformationen ϕ_i der individuellen Nutzenfunktionen U_i voneinander unterscheiden, ist es unter diesen drei Meßbarkeits- und Vergleichbarkeitsprämissen völlig unmöglich, $\tilde{U}$ in einem substantiellen Sinn als „Nutzenfunktion“, d.h.: als reelle Repräsentation einer – über X×N definierten – Präferenzordnung, zu interpretieren. Vgl. dazu oben II.3.

6 Vgl. in diesem Zusammenhang Sen (1973), 14f. und oben III.2.c. Sobald man davon ausgeht, daß für jede subjektive erweiterte Präferenzordnung $\tilde{R}_i$ eine reelle Repräsentation $\tilde{U}_i$ existiert, läßt sich – analog zum Konzept einer *extensive social welfare function* – das Konzept eines *extensive social welfare functional* definieren, das die gesellschaftliche Präferenzordnung R als Funktion eines n-Tupels $(\tilde{U}_1, \ldots, \tilde{U}_n)$ modelliert. Da zur Spezifizierung der n erweiterten Nutzenfunktionen $\tilde{U}_i$ über das Invarianzaxiom OL hinaus auch die Bedingung CF verwendet werden kann, beschreibt das Konzept eines *extensive social welfare functional* zumindest potentiell ein noch komplexeres Aggregationsproblem als das Konzept einer *extensive social welfare function*. Zu einer exemplarischen Analyse dieses Problems vgl. Suzumura (1983a), 154 und 167–179 sowie Suzumura (1983b).

dehnt wird. Alle stärkeren Invarianzaxiome haben nämlich die Konsequenz, daß das Konzept eines SWFL entweder substantiell mit dem einer GSWF übereinstimmt (OL) oder von ihm strikt zu unterscheiden ist, weil es jeweils eine Klasse von Verteilungsprinzipien beschreibt, die bei der gesellschaftlichen Bewertung der Alternativen auf die Berücksichtigung ordinaler interpersoneller Informationen völlig verzichten (ON, CN, CU).

Da das Konzept eines SWFL mit den Invarianzbedingungen OL, CF und CU die Berücksichtigung ordinaler und/oder kardinaler interpersoneller Informationen erlaubt, läßt es sich für einen direkten axiomatischen Vergleich der Rawls'schen und utilitaristischen Verteilungsethik verwenden. Die konzeptuelle Entscheidung, die kollektive Rangordnung der Alternativen grundsätzlich von den individuellen Nutzenwerten abhängig zu machen, hat allerdings zur Folge, daß nur das utilitaristische Prinzip ohne Substanzverlust als SWFL definiert werden kann:

$$\forall\, x, y \in X: xRy \leftrightarrow \sum_{i=1}^{n} U_i(x) \geq \sum_{i=1}^{n} U_i(y)$$

Im Gegensatz dazu gibt es keine Möglichkeit, das Differenzprinzip als SWFL zu reformulieren, ohne die anti-„welfaristische" Position zu opfern, die Rawls mit dem Konzept der gesellschaftlichen Primärgüter verficht. Das Maximin-SWFL läßt sich daher nur noch als „rawlsianisches" Verteilungsprinzip interpretieren:[7]

$$\forall\, x, y \in X: xRy \leftrightarrow \min_i U_i(x) \geq \min_i U_i(y)$$

[7] Diese Einschränkung gilt zumindest immer dann, wenn man die U_i – wie üblich – als Nutzenfunktionen betrachtet. Solange zur Spezifizierung eines SWFL lediglich die Invarianzbedingung OL verwendet wird, ist es allerdings überhaupt kein Problem, die U_i im Sinne der

Nun hat sich gezeigt, daß das utilitaristische Kriterium und die „welfaristische" Version des Differenzprinzips zu der umfangreichen Klasse von Sozialen Wohlfahrtsfunktionalen gehören, die unter der Invarianzbedingung CF die reformulierten Arrow-Axiome U, I, P und D erfüllen (vgl. oben II.3.). Vor diesem Hintergrund läßt sich das spezifische Problem der hier zu diskutierenden axiomatischen Ansätze mit dem Ziel beschreiben, das triviale Theorem 7 (bzw. genauer: dessen ersten Satz) durch eine gezielte Verschärfung der Bedingung CF und/oder der Arrow-Axiome auf die Alternative „Rawlsianismus oder Utilitarismus" zuzuspitzen.[8] Als Repräsentant einer rawlsianischen Verteilungsethik wird dabei allerdings in der Regel nicht das Maximin-SWFL, sondern dessen

---

Rawls'schen Theorie als „Aussichtsfunktionen" zu interpretieren, die die Primärgüterausstattung eines Individuums i in jedem Verteilungszustand x mit einer Maßzahl $U_i(x)$ kennzeichnen. Vgl. dazu Rothkirchs (1981) Konzept einer „Sozialen Wohlfahrtsfunktion für Aussichten" (142). Vgl. in diesem Zusammenhang auch Rawls (1982 a), 175 (Fußnote 15).

[8] Im Zuge dieses axiomatischen Vergleichs wird offensichtlich über die von Rawls favorisierte Informationsgrundlage hinaus auch die Tatsache ignoriert, daß das Differenzprinzip – im Gegensatz zum utilitaristischen Kriterium – durch die lexikographische Priorität der Prinzipien der gleichen Freiheit bzw. der fairen Chancengleichheit beschränkt wird. Um diesen grundlegenden Unterschied zwischen der Rawls'schen und utilitaristischen Verteilungsethik auszublenden, empfiehlt es sich, die Alternativen $x \in X$ als gesellschaftliche Zustände zu interpretieren, die sich insofern nicht unterscheiden, als sie allesamt die gleiche Verteilung individueller Freiheiten und Chancen erzeugen. Vgl. dazu Yaari (1981), 6. – Daß sich der konzeptuelle Rahmen der *social choice theory* auch für eine axiomatische Analyse individueller Freiheitsrechte nutzen läßt, hat Sen mit seinem „Liberalismus-Paradoxon" gezeigt. Zur ersten Präsentation dieses Theorems vgl. Sen (1970 a), chap. 6 und chap. 6* sowie Sen (1970 b). Zu einer ausführlichen Bewertung der umfangreichen Debatte, die sich an dieses Ergebnis und seine zahlreichen Varianten knüpft, vgl. Sen (1976 a), Sen (1983) und Suzumura (1983 a), chap. 7.

lexikographische Erweiterung („Leximin“-Prinzip) verwendet (vgl. zuerst Sen [1970a], 138 [Fußnote 12]). Geht man von einem beliebigen Profil $(U_1, \ldots, U_n)$ aus, das zumindest ordinale interpersonelle Informationen enthält, so ist es offensichtlich kein Problem, jeden Nutzenvektor $(U_1(x), \ldots, U_i(x), \ldots, U_n(x))$ in einen geordneten Nutzenvektor $(U_{1(x)}(x), \ldots, U_{r(x)}(x), \ldots, U_{n(x)}(x))$ zu transformieren, der die folgende Eigenschaft besitzt:

$$U_{1(x)}(x) \leq U_{2(x)}(x) \leq \ldots \leq U_{r(x)}(x) \leq \ldots \leq U_{n(x)}(x)$$

Die skizzierte Transformation beruht auf der schlichten Tatsache, daß sich jedem Individuum $i \in N$ für jede Alternative $x \in X$ genau eine Rangziffer $r \in N$ zuordnen läßt, die seine relative Position in der Nutzenverteilung $(U_1(x), \ldots, U_n(x))$ charakterisiert. Mit $U_{1(x)}(x)$, $U_{2(x)}(x)$ bzw. $U_{r(x)}(x)$ wird demnach das Nutzenniveau desjenigen Individuums bezeichnet, das im Verteilungszustand x die schlechteste, zweit schlechteste bzw. r-te Position einnimmt. Auf dieser Grundlage läßt sich das Leximin-SWFL in der folgenden Weise definieren:

$$\forall\, x, y \in X\text{: (1) } xIy \leftrightarrow [\forall r{\in}N\text{: } U_{r(x)}(x) = U_{r(y)}(y)] \text{ und}$$
$$\text{(2) } xPy \leftrightarrow [\exists k{\in}N\text{: } \{\forall r{\in}N,\ r < k\text{: } U_{r(x)}(x) = U_{r(y)}(y)\} \wedge \{U_{k(x)}(x) > U_{k(y)}(y)\}]$$

Während sich das einfache Maximin-Prinzip bei der gesellschaftlichen Bewertung zweier Alternativen x und y ausschließlich auf die Nutzenwerte $U_{1(x)}(x)$ und $U_{1(y)}(y)$ stützt, wird mit seiner lexikographischen Version die zusätzliche und stufenweise Berücksichtigung auch der $U_{2(\cdot)}(\cdot)$, $U_{3(\cdot)}(\cdot)$ etc. für den Fall gefordert, daß sich die Nutzenniveaus der jeweils am schlechtesten, zweit schlechtesten etc. gestellten Individuen nicht unterscheiden. Da das Leximin-Prinzip zwei Verteilungszustände nur dann für indifferent erklärt, wenn die individuellen

Wohlfahrtsniveaus auf allen n Rangpositionen paarweise übereinstimmen, ist es im Gegensatz zum Maximin-SWFL mit der starken Pareto-Bedingung P* vereinbar. Das folgende Beispiel einer Drei-Personen-Gesellschaft ist geeignet, sowohl diesen speziellen Unterschied als auch die allgemeine Logik des Leximin-SWFL zu verdeutlichen:

$$U_1(x) = 30, U_2(x) = 20, U_3(x) = 10$$
$$U_1(y) = 40, U_2(y) = 50, U_3(y) = 10$$

Akzeptiert man die Bedingung P*, so genügt bereits ein intrapersoneller Vergleich der $U_i(\cdot)$, um y als bessere Alternative auszuweisen (yPx). Mit der Anwendung des Maximin-Prinzips wird diese klare Pareto-Empfehlung verletzt, weil das jeweils am schlechtesten postierte Individuum 3 beide Zustände als gleich gut erachtet (xIy). Dieser Konflikt mit dem Pareto-Kriterium wird dagegen vermieden, wenn man dem Leximin-SWFL folgt und die Logik des Maximin-Prinzips auf einen Vergleich der Rangnutzenwerte $U_{2(x)}(x) = 20$ und $U_{2(y)}(y) = 40$ ausdehnt (yPx).

Nun ist ohne weiteres zu erkennen, daß das lexikographische Maximin-Prinzip über die Bedingung P* hinaus auch den Axiomen U, I, A, CF und OL genügt. Mit dem Leximin-SWFL und dem utilitaristischen Kriterium stehen daher zwei Verteilungsprinzipien zur Debatte, die sich ihrer grundsätzlichen Rivalität zum Trotz insofern nicht unterscheiden, als beide unter der Invarianzbedingung CF die verschärften Arrow-Axiome U, I, P* und A erfüllen. Dieser bemerkenswerten Gemeinsamkeit steht allerdings die Tatsache gegenüber, daß die charakteristischen Meßbarkeits- und Vergleichbarkeitsprämissen der rawlsianischen bzw. utilitaristischen Verteilungsethik keineswegs in der Bedingung CF, sondern vielmehr in den stärkeren Invarianzaxiomen OL bzw. CU zum Ausdruck kommen (vgl. oben II.3.). Es wird sich zeigen, daß die meisten Versuche, das Leximin-SWFL bzw. das utilitaristische Kriterium als einzig akzeptables Verteilungsprinzip zu fundieren, im wesentlichen auf der (expliziten oder impliziten) Verwendung dieses Kontrasts beruhen.

1.3. Den axiomatischen Fundierungen der rawlsianischen bzw. utilitaristischen Verteilungsethik liegt – wenn auch meist unausgesprochen – eine simple methodologische Idee zugrunde, die im wesentlichen mit Harsanyis metaethischer Position übereinstimmt. Das gemeinsame Anliegen aller hier zu diskutierenden Theoreme besteht nämlich darin, die allgemeine Akzeptierbarkeit des Leximin-Prinzips bzw. des utilitaristischen Kriteriums mit einer Reihe von schwachen ethischen Bedingungen zu untermauern, die als fundamentale Anforderungen an die gesellschaftliche Bewertung von Verteilungskonflikten interpretiert werden können (vgl. Strasnick [1977], 670f.). Da mit jedem Rawlsianismus- bzw. Utilitarismus-Theorem faktisch ein hypothetischer Imperativ bewiesen wird, der das Leximin-SWFL bzw. das utilitaristische Kriterium mit einem äquivalenten Satz von Axiomen begründet, hängt die relative Attraktivität der beiden konkurrierenden Prinzipien demnach nur von der unmittelbaren Konsensfähigkeit der jeweils verwendeten Bedingungen ab.[9]

---

[9] An dieser Stelle ist darauf hinzuweisen, daß gelegentlich auch der wenig überzeugende Versuch unternommen wird, die axiomatische Charakterisierung alternativer Verteilungsprinzipien mit vertragstheoretischen Etiketten zu versehen. So behauptet etwa Strasnick (1976a), seine Fundierung des Differenzprinzips beruhe auf einer axiomatischen Abbildung der *original position*. Vgl. dazu kritisch Goldman (1976) und Wolff (1976). Zur Anwendung der Vertragsdiktion auf die Konzepte

Nun hat die Entscheidung, die grundsätzlich zur Wahl stehenden Gerechtigkeitskriterien als Soziale Wohlfahrtsfunktionale zu modellieren, unweigerlich die Konsequenz, daß die axiomatischen Charakterisierungen alternativer Verteilungsprinzipien auf zwei heterogene Sorten von Bedingungen zurückgreifen müssen (vgl. dazu allgemeiner Sen [1979 a], 117–119). Betrachtet man in diesem Zusammenhang die zuletzt genannten Standardaxiome, so ist es offensichtlich überhaupt kein Problem, die Bedingungen U, I, P* und A als Repräsentanten elementarer moralischer Überzeugungen zu interpretieren, mit denen der Lösung von Verteilungskonflikten sowohl formale (U, I, A) als auch materiale Beschränkungen (P*) auferlegt werden. Von diesen genuin ethischen Bedingungen sind die Invarianzaxiome CF, OL und CU insofern strikt zu unterscheiden, als sie per se (d. h.: abgesehen von ihren potentiell weitreichenden normativen Implikationen) lediglich den Umfang der deskriptiven Informationen zum Ausdruck bringen, auf die sich die kollektive Bewertung von Verteilungsproblemen tatsächlich stützen kann. Damit ist klar, daß sich die skizzierte methodologische Idee im konzeptuellen Rahmen eines SWFL nicht bruchlos realisieren läßt. Die für die axiomatische Fundierung alternativer Sozialer Wohlfahrtsfunktionale typische Vermengung von normativen und deskriptiven Restriktionen hat nämlich zur Folge, daß die allgemeine Akzeptierbarkeit eines Verteilungsprinzips keineswegs nur auf eine Menge von grundlegenden ethischen Überzeugungen, sondern darüber hinaus

---

einer GSWF und eines SWFL vgl. Kern (1980 a), Kap. 2 und Kap. 3 sowie Kern (1980 b). Vgl. in diesem Zusammenhang auch Yaari (1981), 24–26.

immer auch auf eine spezielle Annahme zur Verfügbarkeit empirischer Informationen zurückgeführt wird.

2. Obwohl das Konzept eines SWFL auf der Entscheidung beruht, die gesellschaftliche Rangordnung der Alternativen grundsätzlich von den individuellen Nutzenwerten abhängig zu machen, läßt es per se auch die Analyse von Gerechtigkeitskriterien zu, die die $U_i(\cdot)$ nicht als ausschließliche Informationsgrundlage verwenden. Die Bedingungen U, I und P*, die zur axiomatischen Charakterisierung alternativer Sozialer Wohlfahrtsfunktionale regelmäßig herangezogen werden, reichen allerdings schon aus, um alle nicht-„welfaristischen" Verteilungsprinzipien zu eliminieren.

2.1. Das Konzept eines SWFL läßt sich unmittelbar mit dem *welfarism*-Postulat verknüpfen, wenn man die Klasse der als grundsätzlich akzeptierbar erachteten Gerechtigkeitsprinzipien durch die folgende, erweiterte Version der starken Neutralitätsbedingung beschränkt (vgl. oben II.1.):

Axiom SN: Für je zwei n-Tupel individueller Nutzenfunktionen $(U_1, \ldots, U_n)$ und $(U'_1, \ldots, U'_n)$, denen F die gesellschaftlichen Präferenzordnungen R bzw. R' zuordnet, und alle Alternativen x, y, z, w ∈ X gilt:
$[(\forall i \in N\colon\ U_i(x) = U'_i(z)) \wedge (\forall i \in N\colon\ U_i(y) = U'_i(w))] \rightarrow [(xRy \leftrightarrow zR'w) \wedge (yRx \leftrightarrow wR'z)]$.

Ein SWFL, das die Eigenschaft der starken Neutralität besitzt, berücksichtigt bei der gesellschaftlichen Bewertung zweier Verteilungszustände x und y ausschließlich diejenigen Informationen, die in den beiden Nutzenvektoren $(U_1(x), \ldots, U_n(x))$ und $(U_1(y), \ldots, U_n(y))$ enthalten sind. Die mit der Bedingung SN verbundene „welfaristische“ Restriktion ist offenbar umso rigider, je schwächer die jeweils gewählten Meßbarkeits- und Vergleichbarkeitsprämissen sind. So hat die Annahme ordinaler und interpersonell nicht vergleichbarer Nutzenfunktionen die fatale Konsequenz, daß die starke Neutralitätsbedingung alle Verteilungsprinzipien eliminiert, deren Informationsgrundlage über die individuellen Präferenzordnungen hinausgeht (vgl. oben II.1. und II.2.). Demgegenüber wird das Spektrum der zulässigen „welfaristischen“ Sozialen Wohlfahrtsfunktionale mit jeder Lockerung des Arrow'schen Invarianzaxioms ON systematisch erweitert. Zu den Prinzipien, die der Bedingung SN unter schwächeren Invarianzaxiomen genügen, zählen offensichtlich sowohl das Leximin-SWFL (OL, CF) als auch das utilitaristische Kriterium (CU, CF).

Nun ist ohne weiteres zu erkennen, daß die starke Neutralitätsbedingung (für x = z und y = w) das *independence*-Axiom enthält. Der zwischen den Bedingungen SN und I bestehende Zusammenhang läßt sich vollständig demonstrieren, wenn man das Pareto-Kriterium P* auf seine Indifferenz-Komponente reduziert:

Axiom P^0: $\forall x, y \in X: [\forall i \in N: U_i(x) = U_i(y)] \rightarrow xIy.$

Diese schwache Pareto-Bedingung ist nämlich bereits stark genug, um gemeinsam mit den Standardaxiomen U und I eine „welfaristische“ Bewertung von Verteilungsproblemen zu gewährleisten (vgl. Sen [1977b], Theorem 6): [10]

[10] Vgl. dazu auch d'Aspremont/Gevers (1977), Lemma 2, Deschamps/Gevers (1978), Theorem 8 und Roberts (1980a), Lemma 3.

Theorem 11: Ein SWFL genügt der Bedingung SN genau dann, wenn es die Axiome U, I und P^0 erfüllt.

Dieses Ergebnis ist insofern bemerkenswert, als es das *welfarism*-Postulat völlig unabhängig von irgendeiner speziellen Invarianzbedingung mit drei äquivalenten Forderungen untermauert. Da die axiomatischen Charakterisierungen des Leximin-Prinzips wie des utilitaristischen Kriteriums regelmäßig mit den Bedingungen U, I und P* operieren, liegt das *welfarism*-Theorem 11 implizit allen Fundierungen der rawlsianischen bzw. utilitaristischen Verteilungsethik zugrunde.[11]

2.2. Die Bedingungen U, I und P^0 eröffnen mit der äquivalenten Fundierung des *welfarism*-Postulats SN zugleich auch die Möglichkeit, das Konzept eines SWFL auf das einfachere Konzept einer *social welfare ordering* („SWO") zu reduzieren. Jedes SWFL F, das die Eigenschaft der starken Neutralität besitzt, läßt sich nämlich durch eine eindeutig bestimmte Präferenzordnung $\hat{R}$ repräsentieren, die über dem n-dimensionalen euklidischen Raum E^n aller Nutzenvektoren $v = (v_1, \ldots, v_n)$ definiert ist und – für alle Profile $(U_1, \ldots, U_n)$ im Definitionsbereich von F – die folgende Eigenschaft besitzt (vgl. d'Aspremont/Gevers [1977], Lemma 3 und Hammond [1979], Theorem 1):

$$\forall\, x, y \in X: xRy \leftrightarrow \bar{v}\hat{R}\bar{\bar{v}}, \text{ wobei } R = F(U_1, \ldots, U_n),$$
$$\bar{v} = (U_1(x), \ldots, U_n(x)) \text{ und } \bar{\bar{v}} = (U_1(y), \ldots, U_n(y)).$$

[11] Dieses Theorem läßt sich im übrigen auch für die Axiomatisierung des Maximin-SWFL nutzen, das neben den Bedingungen U und I zwar nicht P*, wohl aber P^0 erfüllt.

Der Nachweis, daß unter der Bedingung SN für jedes SWFL F eine äquivalente SWO $\hat{R}$ existiert, hat sowohl eine angenehme technische als auch eine interessante substantielle Konsequenz. Zum einen eröffnet er nämlich die beweistechnische Chance, im Zuge der axiomatischen Charakterisierung „welfaristischer" Verteilungsprinzipien unmittelbar mit den Eigenschaften der von F induzierten Präferenzordnung $\hat{R}$ (bzw. ihrer Komponenten $\hat{P}$ und $\hat{I}$) zu operieren (vgl. dazu d'Aspremont/Gevers [1977], Lemma 5).[12] Zum anderen ist nicht zu übersehen, daß das Konzept eines SWFL mit der Existenz einer SWO-Repräsentation in die Nähe des Konzepts einer „welfaristischen" Bergson-Samuelson-swf rückt, weil sich $\hat{R}$ ohne weiteres als *ethical ordering* interpretieren läßt, die über der Menge aller – als Nutzenvektoren $v \in E^n$ konzipierten – Alternativen $x \in X$ definiert ist.

[12] Die SWO-Repräsentation eines SWFL bringt überdies die Isomorphie zur Geltung, die zwischen den Problemformulierungen der *social choice theory* einerseits und der Theorie rationaler individueller Entscheidungen bei (völliger) Ungewißheit andererseits besteht. Sobald man nämlich die formale Chance nützt, X als eine Menge ungewisser Alternativen und N als die Menge der relevanten Umweltzustände zu betrachten, läßt sich $\hat{R}$ offensichtlich auch als Repräsentant der subjektiven Präferenzordnung eines beliebigen Individuums interpretieren, das bei der Bewertung jeder Aktion x ausschließlich die n möglichen Nutzenkonsequenzen $U_i(x)$ berücksichtigt. Diese vollkommene formale Analogie hat die technische Konsequenz, daß sich die axiomatischen Charakterisierungen alternativer Entscheidungsregeln für die Fundierung „welfaristischer" Verteilungsprinzipien verwenden lassen (und umgekehrt). Zur systematischen Nutzung der skizzierten Isomorphie vgl. bereits Goodman (1954) und Luce/Raiffa (1957), 342–345 sowie neuerdings d'Aspremont/Gevers (1977), Deschamps/Gevers (1977), Maskin (1979), Sugden/Weale (1979) und McClennen (1981).

2. *Rawlsianismus*

1. Die zahlreichen Möglichkeiten, das lexikographische Maximin-Prinzip mit alternativen Sätzen äquivalenter ethischer Bedingungen zu untermauern (für einen Überblick vgl. Sen [1986], 1118–1121), lassen sich auf zwei grundlegende Ergebnisse zurückführen, die von Hammond (1976) bzw. d'Aspremont/Gevers (1977) bewiesen wurden. Um einen unmittelbaren Vergleich mit den axiomatischen Fundierungen der utilitaristischen Verteilungsethik zu ermöglichen, setzt die folgende Analyse dieser zentralen Leximin-Theoreme – im Gegensatz zu Hammond (1976) – das Konzept eines SWFL voraus. Dieses Verfahren ist völlig unproblematisch, wenn man die Tatsache im Auge behält, daß alle hier diskutierten Rawlsianismus-Theoreme ohne weiteres im konzeptuellen Rahmen einer GSWF reformuliert – und daher auch nicht-„welfaristisch" interpretiert – werden können.

1.1. Die von Hammond präsentierte Fundierung des Leximin-Prinzips operiert über die Standardaxiome U, I und P* hinaus nicht mit der üblichen Anonymitätsbedingung, sondern mit einer schwachen Version des von Suppes und Sen entwickelten *grading principle of justice* (vgl. Suppes [1966], 296 sowie Sen [1970 a], 153 und 156).[13] Bezeichnet man mit T die Menge aller Permutationen σ, die über der Menge N aller Individuen i definiert werden

[13] Die folgende Formulierung des (starken) Suppes-Sen-Prinzips verknüpft faktisch zwei Kriterien miteinander, die Kolm (1972) unter den Bezeichnungen *équivalence fondamentale* und *dominance fondamentale* führt (104–106). Zur Anwendung eines dem *grading principle of justice* eng verwandten Kriteriums *(rank dominance)* auf die Bewertung alternativer Einkommensverteilungen vgl. Saposnik (1981) und Saposnik (1983).

können, so läßt sich das (starke) Suppes-Sen-Kriterium durch die folgende Bedingung repräsentieren:

Axiom S: Für alle x, y $\in$ X gilt:
(1) $[\exists\sigma\in T: (\forall i\in N: U_i(x) = U_{\sigma(i)}(y))] \rightarrow xIy$ und
(2) $[\exists\sigma\in T: \{(\forall i\in N: U_i(x) \geq U_{\sigma(i)}(y)) \wedge (\exists i\in N: U_i(x) > U_{\sigma(i)}(y))\}] \rightarrow xPy$.

Die Bedingung S ist als interpersonelle Erweiterung des Pareto-Kriteriums P* zu interpretieren, das sie ganz offensichtlich als Spezialfall enthält ($\forall i\in N: \sigma(i) = i$). Während sich die Bedingung P* bei der gesellschaftlichen Bewertung zweier Alternativen x und y ausschließlich auf n intrapersonelle Vergleiche der Form „$U_i(x) \gtreqless U_i(y)$" stützt, wendet das Suppes-Sen-Prinzip die Logik des Pareto-Kriteriums auf die n! verschiedenen Möglichkeiten an, n intra- und/oder interpersonelle Aussagen der Form „$U_i(x) \gtreqless U_{\sigma(i)}(y)$" zu arrangieren. Nun ist das *grading principle of justice* zwar keineswegs stark genug, um (unter der Bedingung U) eine vollständige Ordnung aller Verteilungszustände zu erzeugen. Das folgende Beispiel einer Drei-Personen-Gesellschaft zeigt aber, daß die Pareto-Quasiordnung mit der Anwendung des Suppes-Sen-Kriteriums erheblich erweitert wird: [14]

$$U_1(x) = 30,\ U_2(x) = 20,\ U_3(x) = 10$$
$$U_1(y) = 40,\ U_2(y) = 10,\ U_3(y) = 20$$

Da unter diesen speziellen Voraussetzungen ein Interessenkonflikt besteht, der sich durch eine Permutation der

[14] Tatsächlich ist es kein Problem, auf der Grundlage des Axioms S eine schwache Präferenzrelation $\bar{S}$ zu definieren, die sowohl die Eigenschaften einer Quasiordnung besitzt als auch die Pareto-Quasiordnung $\bar{R}$ enthält: $\forall$ x, y $\in$ X: $x\bar{S}y \leftrightarrow [\exists\sigma\in T: (\forall i\in N: U_i(x) \geq U_{\sigma(i)}(y))]$.

Individuen 2 und 3 aufheben läßt ($\sigma(1) = 1$, $\sigma(2) = 3$, $\sigma(3) = 2$), erzeugt das *grading principle of justice* eine ethische Rangordnung der beiden Verteilungszustände (yPx), die nach dem Pareto-Kriterium als nicht vergleichbar zu betrachten sind.

Sobald man das Beispiel mit der Annahme kardinaler und interpersonell völlig vergleichbarer Nutzenfunktionen verknüpft, ist ohne weiteres zu erkennen, daß die Bedingung S sowohl vom Leximin-Prinzip als auch vom utilitaristischen Kriterium erfüllt wird.[15] Nun ist zwar nicht zu übersehen, daß die Anwendung des *grading principle* als charakteristische Informationsprämisse lediglich die rawlsianische Invarianzbedingung OL voraussetzt. Selbst wenn man aber nur ordinale interpersonelle Nutzenvergleiche zuläßt, kann immer noch sinnvoll davon gesprochen werden, daß das utilitaristische Prinzip dem Axiom S genügt, weil jede Suppes-Sen-Empfehlung unweigerlich eine steigende (strikte Präferenz) oder konstante Nutzensumme (Indifferenz) impliziert.[16] Die Bedingung S markiert daher offenbar ein der rawlsianischen und utilitaristischen Verteilungsethik gemeinsames materiales Prinzip, dessen elementare Forderung weit über die Pareto-Inklusivität hinausgeht.

---

15 Das Beispiel illustriert den allgemeinen Befund, daß das lexikographische Maximin-Prinzip und das utilitaristische Kriterium unter der Informationsprämisse CF jeweils eine gesellschaftliche Präferenzordnung R erzeugen, die die Suppes-Sen-Quasiordnung $\bar{S}$ enthält. Vgl. in diesem Zusammenhang Sen (1970a), 159f. und Blackorby/Donaldson (1977), 366–373.

16 Tatsächlich schöpft das *grading principle* bereits alle Möglichkeiten aus, unter der Informationsprämisse OL zwei gesellschaftliche Zustände mit gleicher bzw. unterschiedlicher Nutzensumme zu identifizieren. Die für die rawlsianische Verteilungsethik charakteristische Invarianzbedingung hat daher die Konsequenz, daß sich das utilitaristische Kriterium auf die Suppes-Sen-Quasiordnung reduzieren läßt. Vgl. dazu Sen (1979a), 121f.

Da das Maximin-Prinzip bereits das Pareto-Kriterium P* verletzt, kann es auch der Bedingung S nicht genügen. Es ist aber ohne größere Mühe zu erkennen, daß sich das Maximin-SWFL mit dem *grading principle of justice* vereinbaren läßt, wenn man das Suppes-Sen-Kriterium auf seine Indifferenz-Komponente reduziert:

Axiom S^0: $\forall\ x, y \in X: [\exists \sigma \in T: (\forall i \in N: U_i(x) = U_{\sigma(i)}(y))] \rightarrow xIy$.

Die Bedingung S^0, die offensichtlich das Pareto-Axiom P^0 impliziert, ist mit den beiden Versionen einer rawlsianischen Verteilungsethik in unterschiedlich enger Weise verknüpft. Während nämlich die Suppes-Sen-Indifferenz lediglich einen Spezialfall der Maximin-Indifferenz bezeichnet, ist sie der Leximin-Indifferenz logisch äquivalent:[17]

$$\forall\ x, y \in X: [\exists \sigma \in T: (\forall i \in N: U_i(x) = U_{\sigma(i)}(y))] \leftrightarrow [\forall r \in N: U_{r(x)}(x) = U_{r(y)}(y)]$$

Jede Fundierung des lexikographischen Maximin-Prinzips, die mit der Bedingung S^0 (bzw. S) operiert, führt daher die Indifferenz-Komponente dieses rawlsianischen Verteilungskriteriums faktisch auf direktem Wege ein.[18]

1.2. Um die zwischen der rawlsianischen und utilitaristischen Verteilungsethik bestehende Konkurrenz zugunsten des Leximin-Prinzips zu entscheiden, verwendet Hammond die folgende Bedingung (vgl. Hammond [1976], 795):

[17] Diese Äquivalenzbeziehung gilt im übrigen trivialerweise auch für das lexikographische Maximax-Prinzip. Vgl. dazu unten.

[18] Vgl. dazu implizit den ersten Schritt („Step (α)") des Beweises, den Hammond (1976) für sein zentrales Theorem 7.2 präsentiert (803).

Axiom E: $\forall$ x, y $\in$ X, $\forall$ i, j $\in$ N:
$[(U_i(y) < U_i(x) < U_j(x) < U_j(y)) \wedge (\forall k \in N \setminus \{i, j\}: U_k(x) = U_k(y))] \rightarrow xRy.$

Die Bedingung E *(equity)* fordert – grob gesprochen – eine egalitäre Lösung von Verteilungskonflikten, die zum einen lediglich die Interessen zweier Individuen berühren und zum anderen mit dem *grading principle of justice* nicht bewertet werden können. Das dem Hammond'schen Gerechtigkeitsaxiom zugrunde liegende moralische Urteil kommt sehr deutlich zum Vorschein, wenn man zunächst für eine Zwei-Personen-Gesellschaft (N = {1, 2}) das Problem betrachtet, zwei Alternativen x und y unter einer der vier folgenden Voraussetzungen zu bewerten (vgl. Sen [1976 b], 244–246):

(1) $U_1(y) < U_1(x) < U_2(x) < U_2(y)$
(2) $U_2(y) < U_2(x) < U_1(x) < U_1(y)$
(3) $U_1(y) < U_2(x) < U_1(x) < U_2(y)$
(4) $U_2(y) < U_1(x) < U_2(x) < U_1(y)$

Da der gesellschaftliche Zustand y offensichtlich in allen vier Fällen eine – gemessen an der Nutzenverteilung $(U_1(\cdot), U_2(\cdot))$ – größere Ungleichheit erzeugt als die Alternative x, hätte eine radikal egalitäre Position jeweils ein striktes Votum für den Verteilungszustand x zur Folge (xPy). Hammonds *equity*-Axiom orientiert sich zwar an dieser klaren Empfehlung, schwächt sie aber doch erheblich ab. Zum einen wird nämlich eine egalitäre Lösung nur für die Konflikte (1) und (2) gefordert, die sich im Gegensatz zu den Situationen (3) und (4) dadurch auszeichnen, daß ein Individuum in beiden Verteilungszuständen jeweils die schlechtere Position einnimmt. Zum anderen begnügt sich die Bedingung E selbst in den krassen Fällen (1) und (2) mit der bescheidenen Empfehlung, die Alternative mit der größeren Ungleichheit nicht zu bevorzugen (xRy). Betrachtet man nun eine n-Personen-Gesellschaft, in der die Voraussetzungen (1) oder (2) für zwei beliebige Individuen i und j erfüllt sind, so wird mit der Bedingung E eine egalitäre Lösung dieser speziellen Zwei-Personen-Konflikte immer dann gefordert, wenn alle übrigen Gesellschaftsmitglieder k die zur Wahl stehenden Alternativen x und y als gleich gut erachten. Da das Verbot, die zwischen den Individuen i und j ohnehin bestehende Ungleichheit durch ein Votum für die Alternative y noch zu vergrößern, demnach völlig unabhängig von den Nutzenniveaus der nicht betroffenen Individuen k gilt, enthält Hammonds Gerechtigkeitsaxiom über die skizzierte egalitäre Komponente hinaus offenbar auch eine sehr spezielle Version der Fleming'schen *separability*-Bedingung.

Solange man sich auf die Analyse von Zwei-Personen-Gesellschaften beschränkt, ist unmittelbar zu erkennen, daß das einfache und lexikographische Maximin-Prinzip gemeinsam die Bedingung E erfüllen. Das folgende Beispiel illustriert die Tatsache, daß dieser Befund auch für beliebig große Kollektive gilt:

$$U_1(x) = 50,\ U_2(x) = 40,\ U_3(x) = 30,\ U_4(x) = 10$$
$$U_1(y) = 50,\ U_2(y) = 60,\ U_3(y) = 20,\ U_4(y) = 10$$

Obwohl das Maximin-SWFL und das Leximin-Prinzip unter diesen Umständen zwei divergierende Rangordnungen erzeugen (xIy versus xPy), genügen die beiden Versionen des Rawlsianismus offensichtlich dem Axiom E, das den Interessenkonflikt der Individuen 2 und 3 zwar tendenziell, nicht aber eindeutig zugunsten des jeweils schlechter gestellten Individuums 3 entscheidet (xRy).[19] Das Beispiel reicht im übrigen bereits völlig aus, um zu zeigen, daß die Bedingung E das utilitaristische

SWFL als akzeptables Verteilungsprinzip eliminiert. Sobald man die $U_i(\cdot)$ nämlich als kardinale und interpersonell völlig vergleichbare Nutzenwerte annimmt, führt die Anwendung des utilitaristischen Kriteriums faktisch zur eindeutigen Empfehlung, die Interessen des jeweils besser postierten Individuums 2 durchzusetzen (yPx).

Der mit Hammonds Gerechtigkeitsaxiom einhergehende Ausschluß des utilitaristischen Prinzips hat eine bemerkenswerte allgemeine Ursache. Die Bedingung E setzt nämlich nicht nur – wie das *grading principle of justice* – zumindest ordinale interpersonelle Nutzenvergleiche voraus, sondern sorgt – im Gegensatz zum Axiom S – gleichzeitig auch dafür, daß die Informationsgrundlage der gesellschaftlichen Präferenzordnung auch unter stärkeren Meßbarkeits- und Vergleichbarkeitsprämissen faktisch auf die ordinalen (intra- wie interpersonellen) Eigenschaften der U_i reduziert wird (vgl. Sen [1976b], 256). Selbst wenn man also von der Möglichkeit Gebrauch macht, die Klasse der zulässigen Sozialen Wohlfahrtsfunktionale durch die Invarianzbedingung CF zu spezifizieren, schließt die bloße Verwendung des Axioms E bereits alle Prinzipien aus, die – wie das utilitaristische Kriterium – bei der gesellschaftlichen Bewertung von Verteilungskonflikten auf kardinale Informationen zurückgreifen.[20]

---

[19] Vor diesem Hintergrund ist unmittelbar zu erkennen, daß das Maximin-SWFL im Gegensatz zum Leximin-Prinzip der folgenden Verschärfung des Axioms E zum Opfer fällt: *Axiom E∗:* $\forall\, x, y \in X, \forall\, i, j \in N: [(U_i(y) < U_i(x) < U_j(x) < U_j(y)) \wedge (\forall k \in N \setminus \{i, j\}: U_k(x) = U_k(y))] \rightarrow xPy$. Vgl. dazu Hammond (1976), 796, 798 und 802 (Fußnoten 5, 8 und 12). Da das Maximin-SWFL bereits durch das Pareto-Kriterium P∗ eliminiert wird, reicht die Bedingung E für die axiomatische Fundierung des Leximin-Prinzips völlig aus. Zur Verwendung des Axioms E∗ vgl. etwa d'Aspremont/Gevers (1977), Theorem 5.

[20] Die zwischen den Bedingungen E und OL bestehende Affinität hat

1.3. Die von Hammond besorgte Axiomatisierung des lexikographischen Maximin-Prinzips beruht im wesentlichen auf den drastischen Implikationen der Bedingung E (vgl. Hammond [1976], Theorem 7.2):

Theorem 12: Das Leximin-Prinzip ist das einzige SWFL, das die Axiome U, I, P*, S^0, E und CF erfüllt.

Während die relativ schwachen Bedingungen U, I, P*, S^0 und CF neben dem Leximin-SWFL und dem utilitaristischen Kriterium noch eine Fülle von alternativen Verteilungsprinzipien zulassen, sorgt das ungemein starke Axiom E dafür, daß alle Rivalen des Rawlsianismus eliminiert werden. Solange man an Hammonds zentraler Bedingung (sowie den Standardaxiomen U und I) festhält, gibt es eine Reihe von Möglichkeiten, seine Fundierung des Leximin-Prinzips zu variieren. So ist ohne weiteres zu erkennen, daß man eine triviale Modifikation des Theorems 12 erhält, wenn die Bedingungen P* und S^0 durch das (starke) Suppes-Sen-Kriterium S ersetzt werden (vgl. Suzumura [1983 a], Theorem 6.1). Da das Axiom S über die Bedingungen P* und S^0 hinaus die strikte Suppes-Sen-Präferenzrelation enthält, erzeugt die unmittelbare Einführung des *grading principle of justice* eine schwächere Version des Theorems 12, das die Bedingung S nur indirekt (und zwar als Implikation der Axiome U, I, P* und S^0) verwendet (vgl. Hammond

---

die technische Konsequenz, daß sich Hammonds Fundierung des Leximin-Prinzips mit jeder Invarianzannahme vereinbaren läßt, die zumindest die Verläßlichkeit ordinaler interpersoneller Informationen gewährleistet *(level-plus comparability)*. Vgl. dazu Sen (1986), 1114 und 1119. Um eine möglichst starke Version des Hammond-Theorems zu erzeugen, wird im folgenden mit CF eine sehr schwache *level-plus*-Bedingung verwendet.

[1976], Theorem 5.1). Wesentlich interessanter als die skizzierte erste Variante ist die folgende Reformulierung des Hammond-Theorems, die die allgemeine Akzeptierbarkeit des lexikographischen Maximin-Prinzips auf die Standardbedingungen U, I, P* und A zurückführt (vgl. d'Aspremont/Gevers [1977], Theorem 5):[21]

Theorem 12': Das Leximin-Prinzip ist das einzige SWFL, das die Axiome U, I, P*, A, E und CF erfüllt.

Diese zweite Variante beruht auf dem Nachweis, daß die Axiome U, I und S^0 (unter den für die Anwendung des Suppes-Sen-Kriteriums erforderlichen Meßbarkeits- und Vergleichbarkeitsannahmen) die Bedingung A implizieren (vgl. Hammond [1976], Theorem 5.2).[22] Da sich überdies zeigen läßt, daß jedes SWFL, das die Axiome U, I, P* und A erfüllt, unter der Informationsprämisse OL (und jeder schwächeren Invarianzannahme) auch der Bedingung S^0 genügen muß (vgl. d'Aspremont/Gevers [1977], Lemma 4), sind die Theoreme 12 und 12' als äquivalente Fundierungen des Leximin-Prinzips zu betrachten.

---

[21] Zu einer geometrischen Präsentation dieses Resultats vgl. Blackorby/Donaldson/Weymark (1984), 347f. und Wittman (1984), 245f. Zu einer interessanten Modifikation des Theorems 12', die auf dem Wege einer gleichzeitigen Verschärfung bzw. Abschwächung der Bedingungen E und P* eine axiomatische Fundierung des Maximin-Prinzips erzeugt, vgl. Rothkirch (1978), Theorem 3 und Rothkirch (1981), Satz 10*2. Rothkirchs Maximin-Theorem beruht im wesentlichen auf der folgenden *equity*-Bedingung: *Axiom E**:* $\forall$ x, y $\in$ X, $\forall$ i, j $\in$ N: $[(U_i(y) \leq U_i(x) \leq U_j(x) < U_j(y)) \wedge (\forall k \in N \setminus \{i, j\}: U_k(x) = U_k(y))] \rightarrow$ xRy. Da die Bedingung E** offensichtlich (für $U_i(y) = U_i(x)$) sogar Verstöße gegen das Pareto-Kriterium P* erlaubt, schließt sie das Leximin-SWFL als akzeptables Verteilungsprinzip aus.

[22] Tatsächlich begründen die Axiome U, I und S^0 eine Anonymitätseigenschaft, die weit über die Bedingung A hinausgeht. Vgl. dazu Sen (1977b), Theorem 7, Hammond (1979), 1130 und Resnik (1986), 52–56.

2. Nun ist es kein Problem, im Zuge der axiomatischen Begründung des lexikographischen Maximin-Prinzips auf eine direkte Verwendung der überaus starken Bedingung E zu verzichten, wenn man eine schwache *multi-profile*-Version des Fleming'schen *separability*-Postulats ins Spiel bringt. Dieses zweite, von d'Aspremont und Gevers präsentierte, Argument kommt allerdings nicht ohne die rigide Invarianzbedingung OL aus und läßt sich überdies mühelos zugunsten der allgemeinen Akzeptierbarkeit des lexikographischen Maximax-Prinzips („Leximax") wenden, das die rawlsianische Verteilungsethik in ihr glattes Gegenteil verkehrt.

2.1. Das Leximax-SWFL ist wie folgt zu definieren:

$\forall$ x, y $\in$ X: (1) $xIy \leftrightarrow [\forall r \in N: U_{r(x)}(x) = U_{r(y)}(y)]$ und
(2) $xPy \leftrightarrow [\exists k \in N: \{\forall r \in N, r > k: U_{r(x)}(x) = U_{r(y)}(y)\} \wedge \{U_{k(x)}(x) > U_{k(y)}(y)\}]$

Mit dieser Definition, die sich – rein formal betrachtet – nur geringfügig von der des Leximin-Prinzips unterscheidet (r > k statt r < k), ist eine lexikographische Erweiterung des Maximax-SWFL verbunden, das sich bei der gesellschaftlichen Bewertung von Verteilungskonflikten ausschließlich an den Nutzenniveaus der jeweils am besten gestellten Individuen orientiert:

$$\forall x, y \in X: xRy \leftrightarrow \max_i U_i(x) \geq \max_i U_i(y)$$

Nun ist unschwer zu erkennen, daß das einfache Maximax-Prinzip und seine lexikographische Variante mit den beiden rawlsianischen Verteilungsgrundsätzen eine ganze Reihe von attraktiven Eigenschaften teilen. So genügt das Maximax-SWFL (wie das Maximin-Prinzip) den Bedingungen U, I, P^0, P, D, A, S^0, OL und CF, während das Leximax-Prinzip (wie das Leximin-SWFL) darüber hinaus auch noch die Axiome P* und S erfüllt. Dieser weitreichenden Gemeinsamkeit steht allerdings die offensichtliche Tatsache gegenüber, daß die beiden Versionen des Maximax-Prinzips der folgenden *inequity*-Bedingung genügen, die unter den speziellen Voraussetzungen des Axioms E für eine tendenziell inegalitäre Lösung des Interessenkonflikts plädiert:

Axiom IN: $\forall$ x, y $\in$ X, $\forall$ i, j $\in$ N:
$[(U_i(y) < U_i(x) < U_j(x) < U_j(y)) \wedge (\forall k \in N \setminus \{i, j\}: U_k(x) = U_k(y))] \rightarrow yRx.$

Da die Bedingung IN die mit Hammonds Gerechtigkeitsaxiom erhobene Forderung lediglich umkehrt, läßt sie sich – in vollkommener Analogie zu den Theoremen 12 und 12' – zur axiomatischen Charakterisierung des lexikographischen Maximax-Prinzips verwenden. Das Leximax-SWFL ist nämlich das einzige Verteilungsprinzip, das gleichzeitig die Bedingungen U, I, P*, S^0 (bzw. A), IN und CF erfüllt (vgl. d'Aspremont/Gevers [1977], Theorem 6).

2.2. Die von d'Aspremont und Gevers formulierte Charakterisierung des lexikographischen Maximin-Prinzips beruht im wesentlichen auf dem Nachweis, daß sich die folgende *multi-profile*-Version des Fleming'schen *separability*-Postulats verwenden läßt, um die starken Bedingungen E und IN zu fundieren (vgl. d'Aspremont/Gevers [1977], 203):

Axiom SE: Für je zwei n-Tupel individueller Nutzenfunktionen $(U_1, \ldots, U_n)$ und $(U'_1, \ldots, U'_n)$, denen F die

gesellschaftlichen Präferenzordnungen R bzw. R' zuordnet, und alle Teilmengen $M \subset N$ gilt:
$[(\forall i \in M, \forall x \in X: U_i(x) = U_i'(x)) \wedge (\forall j \in N \setminus M, \forall x,y \in X: U_j(x) = U_j(y) \wedge U_j'(x) = U_j'(y))] \rightarrow R = R'$.

Folgt man der Bedingung SE, so hat die gesellschaftliche Bewertung der Alternativenmenge X völlig unabhängig von den Nutzenniveaus derjenigen Individuen zu erfolgen, die alle zur Wahl stehenden Verteilungszustände x als gleich gut erachten. Diese per se relativ schwache Restriktion wird offenbar ganz erheblich verschärft, wenn ein SWFL gleichzeitig die *independence*-Bedingung erfüllt. Mit der üblichen Kombination der Axiome SE und I ist nämlich die Forderung verbunden, bei der kollektiven Bewertung jedes Alternativenpaars (x, y) die Nutzenniveaus aller zwischen x und y indifferenten Individuen zu ignorieren. Die potentiell drastischen Implikationen der Bedingung SE sind besonders deutlich zu erkennen, wenn ein SWFL die Eigenschaft der starken Neutralität besitzt. Sobald man nämlich die Axiome SN (bzw. U, I, P^0) und SE miteinander verknüpft, läßt sich die bei der gesellschaftlichen Bewertung eines Alternativenpaars (x, y) ausschließlich zu verwendende Informationsgrundlage von den beiden Nutzenvektoren $v = (U_1(x), \ldots, U_n(x))$ und $\bar{v} = (U_1(y), \ldots, U_n(y))$ faktisch auf zwei Vektoren v' und $\bar{v}'$ reduzieren, die nur noch die Nutzenniveaus der zwischen x und y nicht indifferenten Individuen enthalten ($v\hat{R}\bar{v} \leftrightarrow v'\hat{R}\bar{v}'$ und $\bar{v}\hat{R}v \leftrightarrow \bar{v}'\hat{R}v'$). Das folgende Beispiel, das kardinale und interpersonell völlig vergleichbare Nutzenwerte voraussetzt, illustriert die Tatsache, daß der Kreis der zulässigen „welfaristischen“ Verteilungsprinzipien durch die Bedingung SE beträchtlich eingeengt wird:

$$U_1(x) = 100,\ U_2(x) = 60,\ U_3(x) = 30,\ U_4(x) = 10$$
$$U_1(y) = 100,\ U_2(y) = 40,\ U_3(y) = 50,\ U_4(y) = 10$$

Das *separability*-Axiom hat unter diesen Umständen (in Verbindung mit der Bedingung SN) die Forderung zur Folge, daß sich die kollektive Rangordnung der Alternativen x und y nicht verändern darf, wenn ihr statt der beiden Nutzenvektoren $v = (100, 60, 30, 10)$ und $\bar{v} = (100, 40, 50, 10)$ die reduzierten Nutzenvektoren $v' = (60, 30)$ und $\bar{v}' = (40, 50)$ zugrunde gelegt werden. Zu den Verteilungsprinzipien, die diese Forderung verletzen, zählen offensichtlich das Maximin-SWFL ($v\hat{I}\bar{v}$ versus $\bar{v}'\hat{P}v'$) und das Maximax-SWFL ($v\hat{I}\bar{v}$ versus $v'\hat{P}\bar{v}'$). Darüber hinaus ist zu erkennen, daß neben dem utilitaristischen Kriterium ($v\hat{I}\bar{v}$, $v'\hat{I}\bar{v}'$) auch das Leximin-Prinzip ($\bar{v}\hat{P}v$, $\bar{v}'\hat{P}v'$) und das Leximax-Prinzip ($v\hat{P}\bar{v}$, $v'\hat{P}\bar{v}'$) der Bedingung SE genügen.
Da das Maximin-SWFL und das Maximax-Prinzip bereits gegen das Pareto-Kriterium P* verstoßen, das die *separability*-Idee lediglich auf die Bewertung konfliktfreier Situationen anwendet, müssen beide zwangsläufig auch das weitaus stärkere Axiom SE verletzen. Die Tatsache, daß das utilitaristische Prinzip dem *separability*-Postulat mühelos genügt, hat im übrigen einen bemerkenswerten allgemeinen Hintergrund. Es läßt sich nämlich zeigen, daß alle Invarianzaxiome, die ordinale interpersonelle Nutzenvergleiche als Informationsquelle der gesellschaftlichen Präferenzordnung ausschalten, die Bedingung SE implizieren (vgl. d'Aspremont/Gevers [1977], 203). Zur Gruppe dieser Meßbarkeits- und Vergleichbarkeitsannahmen gehört neben den Invarianzaxiomen ON und CN insbesondere die für die utilitaristische Ethik charakteristische Informationsprämisse CU. Damit ist auch klar, daß der Klasse aller grundsätzlich ak-

zeptierbaren Sozialen Wohlfahrtsfunktionale mit der Bedingung SE nur dann eine genuine Restriktion auferlegt wird, wenn man die Informationsgrundlage der gesellschaftlichen Präferenzordnung zumindest durch das Invarianzaxiom OL spezifiziert.

2.3. Nun ist ohne weiteres zu erkennen, daß die Bedingung SE den lexikographischen Versionen des Maximin- und Maximax-Prinzips insofern unmittelbar zugrunde liegt, als die charakteristischen Axiome E und IN die *separability*-Idee auf die Bewertung sehr spezieller Verteilungskonflikte anwenden. Das folgende Ergebnis zeigt, daß zwischen den Bedingungen SE und E bzw. IN darüber hinaus ein exklusiver Zusammenhang besteht, wenn die Standardaxiome U, I, P* und A mit der Informationsprämisse OL verknüpft werden (vgl. d'Aspremont/Gevers [1977], Theorem 4):

Theorem 13: Erfüllt ein SWFL die Axiome U, I, P*, A, SE und OL, so genügt es entweder der Bedingung E oder der Bedingung IN.

Dieses grundlegende Resultat, das das Spektrum der zulässigen Verteilungskriterien offenbar auf die lexikographischen Versionen des Maximin- und Maximax-Prinzips reduziert, läßt sich für die Fundierung des Leximin-SWFL nutzen, wenn man zusätzlich eine sehr schwache Gerechtigkeitsbedingung einführt (vgl. Deschamps/Gevers [1978], 145):

Axiom ME: Für mindestens ein Profil $(U_1, \ldots, U_n)$ im Definitionsbereich von F gilt:
$\exists\, x, y \in X, \exists\, j \in N: [\forall i \in N \setminus \{j\}: U_i(y) < U_i(x) < U_j(x) < U_j(y)] \wedge xRy$.

Die Bedingung ME *(minimal equity)* bezieht sich auf die kollektive Bewertung von Situationen, in denen die (strikte) Präferenz eines Individuums j, das in den zur Wahl stehenden Verteilungszuständen x und y jeweils die beste Position einnimmt, den (strikten) Präferenzen aller übrigen Gesellschaftsmitglieder i widerspricht. Die mit dem Axiom ME erhobene Forderung, derart extreme Verteilungskonflikte nicht ausnahmslos zugunsten des ohnehin privilegierten Individuums zu entscheiden, ist zwar (vor allem angesichts der Bedingung U) äußerst schwach, reicht aber ganz offensichtlich aus, um das Leximax-SWFL als letzten Rivalen des Rawlsianismus zu eliminieren (vgl. d'Aspremont/Gevers [1977], Theorem 7):[23]

Theorem 14: Das Leximin-Prinzip ist das einzige SWFL, das die Axiome U, I, P*, A, SE, ME und OL erfüllt.

Diese alternative Fundierung des lexikographischen Maximin-Prinzips hat auf den ersten Blick den entschiedenen Vorzug, daß sie ohne die äußerst starke Bedingung E auskommt. Bei einer genaueren Betrachtung des Theorems 14 stellt sich allerdings heraus, daß es keineswegs die substantiellen Axiome SE und ME allein sind, die diesen Verzicht ermöglichen. Da mit dem utilitaristischen Prinzip ein SWFL zur Verfügung steht, das unter der Invarianzbedingung CF mühelos die Axiome U, I, P*, A, SE und ME erfüllt, hängt das eindeutige Ergebnis des Theorems 14 vielmehr ganz entscheidend von der rigiden Informationsprämisse OL ab (vgl. unten V.4.). Der

[23] Zur analogen Anwendung der Theoreme 13 und 14 auf das Problem rationaler individueller Entscheidungen bei Ungewißheit vgl. Maskin (1979), Theorem 10 und Theorem 11.

von d'Aspremont und Gevers zur axiomatischen Charakterisierung der rawlsianischen Verteilungsethik eingeschlagene Weg ist im übrigen selbst dann nicht als unproblematisch zu betrachten, wenn man bereit ist, den Ausschluß kardinaler interpersoneller Informationen kritiklos hinzunehmen. Unter diesen Umständen liegt es nämlich nahe, das fundamentale Theorem 13 auch für die Fundierung des lexikographischen Maximax-Prinzips zu nutzen. Um das mit Theorem 14 geführte Argument zugunsten der allgemeinen Akzeptierbarkeit des Leximax-SWFL umzukehren, reicht es offensichtlich aus, das Axiom ME durch eine analoge Ungerechtigkeitsbedingung zu ersetzen:

Axiom MI: Für mindestens ein Profil $(U_1, \ldots, U_n)$ im Definitionsbereich von F gilt:
$\exists\, x, y \in X, \exists\, j \in N: [\forall i \in N \setminus \{j\}: U_j(y) < U_j(x) < U_i(x) < U_i(y)] \wedge yRx$.

Da die Bedingungen ME und MI *(minimal inequity)* als gleich schwach und plausibel zu betrachten sind, erzeugt der von d'Aspremont und Gevers favorisierte Ansatz eine Fundierung des Rawlsianismus, die zumindest nicht überzeugender ist als die korrespondierende Begründung des antirawlsianischen Leximax-Prinzips (vgl. dazu Arrow [1978], 232).

3. Die den Rawlsianismus-Theoremen 12' und 14 gemeinsame Logik ist besonders deutlich zu erkennen, wenn man auf ein allgemeineres Resultat zurückgreift, das als analoge Übertragung des Arrow-Theorems auf die erweiterte Informationsprämisse OL betrachtet werden kann. Darüber hinaus läßt sich zeigen, daß Hammonds Fundierung des Leximin-Prinzips im wesentli-

chen auf den weitreichenden Implikationen beruht, die sein Gerechtigkeitsaxiom bereits unter den Standardbedingungen U und I nach sich zieht.

3.1. Da die Essenz des Arrow-Theorems im Nachweis besteht, daß die Axiome U, I und P unter der Informationsprämisse ON mit der Bedingung D konfligieren, lohnt es sich, über die beiden bisher präsentierten Versionen des Theorems 1 hinaus auch die folgende Reformulierung zu betrachten (vgl. oben II.1. und II.3.):

Theorem 1: Wenn ein SWFL die Axiome U, I, P und ON erfüllt, dann existiert ein Individuum $i \in N$, so daß für alle Alternativenpaare $x, y \in X$ gilt: $U_i(x) > U_i(y) \rightarrow xPy$.

Diese triviale Variante des Arrow-Theorems ist insofern nicht uninteressant, als sie das ursprüngliche Unmöglichkeitstheorem in eine axiomatische Charakterisierung der Klasse aller diktatorischen Verteilungsprinzipien verwandelt. Nun ist unschwer zu erkennen, daß die beiden rawlsianischen Prinzipien zwar einerseits die Diktatur eines spezifischen Individuums vermeiden, andererseits aber gleichwohl ein diktatorisches Element enthalten, weil sie sich bei der gesellschaftlichen Bewertung von Verteilungsproblemen ausschließlich (oder doch zumindest primär) an der jeweils schlechtesten individuellen Position orientieren. Es liegt daher nahe, die beiden Versionen des Maximin-Prinzips (wie auch das Maximax- und Leximax-SWFL) als zwei spezielle Vertreter einer umfangreichen Klasse von Kriterien zu interpretieren, die die kollektive Präferenzordnung (im wesentlichen) auf die Diktatur einer spezifischen Rangposition stützen. Das folgende Ergebnis zeigt, daß die Klasse aller „rang-diktatorischen" Verteilungsprinzipien mit einem direkten Analogon des Arrow-Theorems gekennzeichnet werden kann (vgl. Roberts [1980 b], Theorem 4):[24]

Theorem 15: Wenn ein SWFL die Axiome U, I, P, A und OL erfüllt, dann existiert eine Rangziffer $r \in N$, so daß für alle Alternativenpaare $x, y \in X$ gilt: $U_{r(x)}(x) > U_{r(y)}(y) \rightarrow xPy$.

Während die Informationsgrundlage eines SWFL mit den Arrow-Axiomen U, I, P und ON (fast) ausschließlich auf die individuellen Präferenzordnungen reduziert wird, eröffnet die schwächere Invarianzbedingung OL die Möglichkeit, über die R_i hinaus auch ordinale interpersonelle Informationen zu berücksichtigen. Die gleichzeitige Einführung der Anonymitätsbedingung hat allerdings die Konsequenz, daß sich die gesellschaftliche Bewertung zweier Alternativen x und y (im wesentlichen) nur noch auf die ordinalen Informationen stützen kann, die in den beiden Rangnutzen-Vektoren $(U_{1(x)}(x), \ldots, U_{n(x)}(x))$ und $(U_{1(y)}(y), \ldots, U_{n(y)}(y))$ enthalten sind. Unter diesen Umständen bietet eine Rangdiktatur die einzige Möglichkeit, eine vollständige und konsistente Ordnung der Alternativenmenge X zu gewährleisten (vgl. Sen [1986], 1117).

Vor dem Hintergrund des Theorems 15 hat bereits die von d'Aspremont und Gevers gewählte Verschärfung der Bedingung P drei wesentliche Konsequenzen. Das Pare-

[24] Zu einer etwas schwächeren Formulierung dieses Resultats vgl. Gevers (1979), Theorem 4 (Satz 2). Eine graphische Analyse des Rangdiktatur-Theorems findet sich in Blackorby/Donaldson/Weymark (1984), 342–345. Zu einem verwandten Ergebnis vgl. Strasnick (1976 b), 252 f. und Strasnick (1977), 683–686.

to-Kriterium P* garantiert nämlich (1) in Verbindung mit den Axiomen U und I erst vollends die starke Neutralität der gesellschaftlichen Bewertung, schließt (2) das Maximin- und Maximax-SWFL aus und sorgt (3) gemeinsam mit den Bedingungen U, I, A und OL dafür, daß der Kreis der zulässigen Verteilungsprinzipien zumindest tendenziell auf die Klasse aller lexikographischen Rangdiktaturen beschränkt wird.[25] Mit der zusätzlichen Einführung des *separability*-Postulats SE werden zum einen alle nicht-lexikographischen und zum anderen auch diejenigen lexikographischen Rangdiktaturen eliminiert, die dem jeweils geringsten (Leximin) oder höchsten Rangnutzenwert (Leximax) keine unbedingte Priorität beimessen (Theorem 13). Die Funktion der Bedingung ME besteht dann nur noch darin, das Leximax-SWFL als akzeptables Verteilungsprinzip auszuschalten (Theorem 14). Geht man nun von den Bedingungen U, I, P*, A und CF aus, so ist klar zu erkennen, wie stark Hammonds Gerechtigkeitsaxiom tatsächlich ist (vgl. Sen [1977b], 1549). Da die Bedingung E (1) eine Berücksichtigung kardinaler (intra- wie interpersoneller) Informationen faktisch ausschließt, (2) das für das Leximin- und Leximax-SWFL charakteristische *separability*-Element enthält und schließlich (3) das lexikographische Maxi-

[25] Die Axiome U, I, P*, A und OL erzwingen nur dann eine lexikographische Rangdiktatur, wenn zwei zur Bewertung anstehende Rangnutzen-Vektoren $(U_{1(x)}(x), \ldots, U_{n(x)}(x))$ und $(U_{1(y)}(y), \ldots, U_{n(y)}(y))$ jeweils die folgende Eigenschaft besitzen: $U_{1(\cdot)}(\cdot) < U_{2(\cdot)}(\cdot) < \ldots < U_{n(\cdot)}(\cdot)$. Vgl. dazu Gevers (1979), Theorem 5. Demgegenüber reichen die Bedingungen U, I, P* und ON bereits völlig aus, um die Klasse aller lexikographischen individuellen Diktaturen zu kennzeichnen. Vgl. Gevers (1979), Theorem 3. Der erste Hinweis auf diese bemerkenswerte Modifikation des Arrow-Theorems findet sich bereits in Luce/Raiffa (1957), 344.

max-Prinzip eliminiert, erbringt sie gleichzeitig die Leistungen der Axiome OL, SE und ME (Theorem 12').

3.2. Die Axiome E und IN gehören (wie übrigens auch Flemings Postulat E) zu einer sehr speziellen Klasse von Bedingungen, die die ethische Bewertung von Zwei-Personen-Konflikten in beliebig großen Gesellschaften regeln.[26] Dieser offensichtliche Befund ist für die Interpretation der Theoreme 12 und 12' insofern von großer Bedeutung, als sich zeigen läßt, daß bereits die Axiome U und I genügen, um die speziellen Forderungen dieser *two-person equity conditions* auf die Bewertung von n-Personen-Konflikten auszudehnen.[27] Die massiven Konsequenzen, die eine gleichzeitige Verwendung der Bedingungen U, I und E nach sich zieht, sind zu erkennen, wenn man unter der Informationsprämisse CF (oder OL) alle Verteilungskonflikte betrachtet, die die beiden folgenden Eigenschaften besitzen:

(1) $U_{1(y)}(y) < U_{1(x)}(x) < U_{2(x)}(x) < U_{2(y)}(y) < U_{3(x)}(x) < U_{3(y)}(y) < \ldots < U_{n(x)}(x) < U_{n(y)}(y)$

(2) $\forall\, r \in N: r(x) = r(y)$

---

[26] Von diesen regelmäßig ein *separability*-Element enthaltenden Axiomen ist eine Klasse von Bedingungen zu unterscheiden, die sich auf die Bewertung von Interessenkonflikten in Zwei-Personen-Gesellschaften beziehen. Auf der Verwendung solcher *two-person society conditions*, die als fundamentale Regeln für die Begründung normativer interpersoneller Nutzenvergleiche zu interpretieren sind, beruhen die von Strasnick formulierten Axiomatisierungen des Differenzprinzips. Vgl. Strasnick (1976 a), Strasnick (1976 b) und Strasnick (1979 a). Zu einer Fundierung des Leximin-Prinzips, die den von Strasnick vorgezeichneten Weg einschlägt, vgl. Sen (1976 b), (T.2) und (T.3).

[27] Vgl. dazu Sen (1977 b), Theorem 8 sowie ausführlich Hammond (1979). Der skizzierte Zusammenhang läßt sich im übrigen auch für eine leichte Verschärfung des Theorems 12 nützen. Vgl. Hammond (1979), Theorem 2 und Theorem 3.

Die Annahmen (1) und (2) beschreiben eine enge Klasse extremer n-Personen-Konflikte, die sich – grob gesprochen – dadurch auszeichnen, daß die (strikte) Präferenz eines Individuums, das in jedem Fall das geringste Nutzenniveau realisiert, den (strikten) Präferenzen aller übrigen Gesellschaftsmitglieder widerspricht, die in den zwei zur Wahl stehenden Zuständen ebenfalls die jeweils gleiche Rangposition einnehmen. Während die beiden rawlsianischen Prinzipien unter diesen Umständen kurzerhand die Interessen des am schlechtesten gestellten Individuums durchsetzen (xPy), kann Hammonds Gerechtigkeitsaxiom (für $n > 2$) zur Lösung dieser speziellen Verteilungsprobleme per se offensichtlich überhaupt nichts beitragen. Es läßt sich aber zeigen, daß die Bedingung E unter den Prämissen (1) und (2) immer dann eine schwache Präferenz für die nach dem Maximin- und Leximin-Prinzip eindeutig zu bevorzugende Alternative erzeugt (xRy), wenn sie mit den Standardaxiomen U und I kombiniert wird (vgl. Sen [1976 b], [T.4]). Dieses Ergebnis ist für Hammonds Fundierung der rawlsianischen Verteilungsethik offenbar von zentraler Bedeutung, weil es deren charakteristische, unbedingte Orientierung an der schlechtesten Rangposition im wesentlichen auf die Bedingungen U, I und E zurückführt. Vor diesem Hintergrund besteht die Funktion der Axiome S^0 (bzw. A) und P* in erster Linie nur noch darin, die skizzierte Implikation der Bedingungen U, I und E völlig unabhängig von den genannten Voraussetzungen zu sichern und das Maximin-SWFL als zulässiges Verteilungsprinzip auszuschalten (Theoreme 12 und 12').

3. *Utilitarismus*

1. Die Rawlsianismus-Theoreme 12, 12' und 14 beruhen – so viel ist bisher klar geworden – wesentlich auf der expliziten (d'Aspremont/Gevers) bzw. impliziten Verwendung (Hammond) der Informationsprämisse OL. Betrachtet man nun die verschiedenen Ansätze, das utilitaristische Kriterium als einzig akzeptables SWFL auszuweisen, so ergibt sich insofern ein ähnlicher Befund, als zumindest zwei prominente Utilitarismus-Theoreme ausdrücklich oder stillschweigend mit den massiven Implikationen der charakteristischen Invarianzbedingung CU operieren (d'Aspremont/Gevers [1977], Deschamps/Gevers [1978]). Neben diesen beiden Resultaten ist allerdings noch ein drittes Theorem zu beachten, das Flemings Spuren folgt und die axiomatische Fundierung des utilitaristischen Prinzips auf die neutrale Informationsprämisse CF stützt (Maskin [1978]).

1.1. Die von d'Aspremont und Gevers formulierte Charakterisierung des utilitaristischen SWFL beruht im wesentlichen auf der Tatsache, daß das Invarianzaxiom CU – im Gegensatz zur rawlsianischen Informationsprämisse OL – bereits unter den Arrow-Bedingungen U, I und P eine drastische Restriktion nach sich zieht. Greift man in diesem Zusammenhang noch einmal auf die Theoreme 1 und 5 zurück, so läßt sich zeigen, daß die mit der Bedingung OL verbundene Lockerung der Arrow'schen Informationsprämisse ON ein breites Spektrum akzeptabler Verteilungsprinzipien erzeugt, das ganz erheblich über die Klasse aller individuellen Diktaturen hinausgeht. Während die Axiome U, I, P und OL noch viel zu schwach sind, um eine klar erkennbare Vorentscheidung zugunsten des Rawlsianismus zu implizieren (vgl. im einzelnen Gevers [1979], Theorem 1 und Roberts [1980 b], Theoreme 1–3), unterliegt die Klasse der zulässigen Sozialen Wohlfahrtsfunktionale bereits einer sehr spezifischen, tendenziell utilitaristischen Restriktion, wenn man die drei Arrow-Bedingungen mit der Informationsprämisse CU verknüpft (vgl. Roberts [1980 a], Theorem 2):[28]

Theorem 16: Wenn ein SWFL die Axiome U, I, P und CU erfüllt, dann existieren n nicht-negative reelle Zahlen a_i mit

$\sum_{i=1}^{n} a_i = 1$, so daß für alle x, y ∈ X gilt:

$$\sum_{i=1}^{n} a_i \cdot U_i(x) > \sum_{i=1}^{n} a_i \cdot U_i(y) \rightarrow xPy.$$

Die Bedingungen U, I, P und CU begründen offenbar die Existenz einer „welfaristischen" Bergson-Samuelson-swf W, die der strikten gesellschaftlichen Präferenzrelation P zugrunde liegt[29] und die soziale Wohlfahrt – für jedes beliebige Profil $(U_1, \ldots, U_n)$ – als lineare Kombination der individuellen Nutzenwerte ermittelt:

$$W(\cdot) = \sum_{i=1}^{n} a_i \cdot U_i(\cdot)$$

[28] Das folgende Ergebnis beruht im wesentlichen auf Blackwell/Girshick (1954), Theorem 4.3.1. Zu einer etwas schwächeren Version des Theorems 16 vgl. Deschamps/Gevers (1977), 79 und Gevers (1979), Theorem 2 (Satz 1). Für einen geometrischen Beweis dieses Resultats vgl. Blackorby/Donaldson/Weymark (1984), 350f.

[29] Das spezielle Ergebnis des Theorems 16 beruht auf der allgemeinen Tatsache, daß sich die Präferenzrelation P immer dann mit einer „welfaristischen" swf untermauern läßt, wenn ein SWFL über die Arrow-Bedingungen U, I und P hinaus einem schwachen Stetigkeitsaxiom genügt, das von allen üblicherweise berücksichtigten Invarianzbedingungen (ON, CN, CU, OL, CF) impliziert wird. Vgl. dazu Roberts (1980 a), Theorem 1.

Da die Axiome U, I, P und CU die gesellschaftliche Rangordnung der Alternativen weitgehend (d. h.: abgesehen von der noch offenen Fundierung der Indifferenzrelation I) an eine lineare swf binden, die – rein formal betrachtet – dem Ergebnis der Harsanyi-Postulate a, b und c (bzw. d) entspricht, lohnt es sich, die Theoreme 16 und 10 (bzw. 10') miteinander zu vergleichen (vgl. oben III.2.b.). Dabei stellt sich heraus, daß der formalen Affinität dieser beiden Resultate ganz erhebliche substantielle Unterschiede gegenüberstehen. Sieht man vom spezifischen *multi-profile-* bzw. *single-profile-*Charakter der Theoreme 16 und 10 einmal völlig ab, so ist doch in jedem Fall festzuhalten, daß die beiden Fundierungen einer linearen swf mit den Mengen X (Sicherheit) und X* (Risiko) von zwei radikal verschiedenen Beschreibungen des gesellschaftlichen Entscheidungsproblems ausgehen. Harsanyis Ergebnis geht daher insofern weit über das Theorem 16 hinaus, als die Postulate a bis c gleichzeitig eine lineare ex-ante- und ex-post-swf begründen. Der größeren Reichweite des Theorems 10 steht allerdings die Tatsache gegenüber, daß Harsanyi mit der vNM-Repräsentation der individuellen und gesellschaftlichen Präferenzen lediglich die für die kollektive Bewertung von Verteilungskonflikten erforderlichen Meßbarkeitsvoraussetzungen klärt, ohne irgendeine Vergleichbarkeitsprämisse einzuführen. Da die Bedingung CU demgegenüber nicht nur den intrapersonalen, sondern auch den interpersonellen Informationsgehalt eines Nutzenprofils eindeutig festlegt, hat das Theorem 16 den entschiedenen Vorzug, daß es bereits per se ein substantiell interessantes Resultat liefert.

Das relativ starke Ergebnis des Theorems 16 ist in erster Linie auf die Tatsache zurückzuführen, daß die Informationsgrundlage der gesellschaftlichen Präferenzordnung mit der Abschwächung des Axioms ON (bzw. CN) zur Bedingung CU lediglich um sehr spezielle Aussagen über die interpersonellen Nutzendifferenzen erweitert wird. Da dem Invarianzaxiom CU eine Klasse von Transformationen zugrunde liegt, die die interpersonelle Rangordnung der individuellen Nutzenniveaus nicht zuverlässig erhalten, schließt die bloße Verwendung der utilitaristischen Informationsprämisse bereits alle Kriterien aus, die bei der Bewertung zweier Alternativen x und y die Verteilungsmerkmale der beiden Vektoren $(U_1(x), \ldots, U_n(x))$ und $(U_1(y), \ldots, U_n(y))$ berücksichtigen. Während dieser vollkommenen Ausblendung der Nutzenverteilung neben dem Maximin-, Maximax-, Leximin- und Leximax-SWFL eine Fülle alternativer „welfaristischer" Kriterien unmittelbar zum Opfer fällt, haben die Bedingungen U, I und P gleichzeitig die Konsequenz, daß alle nicht-„welfaristischen" Prinzipien (zumindest als potentielle Grundlage der strikten Präferenzrelation P) eliminiert werden. Angesichts der (nahezu) „welfaristischen" Implikationen der Axiome U, I und P besteht dann die einzige Möglichkeit, die unter der Bedingung CU verfügbaren Informationen für die Bewertung von Verteilungskonflikten zu nutzen, nur noch darin, die kollektive Rangordnung der Alternativen (zumindest weitgehend) auf eine gewichtete Summe der individuellen Nutzenwerte zu stützen.

1.2. Da das Theorem 16 – ausgehend von den Theoremen 1 und 5 – lediglich mit einer Erweiterung der Informationsprämisse ON bzw. CN operiert, enthält die Klasse der durch die Bedingungen U, I, P und CU charakterisierten Sozialen Wohlfahrtsfunktionale unter anderem auch alle individuellen Diktaturen:

$$\exists\, h \in N: (a_h = 1 \wedge \forall i \in N \setminus \{h\}: a_i = 0)$$

Nun ist es offensichtlich kein Problem, diese Teilklasse durch die zusätzliche Einführung des Axioms D zu eliminieren. Darüber hinaus ist ohne weiteres zu erkennen, daß sich das Theorem 16 für die Fundierung der utilitaristischen Verteilungsethik verwenden läßt, wenn man Arrows Diktaturverbot durch das stärkere Axiom A ersetzt. Da die Forderung nach einer anonymen Bewertung aller Verteilungszustände unter den Bedingungen U, I, P und CU offenbar nur noch eine gleich gewichtete Summe der $U_i(\cdot)$ als Grundlage der strikten gesellschaftlichen Präferenzrelation zuläßt ($\forall i \in N$: $a_i = \frac{1}{n}$), wird die lineare swf des Theorems 16 durch die Bedingung A unmittelbar in eine genuin utilitaristische swf transformiert (vgl. Roberts [1980 a], 429):[30]

Theorem 16': Erfüllt ein SWFL die Axiome U, I, P, A und CU, so gilt für alle x, y∈ X:

$$\sum_{i=1}^{n} U_i(x) > \sum_{i=1}^{n} U_i(y) \rightarrow xPy.$$

Vergleicht man dieses Resultat mit dem Rangdiktatur-Theorem, so ist deutlich zu erkennen, daß die Invarianzbedingung CU eine weitaus stärkere Restriktion erzeugt als die Informationsprämisse OL. Während nämlich die Axiome U, I, P, A und OL nur eine schwache Vorentscheidung zugunsten des Rawlsianismus implizieren (Theorem 15), wird das Spektrum der zulässigen Verteilungsprinzipien mit den Bedingungen U, I, P, A und CU auf eine enge Klasse von Regeln beschränkt, die allesamt einer überwiegend utilitaristischen Logik folgen, weil

[30] Diese triviale Implikation des Anonymitätsaxioms entspricht offensichtlich der substantiellen Konsequenz, die Harsanyis Symmetrie-Bedingung unter den Postulaten a, b und d nach sich zieht. Vgl. oben III.2.b.

sie die gesellschaftliche Präferenzordnung immer dann auf das utilitaristische Kriterium stützen, wenn die Nutzensummen zweier Alternativen x und y divergieren. Die Mitglieder dieser Klasse der *utilitarian rules* (Deschamps/Gevers [1978], 147) unterscheiden sich also lediglich insofern voneinander, als sie der kollektiven Rangordnung zweier Verteilungszustände, die identische Nutzensummen erzeugen, ein jeweils spezifisches („welfaristisches" oder nicht-"welfaristisches") Prinzip zugrunde legen.[31] Um den geringen Spielraum, den das Theorem 16' einer nicht-utilitaristischen Bewertung von Verteilungsproblemen immerhin noch eröffnet, vollends zu beseitigen, genügt es, die schwache Arrow-Bedingung P durch die übliche Version des Pareto-Kriteriums zu ersetzen (vgl. d'Aspremont/Gevers [1977], Theorem 3):[32]

Theorem 17: Das utilitaristische Prinzip ist das einzige SWFL, das die Axiome U, I, P*, A und CU erfüllt.

Da die Bedingungen U, I und P* die starke Neutralität eines SWFL garantieren, ist unmittelbar zu erkennen, daß die Verschärfung des Axioms P in jedem Fall alle nicht-„welfaristischen" utilitaristischen Regeln eliminiert. Vor diesem Hintergrund ist die äquivalente Fun-

---

[31] Sieht man einmal von der Tatsache ab, daß das utilitaristische Prinzip (im engeren Sinne) in der Klasse der *utilitarian rules* enthalten ist, liegt es nahe, die Mitglieder dieser Klasse als Repräsentanten alternativer *tie-breaking rules* zu interpretieren, mit denen die utilitaristische Ethik gelegentlich verknüpft wird.

[32] Mit dem folgenden Ergebnis wird im wesentlichen nur Milnors Axiomatisierung des Laplace-Kriteriums analog reformuliert. Vgl. Milnor (1954), Theorem 2. Für eine graphische Analyse des Theorems 17 vgl. Blackorby/Donaldson/Weymark (1984), 351f. und Wittman (1984), 244f. Zu zwei verwandten Resultaten vgl. Strasnick (1981), Theorem H' und Suzumura (1983 a), Theorem 6.2.

dierung des utilitaristischen Prinzips (d. h.: der Ausschluß auch aller „welfaristischen" Konkurrenten) im wesentlichen auf die Tatsache zurückzuführen, daß die Axiome A und CU unter den Bedingungen U, I und P* gemeinsam eine Stetigkeitseigenschaft implizieren, die es erlaubt, nicht nur (1) die asymmetrische, sondern auch (2) die symmetrische Komponente der gesellschaftlichen Präferenzrelation R durch eine rein additive swf zu repräsentieren (vgl. Blackorby/Donaldson/Weymark [1984], 351 und unten):

$$\forall\, x, y \in X: \; (1)\; xPy \leftrightarrow \sum_{i=1}^{n} U_i(x) > \sum_{i=1}^{n} U_i(y) \text{ und}$$
$$(2)\; xIy \leftrightarrow \sum_{i=1}^{n} U_i(x) = \sum_{i=1}^{n} U_i(y)$$

Sobald man die Prämissen des Theorems 16' um die übliche Forderung der Pareto-Inklusivität ergänzt, ist die gesellschaftliche Bewertung von Verteilungskonflikten demnach auch dann an das utilitaristische Prinzip gebunden, wenn zwei zur Wahl stehende Alternativen die gleiche Nutzensumme erzeugen.[33]

2. Vergleicht man die bisher diskutierten Fundierungen der rawlsianischen und utilitaristischen Verteilungsethik,

---

[33] Tatsächlich wird die Bedingung P* für die Fundierung des utilitaristischen Prinzips nicht in vollem Umfang benötigt. Das Theorem 17 läßt sich nämlich auch dann beweisen, wenn die übliche Version des Pareto-Kriteriums durch die (insgesamt schwächeren) Bedingungen P^0 und P ersetzt wird. Vgl. dazu Rothkirch (1978), Theorem 2, Rothkirch (1981), Satz 7*6 und Blackorby/Donaldson/Weymark (1984), Corollary 7.1. – Rothkirch behauptet im übrigen, sein Utilitarismus-Theorem beruhe lediglich auf den Axiomen U, I, P, A und CU. Tatsächlich setzt sein Beweis aber implizit auch die Bedingung P^0 voraus. Vgl. dazu Rothkirch (1978), Theorem 1 und Rothkirch (1981), Satz 7*4. Zu dieser impliziten Prämisse vgl. analog Milnor (1954), 53 und Maskin (1979), 320.

so fällt vor allem auf, daß das Theorem 17 – im Gegensatz zu den Theoremen 12' und 14 – über die Standardaxiome U, I, P* und A hinaus keine zusätzliche ethische Bedingung benötigt. Für diesen bemerkenswerten Unterschied ist ausschließlich die Tatsache verantwortlich, daß die Informationsprämisse CU – im Vergleich zu den Invarianzbedingungen OL und CF – eine äußerst starke Restriktion nach sich zieht. Während es aus diesem Grund kein Rawlsianismus-Pendant zum Theorem 17 geben kann, ist es ohne weiteres möglich, analog zu den Leximin-Theoremen 12 (bzw. 12') und 14 axiomatische Charakterisierungen des utilitaristischen Prinzips zu formulieren, die unter der Informationsprämisse CF mit einer typischen *equity*-Bedingung bzw. dem *separability*-Postulat operieren.

2.1. Um eine Hammonds Leximin-Theorem entsprechende Fundierung der utilitaristischen Verteilungsethik zu ermöglichen, führen Deschamps und Gevers die folgende Gerechtigkeitsbedingung ein (vgl. Deschamps/Gevers [1978], 148):

Axiom UE: $\forall$ x, y $\in$ X, $\forall$ i, j $\in$ N:
$[(U_i(x) + U_j(x) > U_i(y) + U_j(y)) \wedge (\forall k \in N \setminus \{i, j\}: U_k(x) = U_k(y))] \rightarrow xPy$.

Da die Bedingung UE *(utilitarian equity)* zwar einerseits zur Klasse der *two-person equity conditions* zu zählen ist, andererseits aber nicht notwendig einen Konflikt der beiden nicht-indifferenten Individuen voraussetzt, enthält sie – im Gegensatz zu den Axiomen E und IN – zwei grundsätzlich verschiedene Komponenten. Geht man nämlich davon aus, daß sich die Präferenzen der betroffenen Gesellschaftsmitglieder i und j nicht unterscheiden

(xP_iy, xP_jy), so bringt die Bedingung UE unter einer sehr speziellen Voraussetzung faktisch lediglich die starke Pareto-Präferenz zur Geltung. Diese Pareto-Komponente wird durch eine Vorschrift ergänzt, die zwar – wie Hammonds *equity*-Axiom – die Lösung von Zwei-Personen-Konflikten regelt (xP_iy, yP_jx), im Gegensatz zur Bedingung E aber nur schwerlich als Repräsentant einer grundlegenden, für die Fundierung allgemeiner Prinzipien geeigneten, moralischen Überzeugung interpretiert werden kann. So ist ohne weiteres zu erkennen, daß diese Vorschrift unter der speziellen Annahme einer Zwei-Personen-Gesellschaft ($N=\{i, j\}$) mit der Definition einer utilitaristischen Regel übereinstimmt. Da diese direkte Einführung der (strikten) utilitaristischen Präferenzrelation im allgemeinen Fall einer n-Personen-Gesellschaft lediglich durch die für alle *two-person equity conditions* typische *separability*-Prämisse eingeschränkt wird, kann es nicht verwundern, daß einige schwache Axiome genügen, um in Verbindung mit der Bedingung UE die Klasse der utilitaristischen Regeln zu kennzeichnen (vgl. Deschamps/Gevers [1978], Theorem 5):

Theorem 18: Erfüllt ein SWFL die Axiome U, I, P^0, UE und CF, so gehört es zur Klasse der utilitaristischen Regeln.

Nun wird mit diesem Resultat strenggenommen nicht die gesamte Klasse der *utilitarian rules*, sondern lediglich die Teilklasse aller „welfaristischen“ und pareto-inklusiven utilitaristischen Regeln charakterisiert. Zum einen schließen nämlich die Bedingungen U, I und P^0 alle Fundierungen der gesellschaftlichen Indifferenzrelation I aus, die über die individuellen Nutzenwerte hinaus auf zusätzliche Informationen zurückgreifen. Zum anderen bieten die Axiome U und I die Gewähr dafür, daß die Pareto-Komponente der Bedingung UE auch völlig unabhängig von der speziellen Voraussetzung zweier nichtindifferenter Individuen erhalten bleibt. Da das Theorem 18 demnach implizit mit den Axiomen SN und P* operiert,[34] schließt es als potentielle Grundlage der Indifferenzrelation I alle Prinzipien aus, die nicht (wie etwa das Leximin- und Leximax-SWFL) gleichzeitig dem *welfarism*-Postulat und dem Pareto-Kriterium genügen.

Die utilitaristische Fundierung der gesellschaftlichen Präferenzrelation P ist – analog zu Hammonds Leximin-Theorem – in erster Linie mit der Tatsache zu erklären, daß die an die Bewertung von Zwei-Personen-Konflikten gebundene substantielle Forderung der Bedingung UE durch die Axiome U und I auf die Lösung aller möglichen Verteilungskonflikte ausgedehnt wird (vgl. oben V.2.). Die zwischen den Theoremen 12 und 18 bestehende Analogie erstreckt sich im übrigen auch auf die spezifischen Informationsbeschränkungen, die die Bedingungen E und UE nach sich ziehen. Während nämlich Hammonds Gerechtigkeitsaxiom von den unter der Bedingung CF verfügbaren Informationen nur den Teil nützt, der sich auf die interpersonelle Rangordnung der individuellen Nutzenniveaus bezieht (OL), operiert das Axiom UE faktisch ausschließlich mit den Informationen, die bereits unter der Bedingung CU zur Verfügung stehen.[35]

---

[34] Deschamps und Gevers setzen das Pareto-Kriterium P* im übrigen explizit voraus. Der Beweis ihres Theorems 5 operiert jedoch ausschließlich mit den Bedingungen SN (bzw. U, I, P^0) und UE. Vgl. Deschamps/Gevers (1978), 152f.

[35] Da die Bedingung UE letztlich die gleiche Informationsbeschränkung erzeugt wie das Axiom CU, läßt sich das Theorem 18 grundsätzlich mit jeder Invarianzannahme vereinbaren, die zumindest eindeutige

2.2. Das gemeinsame Merkmal aller bisher betrachteten Rawlsianismus- und Utilitarismus-Theoreme besteht offensichtlich darin, daß sie die allgemeine Akzeptierbarkeit eines Verteilungsprinzips entweder explizit (Theoreme 14 und 17) oder implizit (Theoreme 12 und 18) mit einer charakteristischen Informationsprämisse untermauern, die den Kreis der grundsätzlich zur Disposition stehenden Kriterien bereits beträchtlich einengt. Vor diesem Hintergrund kommt Maskins Fundierung des utilitaristischen Prinzips insofern eine Sonderstellung zu, als sie die substantiellen Axiome des Theorems 13 mit der anspruchsvollen Informationsprämisse CF verknüpft. Da unter den Bedingungen U, I, P*, A, SE und CF mit dem Leximin- und Leximax-SWFL zumindest zwei Rivalen des utilitaristischen Kriteriums zur Verfügung stehen, benötigt Maskin ein zusätzliches Stetigkeitsaxiom, um eine exklusive Charakterisierung der utilitaristischen Verteilungsethik zu gewährleisten. Angesichts der Tatsache, daß die Bedingungen U, I und P* das *welfarism*-Postulat SN implizieren, läßt sich diese Stetigkeitseigenschaft unmittelbar für die von einem SWFL F induzierte SWO $\hat{R}$ formulieren (vgl. Maskin [1978], 94):

Axiom C: Für alle $v \in E^n$ sind die Mengen $\{\bar{v} | v\hat{R}\bar{v}\}$ und $\{\bar{v} | \bar{v}\hat{R}v\}$ abgeschlossen.

Mit der Bedingung C *(continuity)* wird – grob gesprochen – die Forderung erhoben, zwei Alternativen x und y, die von allen Gesellschaftsmitgliedern als annähernd

---

Aussagen über die relativen interpersonellen Nutzendifferenzen erlaubt *(unit-plus comparability)*. Mit der Informationsprämisse CF wird hier eine relativ schwache *unit-plus*-Bedingung verwendet. Vgl. dazu allgemein Sen (1986), 1114.

gleich gut erachtet werden, im Verhältnis zu allen übrigen Alternativen z auch annähernd gleich zu bewerten. Obwohl die ethische Bedeutung dieser Forderung nicht ohne weiteres zu erkennen ist, erzeugt Maskins Stetigkeitsaxiom eine weitreichende substantielle Restriktion. Die Bedingung C hat nämlich die technische Konsequenz, daß sich ein SWFL, das den Standardaxiomen U, I und P^0 genügt, durch eine „welfaristische" und stetige Bergson-Samuelson-swf W repräsentieren läßt:

$$\forall\, x, y \in X:$$
$$xRy \leftrightarrow W(U_1(x), \ldots, U_n(x)) \geq W(U_1(y), \ldots, U_n(y))$$

Nun genügt zwar ein Blick auf das Maximin- und Maximax-Prinzip, um zu zeigen, daß mit den Bedingungen SN und C noch keine Vorentscheidung zugunsten der utilitaristischen Verteilungsethik gefallen ist. Da aber das Leximin- und Leximax-SWFL zum Kreis der „welfaristischen" Prinzipien gehören, die der skizzierten Repräsentationsprämisse unmittelbar zum Opfer fallen, ist es kein Problem, die substantiellen Axiome des Theorems 13 für eine exklusive Fundierung des utilitaristischen Kriteriums zu nutzen (vgl. Maskin [1978], 94 und unten V.4.):[36]

Theorem 19: Das utilitaristische Prinzip ist das einzige SWFL, das die Axiome U, I, P∗, A, SE, C und CF erfüllt.

Vor dem Hintergrund der Bedingungen U, I, P^0 (bzw. SN) und C, die die Existenz einer „welfaristischen" swf

[36] Der Beweis des folgenden Resultats stützt sich im wesentlichen auf Debreu (1960), Theorem 3. Zur analogen Reformulierung des Theorems 19 im entscheidungstheoretischen Kontext vgl. Maskin (1979), Theorem 8.

W als reeller Repräsentation der gesellschaftlichen Präferenzordnung R sichern, besteht die Funktion der Axiome P*, A, SE und CF offenkundig darin, alle nicht genuin utilitaristischen Sozialen Wohlfahrtsfunktionen zu eliminieren. Die Bedingung SE ist in diesem Zusammenhang stark genug, um die additive Trennbarkeit der swf W zu gewährleisten:

$$W(\cdot) = \sum_{i=1}^{n} g_i(U_i(\cdot))$$

Während das Pareto-Kriterium P* die n stetigen Funktionen g_i ($i = 1, \ldots, n$) als strikt monoton steigende Transformationen spezifiziert, sorgt das Anonymitätsaxiom für die Identität aller g_i ($\forall i \in N$: $g_i = g$). Die Invarianzbedingung CF wird dann nur noch benötigt, um g als strikt positiv affine Transformation auszuweisen (vgl. Maskin [1978], 95 f.):

$$g(U_i(\cdot)) = \alpha + \beta \cdot U_i(\cdot), \beta > 0$$

Es ist unschwer zu erkennen, daß mit Maskins Utilitarismus-Theorem letztlich nur Flemings substantieller Anspruch im *multi-profile*-Kontext eines SWFL eingelöst wird. Während nämlich die Axiome U, I, P* , SE und C ein Ergebnis erzeugen, das den Implikationen der Fleming-Postulate vollkommen entspricht (vgl. oben III.1.), sind die Bedingungen A und CF offensichtlich vonnöten, um das formale Resultat des Theorems 8 in eine substantiell interessante Fundierung des utilitaristischen Prinzips zu transformieren.

4. Rawlsianismus versus Utilitarismus

1. Das lexikographische Maximin-Prinzip und das utilitaristische Kriterium erfüllen unter der neutralen Informationsprämisse CF gleichzeitig eine ganze Reihe von Bedingungen, die mühelos als Repräsentanten grundlegender formaler (Axiome U, I, A und SE) bzw. materialer Eigenschaften (Axiome P*, S und ME) moralischer Grundsätze interpretiert werden können. Dieser offensichtliche Befund läßt sich zu einem Ergebnis verdichten, das den Kreis der allgemein akzeptierbaren Verteilungsprinzipien auf das Leximin-SWFL und die Klasse der utilitaristischen Regeln zuspitzt (Deschamps/Gevers [1978]). Betrachtet man vor dem Hintergrund dieses Resultats noch einmal die äquivalenten Fundierungen der rawlsianischen bzw. utilitaristischen Verteilungsethik, so stellt sich heraus, daß die Theoreme 12, 14, 17, 18 und 19 die zwischen dem Leximin-SWFL und dem Nutzensummenprinzip bestehende Konkurrenz jeweils mit einer Bedingung entscheiden, die mit der eingangs skizzierten methodologischen Idee entweder überhaupt nicht oder nur mühsam zu vereinbaren ist.

1.1. Solange die gesellschaftliche Bewertung von Verteilungskonflikten an die rawlsianische Informationsprämisse OL gebunden wird, sind das Leximin- und Leximax-SWFL die einzigen Prinzipien, die über die Standardaxiome U, I, P* und A hinaus auch dem *separability*-Postulat genügen. Nun ist ohne weiteres zu erkennen, daß das Spektrum der zulässigen Verteilungskriterien in jedem Fall um das utilitaristische Prinzip erweitert wird, wenn man die substantiellen Forderungen des Theorems 13 mit der Annahme kardinaler und interpersonell völlig vergleichbarer Nutzenfunktionen verknüpft. Keineswegs offensichtlich ist dagegen die Tatsache, daß die Bedingungen U, I, P*, A, SE und CF bereits stark genug sind, um eine Klasse von Verteilungsprinzipien zu kennzeichnen, die neben dem Leximin- und Leximax-SWFL ausnahmslos utilitaristische Regeln enthält (vgl. Deschamps/Gevers [1978], Lemma 15):[37]

Theorem 20: Erfüllt ein SWFL die Axiome U, I, P*, A, SE und CF, so genügt es entweder der Bedingung E oder der Bedingung IN oder der Bedingung UE.

Dieses fundamentale Ergebnis muß vor dem Hintergrund des Theorems 13 auf den ersten Blick verblüffen. Obwohl die Informationsgrundlage der gesellschaftlichen Präferenzordnung mit der Invarianzannahme CF ganz erheblich angereichert wird, lassen die Axiome U, I, P*, A und SE über die für das Leximin- bzw. Leximax-Prinzip charakteristischen Gerechtigkeitsbedingungen (E, IN) hinaus nämlich nur noch eine ethische Bewertung von Verteilungskonflikten zu, die (weitgehend) einer genuin utilitaristischen Logik folgt (Bedingung UE). Da der Beweis des Theorems 20 äußerst kompliziert ist,[38] lohnt es sich, die spezifische Logik dieses Resultats halbwegs anschaulich (und daher auch: stark vereinfachend) zu verdeutlichen. Betrachtet man zunächst

---

[37] Zu den interessanten Konsequenzen, die ein Verzicht auf das Anonymitätsaxiom nach sich zieht, vgl. Deschamps/Gevers (1977), 79f.

[38] Vgl. Deschamps/Gevers (1978), 153–162. Das technische Problem dieses Beweises besteht in erster Linie darin, daß mit dem utilitaristischen Kriterium und dem Leximin- bzw. Leximax-Prinzip gleichzeitig ein stetiges und zwei nicht-stetige Soziale Wohlfahrtsfunktionale zu kennzeichnen sind. Der erzwungene Verzicht auf die Bedingung C ist im übrigen auch für die Tatsache verantwortlich, daß das Theorem 20 zwar das Leximin- und Leximax-SWFL, nicht aber das utilitaristische SWFL in vollem Umfang begründet.

einmal die Implikationen, die die Axiome U, I, P*, A und CF nach sich ziehen, so ist zu beachten, daß die Bedingung CF per se auch alle Verteilungsprinzipien zuläßt, die nicht die gesamte Bandbreite der verfügbaren Informationen nutzen, mithin also auch einer stärkeren Invarianzannahme genügen (ON, CN, CU, OL). Mit der gleichzeitigen Verwendung der Axiome U, I, P* und A werden allerdings alle Kriterien eliminiert, die die gesellschaftliche Präferenzordnung ausschließlich auf die intrapersonalen Eigenschaften der individuellen Nutzenfunktionen stützen (Theoreme 1 und 5). Die Klasse der durch die Bedingungen U, I, P*, A und CF spezifizierten Sozialen Wohlfahrtsfunktionale zerfällt daher in drei Teilklassen, deren Mitglieder jeweils

(1) nur diejenigen Informationen verwenden, die bereits unter der Invarianzannahme CU zur Verfügung stehen
(2) ausschließlich die ordinalen (intra- und interpersonellen) Eigenschaften der U_i berücksichtigen
(3) das gesamte Spektrum der unter der Bedingung CF verfügbaren Informationen nutzen.

Während die erste Teilklasse mit dem utilitaristischen Prinzip offensichtlich nur ein einziges Mitglied enthält (Theorem 17), ist die zweite Gruppe von Kriterien – grob gesprochen – mit der Klasse aller lexikographischen Rangdiktaturen zu identifizieren (vgl. oben V.2.). Die umfangreiche Teilklasse (3) läßt sich mit einer Gruppe von Prinzipien illustrieren, die der gesellschaftlichen Bewertung von Verteilungsproblemen eine gewichtete Summe der Rangnutzenniveaus zugrunde legen:[39]

---

[39] Zur axiomatischen Charakterisierung der folgenden Klasse von Sozialen Wohlfahrtsfunktionalen vgl. Ebert (1988), Theorem 3. Zu einem

$$(*)\ \forall\, x, y \in X: xRy \leftrightarrow \sum_{r=1}^{n} a_r \cdot U_{r(x)}(x) \geq \sum_{r=1}^{n} a_r \cdot U_{r(y)}(y),$$

$$\text{wobei } a_r > 0\ (r = 1, \ldots, n) \text{ und } \sum_{r=1}^{n} a_r = 1.$$

Es ist ohne größere Mühe zu erkennen, daß die Mitglieder der Klasse (*) zwar einerseits – wie das Leximin-SWFL und das Nutzensummenprinzip – die Axiome U, I, P*, A und CF erfüllen, andererseits aber – im Gegensatz zum rawlsianischen und utilitaristischen Kriterium – regelmäßig auf einer gleichzeitigen Verwendung der Informationsgrundlagen OL und CU beruhen.
Betrachtet man nun die Restriktionen, die das *separability*-Postulat unter den Bedingungen U, I, P*, A und CF erzeugt, so ergibt sich für die Teilklassen (1) und (2) ein einfaches Bild. Während nämlich die erste Teilklasse von der zusätzlichen Einführung des Axioms SE überhaupt nicht berührt wird (vgl. oben V.2.), schrumpft die zweite Teilklasse offenbar auf das Leximin- und Leximax-SWFL zusammen (Theorem 13). Vor diesem Hintergrund beruht das starke Ergebnis des Theorems 20 im wesentlichen auf der Tatsache, daß die umfangreiche Teilklasse (3) mit der Bedingung SE praktisch eliminiert wird. Dieser allgemeine Zusammenhang kommt sehr deutlich zum Vorschein, wenn man die Analyse auf die spezielle Klasse (*) beschränkt. Da sich die Gewichte a_r nicht (wie bei der linearen swf des Theorems 16) auf die individuellen Wohlfahrtsniveaus $U_i(\cdot)$, sondern auf die Rangnutzenniveaus $U_{r(\cdot)}(\cdot)$ beziehen, lassen alle Mitglieder dieser Klasse, die eine ungleiche Gewichtung der $U_{r(\cdot)}(\cdot)$ fordern, Verstöße gegen das *separability*-Postulat

verwandten Ergebnis vgl. Gevers (1979), Theorem 4 (Satz 1) und Ebert (1987).

zu.[40] Die Klasse (*) wird daher mit dem Axiom SE faktisch auf das utilitaristische Prinzip reduziert ($\forall r \in N$: $a_r = \frac{1}{n}$).

Bringt man nun die schwache Bedingung ME, die das Leximax-Prinzip unmittelbar ausschließt, zusätzlich ins Spiel, so läßt sich das fundamentale Theorem 20 mühelos in eine gleichzeitige Charakterisierung der rawlsianischen und utilitaristischen Verteilungsethik transformieren (vgl. Deschamps/Gevers [1978], Theorem 2): [41]

Theorem 21: Erfüllt ein SWFL die Axiome U, I, P*, A, SE, ME und CF, so ist es entweder das Leximin-Prinzip oder eine utilitaristische Regel.

Jedermann, der bereit ist, die Bedingungen U, I, P*, A, SE und ME als Repräsentanten seiner grundlegenden moralischen Überzeugungen zu akzeptieren, hat demnach nur noch die Wahl, entweder eine rawlsianische oder eine utilitaristische Lösung von Verteilungsproblemen zu befürworten. Dieser logische Schluß ist allerdings an die spezielle Voraussetzung gebunden, daß sich die gesellschaftliche Bewertung von Verteilungskonflikten auf kardinale und interpersonell völlig vergleichbare Nutzenwerte, mithin also auf eine Informationsgrundlage stützen kann, die eine Anwendung sowohl des Leximin-Prinzips als auch des utilitaristischen Kriteriums (bzw. einer anderen *utilitarian rule*) erlaubt.

---

[40] Es ist allerdings kein Problem, eine schwächere Version der Bedingung SE zu formulieren, der alle Vertreter der Klasse (*) genügen. Vgl. dazu Ebert (1988), „Property SER".

[41] Zu einem verwandten Resultat, das allerdings auf jegliche Vergleichbarkeitsprämisse verzichtet, vgl. Myerson (1981), Theorem 2.

1.2. Dem Theorem 21 ist unmittelbar zu entnehmen, daß sich die zwischen der rawlsianischen und utilitaristischen Verteilungsethik bestehende Konkurrenz nur dann eindeutig entscheiden läßt, wenn die Axiome U, I, P*, A, SE, ME und CF in spezifischer Weise verschärft werden. Die einfachste Strategie, das Theorem 21 in eine äquivalente Fundierung des Leximin-Prinzips (bzw. des utilitaristischen Kriteriums) zu verwandeln, besteht offensichtlich darin, die schwache Invarianzbedingung CF durch die charakteristische Informationsprämisse OL (bzw. CU) zu ersetzen (Theorem 14 bzw. 17). Nun spiegeln die Axiome OL und CU zwar insofern einen wesentlichen Kontrast wider, als die Anwendbarkeit des rawlsianischen und utilitaristischen Prinzips jeweils ganz entscheidend von der Frage abhängt, auf welchem Meß- und Vergleichsniveau sich empirische Daten über die individuellen Präferenzen gewinnen lassen. Der in der Praxis höchst bedeutsame Gegensatz der typischen Informationsprämissen darf aber keine exklusive Rolle spielen, wenn es – im Sinne der eingangs erwähnten methodologischen Idee – um die Beantwortung der grundsätzlichen Frage geht, welches der beiden konkurrierenden Kriterien unseren fundamentalen moralischen Überzeugungen entspricht (vgl. oben V.1.). Die substantielle Rivalität des rawlsianischen und utilitaristischen Verteilungsprinzips läßt sich nämlich nur dann auf einen Konflikt abstrakter ethischer Bedingungen zurückführen, wenn man eine konkrete Informationsgrundlage voraussetzt, die die Anwendbarkeit des Leximin-SWFL und des Nutzensummenprinzips gleichermaßen garantiert. Jeder ernst zu nehmende Versuch, die Rawlsianismus-Utilitarismus-Kontroverse auf dem Wege einer äquivalenten Fundierung zu entscheiden, ist daher (zumindest) an die Invarianzbedingung CF gebunden.[42]

Nun ist es überhaupt kein Problem, das Theorem 21 für eine exklusive Charakterisierung des lexikographischen Maximin-Prinzips oder des utilitaristischen Kriteriums zu nutzen, ohne gleichzeitig die neutrale Informationsprämisse CF anzutasten. So erhält man das Nutzensummenprinzip als einzig akzeptables SWFL, wenn man die Axiome des Theorems 20 um die Bedingung C ergänzt (Theorem 19). Der von Maskin eingeschlagene Weg hat im Vergleich zu den Theoremen 14 und 17 den Vorteil, daß der zwischen Rawlsianismus und Utilitarismus bestehende Konflikt mit einem Axiom entschieden wird, das sich – im Gegensatz zu den Bedingungen OL und CU – immerhin grundsätzlich als Repräsentant einer genuin ethischen Forderung interpretieren läßt. Die Attraktivität des Theorems 19 wird allerdings durch den Einwand getrübt, daß das Axiom C in erster Linie die Funktion einer Repräsentationsprämisse erfüllt, deren substantielle Relevanz zumindest als fraglich gelten muß. Da das Leximin-Prinzip mit der Bedingung C einer technischen Prämisse zum Opfer fällt, der sich nur schwerlich eine fundamentale ethische Bedeutung zuschreiben läßt,[43] bleibt auch Maskins Lösung der Kontroverse weit

---

[42] Die Bedingung CF modelliert übrigens strenggenommen noch keineswegs die minimalen Meßbarkeits- und Vergleichbarkeitsvoraussetzungen, die eine alternative Anwendung des Leximin-Prinzips oder des utilitaristischen Kriteriums erlauben. Es lassen sich nämlich Invarianzaxiome formulieren, die stärker sind als die Bedingung CF, obwohl sie die Informationsprämissen OL und CU miteinander verknüpfen. Vgl. dazu Gevers (1979), 77 *(almost co-cardinality)* und Sen (1986), 1113 *(cardinal unit and level comparability)*.

[43] Vgl. zu dieser Einschätzung Sen (1986), 1126. Eine gegenteilige Position bezieht Arrow (1977), der allerdings die ethische Relevanz einer Stetigkeitsbedingung hervorhebt, die – im Gegensatz zum Axiom C – nicht nur das Leximin-, sondern auch das Maximin-SWFL eliminierte (223).

hinter dem skizzierten methodologischen Anspruch zurück.[44]

Die mit den Theoremen 14, 17 und 19 verbundenen Probleme lassen sich offensichtlich vermeiden, wenn man die grundsätzliche Rivalität der rawlsianischen und utilitaristischen Verteilungsethik auf die charakteristischen *equity*-Axiome E und UE zurückführt (Theoreme 12, 12' und 18). Diese letzte Fundierungsstrategie ist den bisher diskutierten Verfahren insofern überlegen, als sie die zentralen materialen Urteile offenlegt, die dem Leximin-Prinzip und dem utilitaristischen Kriterium jeweils zugrunde liegen.[45] Die Axiome E und UE sind allerdings so ungemein stark, daß man kaum hoffen kann, über eine der beiden Forderungen einen unmittelbaren Konsens herstellen zu können. So bringt die Bedingung UE die für die utilitaristische Ethik typische Aufrechnung der individuellen Nutzengewinne und -verluste unverblümt ins Spiel, und auch Hammonds Axiom E ist von einer direkten Einführung der rawlsianischen Bewertungsmaxime nicht mehr weit entfernt, wenn man seine Implikationen unter den Standardbedingungen U und I betrachtet. Da demnach jeder Versuch, eines dieser charakteristischen Gerechtigkeitsaxiome als allgemein akzeptierbare Forderung auszuweisen, kaum aussichtsreicher sein

[44] In diesem Zusammenhang lohnt es sich, darauf hinzuweisen, daß bereits die zusätzliche Einführung der schwachen Bedingung MI genügte, um das Theorem 21 in eine Charakterisierung des utilitaristischen Prinzips (im weiteren Sinne) zu transformieren, die sowohl die neutrale Informationsprämisse CF aufrecht erhielte als auch auf Maskins problematisches Stetigkeitsaxiom verzichtete.

[45] Ein den Bedingungen E und UE analoger Kontrast ergibt sich im übrigen auch dann, wenn man die axiomatische Analyse der beiden konkurrierenden Prinzipien auf den speziellen Fall eines reinen Verteilungsproblems beschränkt. Vgl. dazu ausführlich Sen (1974b), Deschamps/Gevers (1978), Theorem 6 und Theorem 7 sowie Kern (1978).

dürfte als eine Unternehmung, die auf eine unmittelbare Einigung über die moralische Qualität des jeweils implizierten Verteilungsprinzips abzielte, lassen sich die Theoreme 12 (bzw. 12') und 18 nur äußerst mühsam mit der methodologischen Intention einer äquivalenten Fundierung vereinbaren.

2. Solange man der gesellschaftlichen Bewertung von Verteilungskonflikten die Informationsprämisse CF zugrunde legt, ist es – wie gesehen – nicht einfach, eine definitive Entscheidung zugunsten des rawlsianischen oder utilitaristischen Kriteriums mit einem Satz von Bedingungen zu untermauern, die sich als Repräsentanten fundamentaler und allgemein akzeptierbarer moralischer Forderungen interpretieren lassen. Dieses Dilemma verschärft sich ganz erheblich, wenn man über die Annahme kardinaler und interpersonell völlig vergleichbarer Nutzenfunktionen hinausgeht und der kollektiven Präferenzordnung eine noch komfortablere Informationsgrundlage vorgibt. Die substantiellen Forderungen, die unter der Invarianzbedingung CF völlig ausreichen, um das Spektrum der zulässigen Gerechtigkeitsprinzipien auf die Alternative „Rawlsianismus oder Utilitarismus" zuzuspitzen, charakterisieren nämlich unter einer erweiterten Informationsprämisse eine umfangreiche Klasse von Kriterien, die das Leximin-SWFL und das Nutzensummenprinzip lediglich als Spezialfälle enthält (Roberts [1980 a]). Dieses Ergebnis verdeutlicht zum einen nur die allgemeine Tatsache, daß der Umfang der für die axiomatische Fundierung von Verteilungsprinzipien erforderlichen ethischen Bedingungen unweigerlich von den jeweils favorisierten Meßbarkeits- und Vergleichbarkeitsannahmen abhängt. Zum anderen zwingt es aber auch zu dem speziellen Schluß, daß eine kritische Bewertung

der Rawlsianismus-Utilitarismus-Kontroverse zuallererst eine Beantwortung der Frage voraussetzt, welche der zur Wahl stehenden neutralen Informationsprämissen als empirisch einlösbar zu betrachten ist.

2.1. Eine Möglichkeit, die Informationsgrundlage der gesellschaftlichen Präferenzordnung über die Annahme kardinaler und interpersonell völlig vergleichbarer Nutzenwerte hinaus zu erweitern, besteht darin, das Konzept eines SWFL durch die folgende Invarianzbedingung zu spezifizieren:[46]

Axiom RF: Für jedes Profil individueller Nutzenfunktionen $(U_1, \ldots, U_n)$ im Definitionsbereich von F und alle strikt positiv linearen Transformationen ϕ – $\phi(\cdot) = \beta\cdot(\cdot)$, $\beta > 0$ – gilt:
$F(U_1, \ldots, U_n) = F(\phi(U_1), \ldots, \phi(U_n))$.

Mit der Bedingung RF *(ratio-scale full comparability)*, die die Informationsprämisse CF um die Annahme eines natürlichen Nullpunkts der individuellen Nutzenfunktionen ergänzt, erhält die kollektive Bewertung von Verteilungskonflikten eine äußerst komfortable deskriptive Grundlage. Geht man von der Bedingung CF aus, so wird der Informationsgehalt eines beliebigen Profils $(U_1, \ldots, U_n)$ mit dem Invarianzaxiom RF offensichtlich auf eindeutige Aussagen der Form „$U_i(x)/U_j(y) = a$“ ausgedehnt. Solange der Definitionsbereich von F keiner Restriktion unterliegt, läßt die Bedingung RF – im Gegensatz zu allen bisher diskutierten Invarianzaxiomen – auch

[46] Zur Definition und Verwendung einer alternativen Lockerung des Invarianzaxioms CF *(translation-scale full comparability)* vgl. Blackorby/Donaldson (1982), 253 und Theorem 3.

Soziale Wohlfahrtsfunktionale zu, die bei der Bewertung der Verteilungszustände zwischen der Behandlung positiver und negativer Nutzenwerte unterscheiden (vgl. Blackorby/Donaldson [1982], 253). Um die mit dieser Besonderheit verbundenen Komplikationen zu vermeiden, empfiehlt es sich, die Informationsprämisse RF mit der folgenden Einschränkung der Bedingung U zu verknüpfen (vgl. Roberts [1980 a], 423 f.): [47]

Axiom U^+: Der Definitionsbereich von F umfaßt alle logisch möglichen n-Tupel individueller Nutzenfunktionen $(U_1, \ldots, U_n)$, für die gilt:
$\forall x \in X, \forall i \in N: U_i(x) > 0.$

Obwohl diese Positivitätsrestriktion faktisch die Forderung enthält, auf die Berücksichtigung eines wesentlichen Teils der unter der Bedingung RF grundsätzlich verfügbaren Informationen zu verzichten, wird das Spektrum der zulässigen Verteilungsprinzipien mit der gleichzeitigen Verwendung der Axiome RF und U^+ immer noch erheblich ausgeweitet. Dieser allgemeine Befund läßt sich mit einer speziellen Klasse von Sozialen Wohlfahrtsfunktionalen illustrieren, die substantiell mit der Klasse der homothetischen, symmetrischen und additiv trennbaren Sozialen Wohlfahrtsfunktionen des Bergson-Samuelson-Typs übereinstimmt (vgl. oben IV.3.):

$$(**)\ \forall x, y \in X: xRy \leftrightarrow \sum_{i=1}^{n} \frac{[U_i(x)]^{1-\varepsilon}}{1-\varepsilon} \geq \sum_{i=1}^{n} \frac{[U_i(y)]^{1-\varepsilon}}{1-\varepsilon}$$

[47] Zu den Konsequenzen, die eine gleichzeitige Verwendung der Bedingungen RF und U nach sich zieht, vgl. exemplarisch Blackorby/Donaldson (1982), Theorem 1.

Die Mitglieder der Klasse (**) genügen zwar (unter der Bedingung U^+) ausnahmslos der Informationsprämisse RF, fallen aber dem stärkeren Invarianzaxiom CF regelmäßig zum Opfer.

2.2. Die Klasse (**) ist insofern überaus interessant, als ihre Vertreter unter den Bedingungen U^+ und RF die substantiellen Axiome I, P*, A und SE erfüllen. Tatsächlich läßt sich sogar zeigen, daß die Bedingungen U^+, I, P* (bzw. P)[48], A, SE und RF eine Gruppe von Verteilungsprinzipien kennzeichnen, die nur unwesentlich über die Klasse (**) hinausgeht (vgl. Roberts [1980a], Theorem 6):

Theorem 22: Wenn ein SWFL die Axiome U^+, I, P, A, SE und RF erfüllt, dann existiert eine reelle Zahl ε, so daß für alle x, y ∈ X gilt:

$$\sum_{i=1}^{n} \frac{[U_i(x)]^{1-\varepsilon}}{1-\varepsilon} > \sum_{i=1}^{n} \frac{[U_i(y)]^{1-\varepsilon}}{1-\varepsilon} \rightarrow xPy.$$

Betrachtet man dieses Ergebnis vor dem Hintergrund des Theorems 20, so kommt man – grob gesprochen – zu dem Schluß, daß die substantiellen ethischen Postulate, die unter der Informationsprämisse CF eine gleichzeitige Charakterisierung des Leximin- und Leximax-SWFL sowie des utilitaristischen Kriteriums erlauben, unter der schwächeren Invarianzbedingung RF eine umfangreiche

---

[48] Da das folgende Resultat lediglich die strikte gesellschaftliche Präferenzrelation mit einer „welfaristischen" swf untermauert, kommt sein Beweis bereits mit der schwachen Pareto-Bedingung P aus. Vgl. dazu oben Fußnote 29. Um das Theorem 22 in eine äquivalente Fundierung der Klasse (**) zu verwandeln, wäre im übrigen neben einer Verschärfung des Axioms P auch die zusätzliche Einführung der Bedingung C vonnöten.

Klasse konkurrierender Prinzipien fundieren, die sich durch eine jeweils spezifische relative Gewichtung der individuellen Nutzenniveaus auszeichnen. Soweit die Mitglieder dieser Klasse die mit dem Axiom RF modellierte Informationsgrundlage vollständig ausschöpfen, hängt die relative Gewichtung der $U_i(\cdot)$ von der gesamten Nutzenverteilung $(U_1(\cdot), \ldots, U_n(\cdot))$ ab. Es ist unschwer zu erkennen, daß diese Gewichtungsmaxime für alle Kriterien gilt, die mit einem endlichen positiven oder negativen Wert des Parameters ε operieren. Als Spezialfall des Theorems 22 erhält man ganz offensichtlich das utilitaristische Prinzip, das – völlig unabhängig von den Verteilungseigenschaften eines Nutzenvektors $(U_1(\cdot), \ldots, U_n(\cdot))$ – eine gleiche Gewichtung der Interessen aller Gesellschaftsmitglieder fordert ($\varepsilon = 0$). Darüber hinaus läßt sich zeigen, daß die lexikographischen Versionen des Maximin- und Maximax-Prinzips, die dem Wohlfahrtsniveau des jeweils am schlechtesten bzw. besten gestellten Individuums die erste Priorität einräumen, als Grenzfälle des Theorems 22 (für $\varepsilon \to \infty$ bzw. $\varepsilon \to -\infty$) zu betrachten sind (vgl. Roberts [1980a], 432). Da nur die drei zuletzt genannten Kriterien von den unter der Bedingung RF zusätzlich zur Verfügung stehenden Informationen keinen Gebrauch machen, reicht die Verwendung des Invarianzaxioms CF bereits aus, um das Theorem 22 in eine alternative Fundierung der rawlsianischen, antirawlsianischen oder utilitaristischen Verteilungsethik zu transformieren (Theorem 20).
Die Theoreme 21 und 22 lassen sich bequem miteinander vergleichen, wenn man der Bedingung ME eine analoge (wenngleich weitaus stärkere) Restriktion gegenüberstellt, die alle negativen Werte des Gewichtungsparameters ε ausschließt ($\varepsilon \geq 0$). Setzt man diese korrespondierenden Postulate als unproblematisch voraus, so führt

ein Vergleich der beiden Resultate zu dem Schluß, daß die Axiome U (bzw. U^+), I, P*, A und SE nur unter der Bedingung CF ein Plädoyer für das Leximin-Prinzip oder eine utilitaristische Regel erzwingen, während sie unter der Bedingung RF darüber hinaus eine Fülle von alternativen Kriterien zulassen, die alle einen spezifischen Kompromiß zwischen der rawlsianischen und utilitaristischen Gewichtung der individuellen Interessen repräsentieren. Nun ist dieses Ergebnis zwar insofern nicht sonderlich überraschend, als die Schärfe der Restriktion, die einem SWFL mit einem festen Satz fundamentaler ethischer Postulate auferlegt wird, regelmäßig von den jeweils gewählten Meßbarkeits- und Vergleichbarkeitsannahmen abhängt. Dem Vergleich der Theoreme 21 und 22 kommt aber jenseits dieses allgemeinen Zusammenhangs eine besondere Bedeutung zu, weil er zeigt, daß die Verwendung einer neutralen Informationsprämisse zwar als notwendige, keineswegs jedoch als hinreichende Voraussetzung zu betrachten ist, wenn es darum geht, die Substanz der Rawlsianismus-Utilitarismus-Kontroverse mit einer Reihe grundlegender moralischer Forderungen abzubilden. Da ein Zeitgenosse, der die Axiome U (bzw. U^+), I, P*, A und SE akzeptiert, mit der Bedingung CF zu einem eindeutigen Votum für das rawlsianische oder utilitaristische Prinzip gezwungen wird, während ihm die Bedingung RF auch ein breites Spektrum möglicher Kompromißlösungen eröffnet, setzt jeder Versuch, die Kontroverse auf der Basis grundsätzlicher normativer Erwägungen zu entscheiden, eine definitive Klärung der Frage voraus, welche der beiden neutralen Informationsprämissen als empirisch relevant betrachtet werden kann.[49]

[49] Die Notwendigkeit, sich zwischen den deskriptiven Bedingungen

CF und RF zu entscheiden, entfällt offensichtlich nur dann, wenn über die ethischen Postulate der Theoreme 21 und 22 hinaus die charakteristischen *equity*-Axiome E und UE ins Spiel gebracht werden. Vgl. dazu oben Fußnote 20 und Fußnote 35.

Literaturverzeichnis

Im Falle mehrfach publizierter Texte beziehen sich die Zitate und Verweise jeweils auf die zuletzt genannte Quelle.

Alexander, Sidney S.: „Social Evaluation through Notional Choice", in: *Quarterly Journal of Economics* 88 (1974), 597–624.

Arrow, Kenneth J.: *Social Choice and Individual Values*, New York 1951.

–: *Social Choice and Individual Values*, 2nd ed. New Haven 1963.

–: „Rawls's Principle of Just Saving", in: *Swedish Journal of Economics* 75 (1973), 323–335 („1973 a").

–: „Some Ordinalist-Utilitarian Notes on Rawls's Theory of Justice", in: *Journal of Philosophy* 70 (1973), 245–263 („1973 b").

–: „Extended Sympathy and the Possibility of Social Choice", in: *American Economic Review: Papers and Proceedings* 67 (1977), 219–225.

–: „Extended Sympathy and the Possibility of Social Choice", in: *Philosophia* 7 (1978), 223–237.

d'Aspremont, Claude und Gevers, Louis: „Equity and the Informational Basis of Collective Choice", in: *Review of Economic Studies* 44 (1977), 199–209.

Atkinson, Anthony B.: „On the Measurement of Inequality", in: *Journal of Economic Theory* 2 (1970), 244–263.

Ballestrem, Karl G.: „Methodologische Probleme in Rawls' Theorie der Gerechtigkeit", in: *Höffe* (1977 b), 108–127.

Barber, Benjamin R.: „Justifying Justice: Problems of Psychology, Measurement, and Politics in Rawls", in: *American Political Science Review* 69 (1975), 663–674; wiederabgedruckt in: *Daniels* (1975 b), 292–318.

Barry, Brian: *The Liberal Theory of Justice*, Oxford 1973.

Beauchamp, Tom L.: „Distributive Justice and the Difference Principle", in: *Blocker/Smith* (1980), 132–161.

Becker, Edward F.: „Justice, Utility, and Interpersonal Comparisons", in: *Theory and Decision* 6 (1975), 471–484.

Bergson, Abram: „A Reformulation of Certain Aspects of Welfare Economics", in: *Quarterly Journal of Economics* 52 (1938), 310–334.

–: „Socialist Economics", in: Howard S. Ellis (ed.): *A Survey of Contemporary Economics*, vol. I, Homewood 1948, 412–448.

–: „On the Concept of Social Welfare", in: *Quarterly Journal of Economics* 68 (1954), 233–252.

Blackorby, Charles und Donaldson, David: „Utility vs. Equity: Some Plausible Quasi-Orderings", in: *Journal of Public Economics* 7 (1977), 365–381.

–: „Ratio-Scale and Translation-Scale Full Interpersonal Comparability without Domain Restrictions: Admissible Social-Evaluation Functions", in: *International Economic Review* 23 (1982), 249–268.

Blackorby, Charles, Donaldson, David und Weymark, John A.: „Social Choice with Interpersonal Utility Comparisons: A Diagrammatic Introduction", in: *International Economic Review* 25 (1984), 327–356.

Blackwell, David und Girshick, M. A.: *Theory of Games and Statistical Decisions*, New York 1954.

Blair, Douglas H.: „The Primary-Goods Indexation Problem in Rawls's ‚Theory of Justice'", in: *Theory and Decision* 24 (1988), 239–252.

Blau, Julian H.: „The Existence of Social Welfare Functions", in: *Econometrica* 25 (1957), 302–313.

–: „Arrow's Theorem with Weak Independence", in: *Economica* 38 (1971), 413–420.

–: „A Direct Proof of Arrow's Theorem", in: *Econometrica* 40 (1972), 61–67.

Blocker, H. Gene und Smith, Elizabeth H. (eds.): *John Rawls' Theory of Social Justice*, Athens 1980.

Borglin, Anders: „States and Persons – On the Interpretation of Some Fundamental Concepts in the Theory of Justice as Fairness", in: *Journal of Public Economics* 18 (1982), 85–104.

Bowie, Norman: „Equal Basic Liberty for All", in: *Blocker/Smith* (1980), 110–131.

Brandt, Richard B.: *Ethical Theory*, Englewood Cliffs 1959.

Brock, Horace W.: „A Critical Discussion of the Work of John C. Harsanyi", in: *Theory and Decision* 9 (1978), 349–367.
–: „A Game Theoretic Account of Social Justice", in: *Theory and Decision* 11 (1979), 239–265.
–: „The Problem of ‚Utility Weights' in Group Preference Aggregation", in: *Operations Research* 28 (1980), 176–187.
Broome, John: „Uncertainty in Welfare Economics, and the Value of Life", in: M. W. Jones-Lee (ed.): *The Value of Life and Safety*, Amsterdam 1982, 201–216.
–: „Uncertainty and Fairness", in: *Economic Journal* 94 (1984), 624–632.
Buchanan, James M.: *The Limits of Liberty*, Chicago 1975.
Butts, Robert E. und Hintikka, Jaakko (eds.): *Foundational Problems in the Special Sciences*, Dordrecht 1977.
Camacho, Antonio und Sonstelie, Jon: „Cardinal Welfare, Individualistic Ethics, and Interpersonal Comparison of Utilities: A Note", in: *Journal of Political Economy* 82 (1974), 607–611.
Daniels, Norman: „Equal Liberty and Unequal Worth of Liberty", in: *Daniels* (1975 b), 253–281 („1975 a").
– (ed.): *Reading Rawls*, Oxford 1975 („1975 b").
–: „Wide Reflective Equilibrium and Theory Acceptance in Ethics", in: *Journal of Philosophy* 76 (1979), 256–282.
–: „Reflective Equilibrium and Archimedean Points", in: *Canadian Journal of Philosophy* 10 (1980), 83–103.
Dasgupta, Partha: „On Some Problems Arising from Professor Rawls' Conception of Distributive Justice", in: *Theory and Decision* 4 (1974), 325–344.
Davidson, Donald: „Judging Interpersonal Interests", in: *Elster/Hylland* (1986), 195–211.
Debreu, Gerard: „Representation of a Preference Ordering by a Numerical Function", in: *Thrall/Coombs/Davis* (1954), 159–165.
–: „Topological Methods in Cardinal Utility Theory", in: Kenneth J. Arrow, Samuel Karlin und Patrick Suppes (eds.): *Mathematical Methods in the Social Sciences, 1959*, Stanford 1960, 16–26.
Delaney, C. F.: „Rawls on Method", in: *Canadian Journal of Philosophy: Supplementary Volume* III (1977), 153–161.
Deschamps, Robert und Gevers, Louis: „Separability, Risk-

bearing and Social Welfare Judgements“, in: *European Economic Review* 10 (1977), 77–94.
–: „Leximin and Utilitarian Rules: A Joint Characterization“, in: *Journal of Economic Theory* 17 (1978), 143–163.
Diamond, Peter A.: „Cardinal Welfare, Individualistic Ethics, and Interpersonal Comparison of Utility: Comment“, in: *Journal of Political Economy* 75 (1967), 765–766.
Dworkin, Ronald: „The Original Position“, in: *University of Chicago Law Review* 40 (1973), 500–533; wiederabgedruckt in: *Daniels* (1975 b), 16–53.
Ebert, Udo: „A Note on Social Welfare Orderings“, in: *European Economic Review* 31 (1987), 1145–1147.
–: „Rawls and Bentham Reconciled“, in: *Theory and Decision* 24 (1988), 215–223.
Ellsworth, Leon: „Decision-Theoretic Analysis of Rawls' Original Position“, in: *Hooker/Leach/McClennen* (1978), 29–45.
Elster, Jon und Hylland, Aanund (eds.): *Foundations of Social Choice Theory*, Cambridge 1986.
Feinberg, Joel: „Duty and Obligation in the Non-ideal World“, in: *Journal of Philosophy* 70 (1973), 263–275.
Feldman, Allan und Kirman, Alan: „Fairness and Envy“, in: *American Economic Review* 64 (1974), 995–1005.
Fellner, William: *Probability and Profit*, Homewood 1965.
Fishburn, Peter C.: *The Theory of Social Choice*, Princeton 1973.
–: „On Harsanyi's Utilitarian Cardinal Welfare Theorem“, in: *Theory and Decision* 17 (1984), 21–28.
Fishkin, James: „Justice and Rationality: Some Objections to the Central Argument in Rawls's Theory“, in: *American Political Science Review* 69 (1975), 615–629.
Fleming, Marcus: „A Cardinal Concept of Welfare“, in: *Quarterly Journal of Economics* 66 (1952), 366–384.
–: „Cardinal Welfare and Individualistic Ethics: A Comment“, in: *Journal of Political Economy* 65 (1957), 355–357.
Foley, Duncan K.: „Resource Allocation and the Public Sector“, in: *Yale Economic Essays* 7 (1967), 45–98.
Friedman, Milton und Savage, L. J.: „The Utility Analysis of Choices Involving Risk“, in: *Journal of Political Economy* 56 (1948), 279–304.
Fritsch, Michael: „Die Legitimation kollektiven Handelns in der neueren Vertragstheorie – Nozick, Buchanan und Rawls

im Vergleich“, in: *Jahrbuch für Neue Politische Ökonomie* 3 (1984), 31–59.

Gaa, James C.: „The Stability of Bargains Behind the Veil of Ignorance“, in: *Theory and Decision* 17 (1984), 119–133.

Gaertner, Wulf: „Rawlsianism, Utilitarianism, and Profiles of Extended Orderings“, in: *Zeitschrift für die gesamte Staatswissenschaft* 137 (1981), 78–96.

–: „Equity- and Inequity-type Borda Rules“, in: *Mathematical Social Sciences* 4 (1983), 137–154.

Gardner, Michael R.: „Rawls on the Maximin Rule and Distributive Justice“, in: *Philosophical Studies* 27 (1975), 255–270.

Gauthier, David: „Critical Notice: John C. Harsanyi, Essays on Ethics, Social Behavior, and Scientific Explanation“, in: *Dialogue* 17 (1978), 696–706 („1978 a“).

–: „The Social Contract: Individual Decision or Collective Bargain?“, in: *Hooker/Leach/McClennen* (1978), 47–67 („1978 b“).

–: „On the Refutation of Utilitarianism“, in: Harlan B. Miller und William H. Williams (eds.): *The Limits of Utilitarianism*, Minneapolis 1982, 144–163.

Gevers, Louis: „On Interpersonal Comparability and Social Welfare Orderings“, in: *Econometrica* 47 (1979), 75–89.

Gibbard, Allan: „Disparate Goods and Rawls' Difference Principle: A Social Choice Theoretic Treatment“, in: *Theory and Decision* 11 (1979), 267–288.

–: „Interpersonal Comparisons: Preference, Good, and the Intrinsic Reward of a Life“, in: *Elster/Hylland* (1986), 165–193.

Goldman, Alan H.: „Rawls's Original Position and the Difference Principle“, in: *Journal of Philosophy* 73 (1976), 845–849.

Goodman, Leo A.: „On Methods of Amalgamation“, in: *Thrall/Coombs/Davis* (1954), 39–48.

Gordon, Scott: „The New Contractarians“, in: *Journal of Political Economy* 84 (1976), 573–590.

Gottinger, Hans W. und Leinfellner, Werner (eds.): *Decision Theory and Social Ethics*, Dordrecht 1978.

Graaff, J. de V.: *Theoretical Welfare Economics*, Cambridge 1957.

Hammond, Peter J.: „A Note on Extreme Inequality Aversion“, in: *Journal of Economic Theory* 11 (1975), 465–467.

–: „Equity, Arrow's Conditions, and Rawls' Difference Principle“, in: *Econometrica* 44 (1976), 793–804.

–: „Equity in Two Person Situations: Some Consequences“, in: *Econometrica* 47 (1979), 1127–1135.
–: „Utilitarianism, Uncertainty and Information“, in: *Sen/Williams* (1982), 85–102.
–: „Ex-post Optimality as a Dynamically Consistent Objective for Collective Choice under Uncertainty“, in: *Pattanaik/Salles* (1983), 175–205.
Hampton, Jean: „Contracts and Choices: Does Rawls Have a Social Contract Theory?“, in: *Journal of Philosophy* 77 (1980), 315–338.
Hansson, Bengt: „The Independence Condition in the Theory of Social Choice“, in: *Theory and Decision* 4 (1973), 25–49.
Hare, R. M.: *The Language of Morals*, Oxford 1952.
–: „Rawls' Theory of Justice“, in: *Philosophical Quarterly* 23 (1973), 144–155 und 241–252; wiederabgedruckt in: *Daniels* (1975 b), 81–107.
–: „Ethical Theory and Utilitarianism“, in: H. D. Lewis (ed.): *Contemporary British Philosophy*, London 1976, 113–131.
–: *Moral Thinking*, New York 1981.
Harsanyi, John C.: „Cardinal Utility in Welfare Economics and in the Theory of Risk-Taking“, in: *Journal of Political Economy* 61 (1953), 434–435; wiederabgedruckt in: *Harsanyi* (1976 b), 3–5.
–: „Cardinal Welfare, Individualistic Ethics, and Interpersonal Comparisons of Utility“, in: *Journal of Political Economy* 63 (1955), 309–321; wiederabgedruckt in: *Harsanyi* (1976 b), 6–23.
–: „Ethics in Terms of Hypothetical Imperatives“, in: *Mind* 47 (1958), 305–316; wiederabgedruckt in: *Harsanyi* (1976 b), 24–36.
–: „Can the Maximin Principle Serve as a Basis for Morality? A Critique of John Rawls's Theory“, in: *American Political Science Review* 69 (1975), 594–606; wiederabgedruckt in: *Harsanyi* (1976 b), 37–63 („1975 a“).
–: „Nonlinear Social Welfare Functions: Do Welfare Economists Have a Special Exemption From Bayesian Rationality?“, in: *Theory and Decision* 6 (1975), 311–332; wiederabgedruckt in: *Harsanyi* (1976 b), 64–85 („1975 b“).
–: „Advances in Understanding Rational Behavior“, in: *Harsanyi* (1976 b), 89–117 („1976 a“).

–: *Essays on Ethics, Social Behavior, and Scientific Explanation*, Dordrecht 1976 („1976b").

–: „Morality and the Theory of Rational Behavior", in: *Social Research* 44 (1977), 623–656 („1977a").

–: „Nonlinear Social Welfare Functions: A Rejoinder to Professor Sen", in: *Butts/Hintikka* (1977), 293–296 („1977b").

–: *Rational Behavior and Bargaining Equilibrium in Games and Social Situations*, Cambridge 1977 („1977c").

–: „Rule Utilitarianism and Decision Theory", in: *Erkenntnis* 11 (1977), 25–53 („1977d").

–: „Bayesian Decision Theory and Utilitarian Ethics", in: *American Economic Review: Papers and Proceedings* 68 (1978), 223–228.

–: „Bayesian Decision Theory, Rule Utilitarianism, and Arrow's Impossibility Theorem", in: *Theory and Decision* 11 (1979), 289–317.

–: „Rule Utilitarianism, Rights, Obligations and the Theory of Rational Behavior", in: *Theory and Decision* 12 (1980), 115–133.

–: „Some Epistemological Advantages of a Rule Utilitarian Position in Ethics", in: *Midwest Studies in Philosophy* 7 (1982), 389–402.

Hart, H. L. A.: „Rawls on Liberty and Its Priority", in: *University of Chicago Law Review* 40 (1973), 534–555; wiederabgedruckt in: *Daniels* (1975b), 230–252.

Herstein, I. N. und Milnor, John: „An Axiomatic Approach to Measurable Utility", in: *Econometrica* 21 (1953), 291–297.

Hobbes, Thomas: *Leviathan* (1651), edited by A. D. Lindsay, London 1914.

Höffe, Otfried: „Kritische Einführung in Rawls' Theorie der Gerechtigkeit", in: *Höffe* (1977b), 11–40 („1977a").

– (Hg.): *Über John Rawls' Theorie der Gerechtigkeit*, Frankfurt a. M. 1977 („1977b").

Hoerster, Norbert: „John Rawls' Kohärenztheorie der Normenbegründung", in: *Höffe* (1977b), 57–76.

Hohm, Larry: „Formulating Rawls's Principles of Justice", in: *Theory and Decision* 15 (1983), 337–347.

Homann, Karl: „Types of Rationality versus Theory of Rationality", in: Peter Koslowski (ed.): *Economics and Philosophy*, Tübingen 1985, 141–156.

Hooker, C. A., Leach, J. J. und McClennen, E. F. (eds.): *Foun-*

dations and Applications of Decision Theory, vol. II, Dordrecht 1978.
Howe, Roger E. und Roemer, John E.: „Rawlsian Justice as the Core of a Game“, in: *American Economic Review* 71 (1981), 880–895.
Hubin, D. Clayton: „Minimizing Maximin“, in: *Philosophical Studies* 37 (1980), 363–372.
Jeffrey, Richard C.: „On Interpersonal Utility Theory“, in: *Journal of Philosophy* 68 (1971), 647–656.
Kalai, Ehud und Schmeidler, David: „Aggregation Procedure for Cardinal Preferences: A Formulation and Proof of Samuelson's Impossibility Conjecture“, in: *Econometrica* 45 (1977), 1431–1438.
Kaneko, Mamoru und Nakamura, Kenjiro: „The Nash Social Welfare Function“, in: *Econometrica* 47 (1979), 423–435.
Kant, Immanuel: *Grundlegung zur Metaphysik der Sitten* (1785), herausgegeben von Theodor Valentiner, Stuttgart 1978.
Kaplan, Morton A.: *Justice, Human Nature, and Political Obligation*, New York 1976.
Keat, Russell und Miller, David: „Understanding Justice“, in: *Political Theory* 2 (1974), 3–21.
Keeney, Ralph L. und Kirkwood, Craig W.: „Group Decision Making Using Cardinal Social Welfare Functions“, in: *Management Science* 22 (1975), 430–437.
Keeney, Ralph L. und Raiffa, Howard: *Decisions with Multiple Objectives*, New York 1976.
Kelly, Jerry S.: „The Impossibility of a Just Liberal“, in: *Economica* 43 (1976), 67–75.
–: *Arrow Impossibility Theorems*, New York 1978.
Kemp, Murray C. und Ng, Yew-Kwang: „On the Existence of Social Welfare Functions, Social Orderings and Social Decision Functions“, in: *Economica* 43 (1976), 59–66.
–: „More on Social Welfare Functions: The Incompatibility of Individualism and Ordinalism“, in: *Economica* 44 (1977), 89–90.
Kern, Lucian: „Comparative Distributive Ethics: An Extension of Sen's Examination of the Pure Distribution Problem“, in: *Gottinger/Leinfellner* (1978), 187–200.
–: *Neue Vertragstheorie*, Königstein 1980 („1980 a“).
–: „Zur axiomatischen Charakterisierung alternativer Vertragsprinzipien“, in: *Erkenntnis* 15 (1980), 1–31 („1980 b“).

Kötter, Rudolf: „Distributive Gerechtigkeit und Wohlfahrt – Zum Grundproblem einer utilitaristischen Ethik und Wohlfahrtsökonomie“, in: *Ökonomie und Gesellschaft* 2 (1984), 67–105.

Koller, Peter: „Die Konzeption des Überlegungs-Gleichgewichts als Methode der moralischen Rechtfertigung“, in: *Conceptus* 15 (1981), 129–142.

–: „Rawls' Differenzprinzip und seine Deutungen“, in: *Erkenntnis* 20 (1983), 1–25.

–: „Theorien des Sozialkontrakts als Rechtfertigungsmodelle politischer Institutionen“, in: Werner Krawietz et al. (Hg.): *Theorie der Normen*, Berlin 1984, 241–275.

Kolm, Serge-Christophe: *Justice et Equité*, Paris 1972.

Lambert, Peter und Weale, Albert: „Equality, Risk-Aversion and Contractarian Social Choice“, in: *Theory and Decision* 13 (1981), 109–127.

Leibenstein, Harvey: „Long-run Welfare Criteria“, in: Julius Margolis (ed.): *The Public Economy of Urban Communities*, Baltimore 1965, 39–51.

Lerner, Abba P.: *The Economics of Control*, New York 1944.

Levi, Isaac: „Four Types of Ignorance“, in: *Social Research* 44 (1977), 745–756.

Lie, Reidar K.: „An Examination and Critique of Harsanyi's Version of Utilitarianism“, in: *Theory and Decision* 21 (1986), 65–83.

Little, I. M. D.: „Social Choice and Individual Values“, in: *Journal of Political Economy* 60 (1952), 422–432.

–: *A Critique of Welfare Economics*, 2nd ed. Oxford 1957.

Luce, R. Duncan und Raiffa, Howard: *Games and Decisions*, New York 1957.

Lyons, David: „Nature and Soundness of the Contract and Coherence Arguments“, in: *Daniels* (1975 b), 141–167.

Mackay, Alfred F.: „Extended Sympathy and Interpersonal Utility Comparisons“, in: *Journal of Philosophy* 83 (1986), 305–322.

Malinvaud, E.: „Note on von Neumann-Morgenstern's Strong Independence Axiom“, in: *Econometrica* 20 (1952), 679.

Marschak, Jacob: „Rational Behavior, Uncertain Prospects, and Measurable Utility“, in: *Econometrica* 18 (1950), 111–141.

Maskin, Eric: „A Theorem on Utilitarianism“, in: *Review of Economic Studies* 45 (1978), 93–96.

–: „Decision-Making under Ignorance with Implications for Social Choice“, in: *Theory and Decision* 11 (1979), 319–337.
May, Kenneth O.: „A Set of Independent Necessary and Sufficient Conditions for Simple Majority Decision“, in: *Econometrica* 20 (1952), 680–684.
McClennen, E. F.: „Constitutional Choice: Rawls versus Harsanyi“, in: *Pitt* (1981), 93–109.
McDermott, M.: „Utility and Distribution“, in: *Mind* 91 (1982), 572–578.
Milnor, John: „Games Against Nature“, in: *Thrall/Coombs/Davis* (1954), 49–59.
Möller, Rudolf: *Interpersonelle Nutzenvergleiche*, Göttingen 1983.
Mueller, Dennis C.: *Public Choice*, Cambridge 1979.
Mueller, Dennis C., Tollison, Robert D. und Willett, Thomas D.: „The Utilitarian Contract: A Generalization of Rawls' Theory of Justice“, in: *Theory and Decision* 4 (1974), 345–367.
Musgrave, Richard A.: „Maximin, Uncertainty, and the Leisure Trade-Off“, in: *Quarterly Journal of Economics* 88 (1974), 625–632.
Myerson, Roger B.: „Utilitarianism, Egalitarianism, and the Timing Effect in Social Choice Problems“, in: *Econometrica* 49 (1981), 883–897.
Nagel, Thomas: „Rawls on Justice“, in: *Philosophical Review* 82 (1973), 220–234; wiederabgedruckt in: *Daniels* (1975 b), 1–16.
Nash, John F.: „The Bargaining Problem“, in: *Econometrica* 18 (1950), 155–162.
Neumann, John von und Morgenstern, Oskar: *Theory of Games and Economic Behavior*, 2nd ed. Princeton 1947.
Ng, Yew-Kwang: „Bentham or Bergson? Finite Sensibility, Utility Functions and Social Welfare Functions“, in: *Review of Economic Studies* 42 (1975), 545–569.
Nowell-Smith, P. H.: „A Theory of Justice?“, in: *Philosophy of the Social Sciences* 3 (1973), 315–329.
Nozick, Robert: *Anarchy, State, and Utopia*, Oxford 1974.
Nunan, Richard: „Harsanyi vs. Sen: Does Social Welfare Weigh Subjective Preferences?“, in: *Journal of Philosophy* 78 (1981), 586–600.
Parks, Robert P.: „An Impossibility Theorem for Fixed Prefer-

ences: A Dictatorial Bergson-Samuelson Welfare Function“, in: *Review of Economic Studies* 43 (1976), 447–450.

Pattanaik, Prasanta K.: „Risk, Impersonality, and the Social Welfare Function“, in: *Journal of Political Economy* 76 (1968), 1152–1169.

–: *Voting and Collective Choice*, Cambridge 1971.

Pattanaik, Prasanta K. und Salles, Maurice (eds.): *Social Choice and Welfare*, Amsterdam 1983.

Pazner, Elisha A.: „Pitfalls in the Theory of Fairness“, in: *Journal of Economic Theory* 14 (1977), 458–466.

Pazner, Elisha A. und Schmeidler, David: „A Difficulty in the Concept of Fairness“, in: *Review of Economic Studies* 41 (1974), 441–443.

Pence, G. E.: „Fair Contracts and Beautiful Intuitions“, in: *Canadian Journal of Philosophy: Supplementary Volume* III (1977), 137–152.

Phelps, Edmund S.: „Recent Developments in Welfare Economics: Justice et Équité“, in: Michael D. Intriligator (ed.): *Frontiers of Quantitative Economics, vol. III*, Amsterdam 1977, 703–730.

Pitt, Joseph C. (ed.): *Philosophy in Economics*, Dordrecht 1981.

Plott, Charles R.: „Rawls's Theory of Justice: An Impossibility Result“, in: *Gottinger/Leinfellner* (1978), 201–214.

Pollak, Robert A.: „Bergson-Samuelson Social Welfare Functions and the Theory of Social Choice“, in: *Quarterly Journal of Economics* 93 (1979), 73–90.

Rae, Douglas: „Maximin Justice and an Alternative Principle of General Advantage“, in: *American Political Science Review* 69 (1975), 630–647.

Raphael, D. D.: „Critical Notice: ‚A Theory of Justice‘ by John Rawls“, in: *Mind* 83 (1974), 118–127.

Rawls, John: „Outline of a Decision Procedure for Ethics“, in: *Philosophical Review* 60 (1951), 177–197.

–: *A Theory of Justice*, Oxford 1972.

–: „Reply to Alexander and Musgrave“, in: *Quarterly Journal of Economics* 88 (1974), 633–655 („1974 a“).

–: „Some Reasons for the Maximin Criterion“, in: *American Economic Review: Papers and Proceedings* 64 (1974), 141–146 („1974 b“).

–: „The Independence of Moral Theory“, in: *Proceedings and*

Addresses of the American Philosophical Association 48 (1974), 5–22 („1974 c").
–: „The Basic Structure as Subject", in: Alvin I. Goldman und Jaegwon Kim (eds.): *Values and Morals*, Dordrecht 1978, 47–71.
–: „Kantian Constructivism in Moral Theory", in: *Journal of Philosophy* 77 (1980), 515–572.
–: „Social Unity and Primary Goods", in: *Sen/Williams* (1982), 159–185 („1982 a").
–: „The Basic Liberties and Their Priority", in: Sterling M. McMurrin (ed.): *The Tanner Lectures on Human Values III*, Salt Lake City 1982, 1–87 („1982 b").
–: „Justice as Fairness: Political not Metaphysical", in: *Philosophy and Public Affairs* 14 (1985), 223–251.
Resnik, Michael D.: „A Restriction on a Theorem of Harsanyi", in: *Theory and Decision* 15 (1983), 309–320.
–: „Impartial Welfarism and the Concept of a Person", in: *Erkenntnis* 25 (1986), 47–60.
Robbins, Lionel: *An Essay on the Nature and Significance of Economic Science*, 2nd ed. London 1935.
–: „Interpersonal Comparisons of Utility: A Comment", in: *Economic Journal* 48 (1938), 635–641.
Roberts, Kevin W. S.: „Interpersonal Comparability and Social Choice Theory", in: *Review of Economic Studies* 47 (1980), 421–439 („1980 a").
–: „Possibility Theorems with Interpersonally Comparable Welfare Levels", in: *Review of Economic Studies* 47 (1980), 409–420 („1980 b").
–: „Social Choice Theory: The Single-profile and Multi-profile Approaches", in: *Review of Economic Studies* 47 (1980), 441–450 („1980 c").
Rothenberg, Jerome: *The Measurement of Social Welfare*, Englewood Cliffs 1961.
Rothkirch, Christoph von: „Axiomatic Definition and Comparison of Three Aggregation Rules in Cardinal Social Choice Theory", in: *Statistische Hefte* 19 (1978), 25–44.
–: *Rationales Handeln im öffentlichen Interesse*, Frankfurt a. M. 1981.
Samuelson, Paul A.: *Foundations of Economic Analysis*, Cambridge 1947.

–: „Probability, Utility, and the Independence Axiom“, in: *Econometrica* 20 (1952), 670–678.
–: „A. P. Lerner at Sixty“, in: *Review of Economic Studies* 31 (1964), 169–178.
–: „1965 Postscript“, in: Joseph E. Stiglitz (ed.): *The Collected Scientific Papers of Paul A. Samuelson, vol. I*, Cambridge 1966, 124–126.
–: „Arrow's Mathematical Politics“, in: Sidney Hook (ed.): *Human Values and Economic Policy*, New York 1967, 41–51.
–: „Complementarity. An Essay on the 40th Anniversary of the Hicks-Allen Revolution in Demand Theory“, in: *Journal of Economic Literature* 12 (1974), 1255–1289.
–: „Reaffirming the Existence of ‚Reasonable‘ Bergson-Samuelson Social Welfare Functions“, in: *Economica* 44 (1977), 81–88.
–: „Bergsonian Welfare Economics“, in: Steven Rosefielde (ed.): *Economic Welfare and the Economics of Soviet Socialism*, Cambridge 1981, 223–266.
Saposnik, Rubin: „Rank-Dominance in Income Distributions“, in: *Public Choice* 36 (1981), 147–151.
–: „On Evaluating Income Distributions: Rank Dominance, the Suppes-Sen Grading Principle of Justice, and Pareto Optimality“, in: *Public Choice* 40 (1983), 329–336.
Savage, Leonard J.: *The Foundations of Statistics*, New York 1954.
Scanlon, T. M.: „Rawls' Theory of Justice“, in: *Daniels* (1975 b), 169–205.
Schaefer, David Lewis: „A Critique of Rawls' Contract Doctrine“, in: *Review of Metaphysics* 28 (1974), 89–115.
Schmidt, Johannes: „‚Original Position‘ und reflektives Gleichgewicht“, in: Lucian Kern und Hans-Peter Müller (Hg.): *Gerechtigkeit, Diskurs oder Markt?*, Opladen 1986, 45–64.
–: „Maximin und Rawls' Prinzipien“, in: *Grazer Philosophische Studien* 29 (1987), 101–127.
Selinger, Stephen: „Harsanyi's Aggregation Theorem Without Selfish Preferences“, in: *Theory and Decision* 20 (1986), 53–62.
Sen, Amartya: „Planners' Preferences: Optimality, Distribution and Social Welfare“, in: J. Margolis und H. Guitton (eds.): *Public Economics*, London 1969, 201–221.
–: *Collective Choice and Social Welfare*, San Francisco 1970 („1970 a“).

–: „The Impossibility of a Paretian Liberal“, in: *Journal of Political Economy* 78 (1970), 152–157 („1970 b“).
–: *On Economic Inequality*, Oxford 1973.
–: „Informational Bases of Alternative Welfare Approaches; Aggregation and Income Distribution“, in: *Journal of Public Economics* 3 (1974), 387–403 („1974 a“).
–: „Rawls versus Bentham: An Axiomatic Examination of the Pure Distribution Problem“, in: *Theory and Decision* 4 (1974), 301–309; wiederabgedruckt in: *Daniels* (1975 b), 283–292 („1974 b“).
–: „Liberty, Unanimity and Rights“, in: *Economica* 43 (1976), 217–245 („1976 a“).
–: „Welfare Inequalities and Rawlsian Axiomatics“, in: *Theory and Decision* 7 (1976), 243–262 („1976 b“).
–: „Non-Linear Social Welfare Functions: A Reply to Prof. Harsanyi“, in: *Butts/Hintikka* (1977), 297–302 („1977 a“).
–: „On Weights and Measures: Informational Constraints in Social Welfare Analysis“, in: *Econometrica* 45 (1977), 1539–1572 („1977 b“).
–: „Social Choice Theory: A Re-examination“, in: *Econometrica* 45 (1977), 53–89 („1977 c“).
–: „Informational Analysis of Moral Principles“, in: Ross Harrison (ed.): *Rational Action*, Cambridge 1979, 115–132 („1979 a“).
–: „Interpersonal Comparisons of Welfare“, in: Michael J. Boskin (ed.): *Economics and Human Welfare*, New York 1979, 183–201 („1979 b“).
–: „Personal Utilities and Public Judgements: Or What's Wrong With Welfare Economics?“, in: *Economic Journal* 89 (1979), 537–558 („1979 c“).
–: „Utilitarianism and Welfarism“, in: *Journal of Philosophy* 76 (1979), 463–489 („1979 d“).
–: „Equality of What?“, in: Sterling M. McMurrin (ed.): *The Tanner Lectures on Human Values I*, Salt Lake City 1980, 195–220.
–: „Liberty and Social Choice“, in: *Journal of Philosophy* 80 (1983), 5–28.
–: „Rationality and Uncertainty“, in: *Theory and Decision* 18 (1985), 109–127 („1985 a“).
–: „Well-being, Agency and Freedom“, in: *Journal of Philosophy* 82 (1985), 169–221 („1985 b“).

–: „Social Choice Theory", in: Kenneth J. Arrow und Michael D. Intriligator (eds.): *Handbook of Mathematical Economics, vol. III*, Amsterdam 1986, 1073–1181.

Sen, Amartya und Williams, Bernard (eds.): *Utilitarianism and Beyond*, Cambridge 1982.

Shue, Henry: „Liberty and Self-Respect", in: *Ethics* 85 (1975), 195–203.

Singer, Peter: „Sidgwick and Reflective Equilibrium", in: *Monist* 58 (1974), 490–517.

Smith, Adam: *The Theory of Moral Sentiments* (1759), edited by D. D. Raphael and A. L. Macfie, Oxford 1976.

Sowden, Lanning: „Rule Utilitarianism, Rational Decision and Obligations", in: *Theory and Decision* 17 (1984), 177–192.

Stefanik, Richard J.: „Harsanyi's Critical Rule Utilitarianism", in: *Theory and Decision* 13 (1981), 71–80.

Strasnick, Steven: „Social Choice and the Derivation of Rawls's Difference Principle", in: *Journal of Philosophy* 73 (1976), 85–99 („1976 a").

–: „The Problem of Social Choice: Arrow to Rawls", in: *Philosophy and Public Affairs* 5 (1976), 241–273 („1976 b").

–: „Ordinality and the Spirit of the Justified Dictator", in: *Social Research* 44 (1977), 668–690.

–: „Extended Sympathy Comparisons and the Basis of Social Choice", in: *Theory and Decision* 10 (1979), 311–328 („1979 a").

–: „Moral Structures and Axiomatic Theory", in: *Theory and Decision* 11 (1979), 195–206 („1979 b").

–: „Neo-Utilitarian Ethics and the Ordinal Representation Assumption", in: *Pitt* (1981), 63–92.

Sugden, Robert und Weale, Albert: „A Contractual Reformulation of Certain Aspects of Welfare Economics", in: *Economica* 46 (1979), 111–123.

Suppes, Patrick: „Some Formal Models of Grading Principles", in: *Synthese* 16 (1966), 284–306.

Suzumura, Kotaro: *Rational Choice, Collective Decisions and Social Welfare*, Cambridge 1983 („1983 a").

–: „Resolving Conflicting Views of Justice in Social Choice", in: *Pattanaik/Salles* (1983), 125–149 („1983 b").

Theil, H.: *Optimal Decision Rules for Government and Industry*, Amsterdam 1964.

Thrall, R. M., Coombs, C. H. und Davis, R. L. (eds.): *Decision Processes*, New York 1954.

Tinbergen, Jan: „Welfare Economics and Income Distribution“, in: *American Economic Review: Papers and Proceedings* 47 (1957), 490–503.

Varian, Hal R.: „Equity, Envy, and Efficiency“, in: *Journal of Economic Theory* 9 (1974), 63–91.

Vickrey, William: „Measuring Marginal Utility by Reactions to Risk“, in: *Econometrica* 13 (1945), 319–333.

–: „Utility, Strategy, and Social Decision Rules“, in: *Quarterly Journal of Economics* 74 (1960), 507–535.

Wagner, R. Harrison: „Impartiality and Equity“, in: *Theory and Decision* 12 (1980), 61–74.

Waldner, Ilmar: „The Empirical Meaningfulness of Interpersonal Utility Comparisons“, in: *Journal of Philosophy* 69 (1972), 87–103.

Weirich, Paul: „Utility Tempered with Equality“, in: *Noûs* 17 (1983), 423–439.

–: „Interpersonal Utility in Principles of Social Choice“, in: *Erkenntnis* 21 (1984), 295–317.

Wittman, Donald: „A Diagrammatic Exposition of Justice“, in: *Theory and Decision* 11 (1979), 207–237.

–: „The Geometry of Justice: Three Existence and Uniqueness Theorems“, in: *Theory and Decision* 16 (1984), 239–250.

Wolff, Robert Paul: „On Strasnick's ‚Derivation' of Rawls's ‚Difference Principle'“, in: *Journal of Philosophy* 73 (1976), 849–858.

–: *Understanding Rawls*, Princeton 1977.

Yaari, Menahem E.: „Rawls, Edgeworth, Shapley, Nash: Theories of Distributive Justice Re-examined“, in: *Journal of Economic Theory* 24 (1981), 1–39.

Verzeichnis der Definitionen und Theoreme

Die folgende Liste der hier diskutierten Konzepte und Ergebnisse gibt in Klammern nach den jeweils relevanten Autoren die entsprechenden Seitenzahlen dieser Studie an.

Definition 1 (Sen, 38):
Eine CCR ist eine funktionale Beziehung f, die jedem n-Tupel individueller Präferenzordnungen (R_1, ..., R_n) genau eine gesellschaftliche Präferenzrelation R zuordnet: $R = f(R_1, ..., R_n)$.

Definition 2 (Arrow, 39):
Eine SWF ist eine funktionale Beziehung f, die jedem n-Tupel individueller Präferenzordnungen (R_1, ..., R_n) genau eine gesellschaftliche Präferenzordnung R zuordnet: $R = f(R_1, ..., R_n)$.

Definition 3 (81):
Ein CCFL ist eine funktionale Beziehung F, die jedem n-Tupel individueller Nutzenfunktionen (U_1, ..., U_n) genau eine gesellschaftliche Präferenzrelation R zuordnet: $R = F(U_1, ..., U_n)$.

Definition 4 (Sen, 81):
Ein SWFL ist eine funktionale Beziehung F, die jedem n-Tupel individueller Nutzenfunktionen (U_1, ..., U_n) genau eine gesellschaftliche Präferenzordnung R zuordnet: $R = F(U_1, ..., U_n)$.

Definition 5 (Hammond, 251):
Eine GSWF ist eine funktionale Beziehung g, die jeder erweiterten Präferenzordnung $\tilde{R}$ (über X×N) genau eine gesellschaftliche Präferenzordnung R (über X) zuordnet: $R = g(\tilde{R})$.

Theorem 1 (Arrow, 42):
Es gibt keine SWF, die die Axiome U, I, P und D erfüllt.

Theorem 2 (Sen, 51):
Die erweiterte Pareto-Regel ist die einzige CCR, die die Axiome U, I, P*, A und Q erfüllt.

Theorem 3 (Parks, 65):
Es existiert keine swf, die die Axiome (U), (SN), P und (D) erfüllt.

Theorem 4 (Pollak, 67):
Die erweiterte Pareto-Regel ist die einzige (CCR), die die Axiome (U), P*, (A) und (Q) erfüllt.

Theorem 5 (Sen, 87):
Es gibt kein SWFL, das die Axiome U, I, P, D und CN erfüllt.

Theorem 6 (Sen, 87):
Die erweiterte Pareto-Regel ist das einzige CCFL, das die Axiome U, I, P*, A, Q und CN erfüllt.

Theorem 7 (92 f.):
(1) Es gibt Soziale Wohlfahrtsfunktionale, die die Axiome U, I, P, D und CF erfüllen. (2) Die erweiterte Pareto-Regel ist nicht das einzige kollektive Auswahlfunktional, das die Axiome U, I, P*, A, Q und CF erfüllt.

Theorem 8 (Fleming, 106):
Erfüllt eine ordinale swf W* für ein gegebenes Profil ordinaler Nutzenfunktionen (U_1^*, ..., U_n^*) die Axiome P* und (SE), so existieren eine kardinale swf W und kardinale Nutzenfunktionen (U_1, ..., U_n), die die folgende Eigenschaft besitzen:

$$\forall x \in X: W(x) = \sum_{i=1}^{n} U_i(x).$$

Theorem 9 (Herstein und Milnor, 124):
Erfüllen die Präferenzen eines Individuums i die Axiome I, II und III, so läßt sich über der Menge X* eine kardinale Nutzenfunktion U_i definieren, die die Präferenzordnung dieses Individuums repräsentiert und die folgende Eigenschaft besitzt:

$$\forall x^* \in X^*: U_i(x^*) = U_i(x, p_1; y, p_2; ...; w, p_m)$$
$$= p_1 \cdot U_i(x) + p_2 \cdot U_i(y) + ... + p_m \cdot U_i(w).$$

Theorem 9' (127):
Erfüllen die Präferenzen des gesellschaftlichen Planers die Axiome I', II' und III', so läßt sich über der Menge X* eine kardinale swf W definieren, die die gesellschaftliche Präferenzordnung repräsentiert und die folgende Eigenschaft besitzt:

$$\forall x^* \in X^*: W(x^*) = W(x, p_1; y, p_2; ...; w, p_m)$$
$$= p_1 \cdot W(x) + p_2 \cdot W(y) + ... + p_m \cdot W(w).$$

Theorem 10 (Harsanyi, 129):
Erfüllt eine vNM-swf W für ein gegebenes Profil individueller vNM-Nutzenfunktionen (U_1, ..., U_n) das Postulat c, dann existieren n reelle Zahlen a_i (i = 1, ..., n), so daß für alle $x* \in X*$ gilt:

$$W(x*) = \sum_{i=1}^{n} a_i \cdot U_i\,(x*).$$

Theorem 10′ (Fishburn, 133):
Erfüllt eine vNM-swf W für ein gegebenes Profil individueller vNM-Nutzenfunktionen (U_1, ..., U_n) das Postulat d, dann existieren unter den Annahmen (1) und (2) n strikt positive reelle Zahlen a_i (i = 1, ..., n), so daß für alle $x* \in X*$ gilt:

$$W(x*) = \sum_{i=1}^{n} a_i \cdot U_i(x*).$$

Theorem 11 (Sen, 265):
Ein SWFL genügt der Bedingung SN genau dann, wenn es die Axiome U, I und P^0 erfüllt.

Theorem 12 (Hammond, 274):
Das Leximin–Prinzip ist das einzige SWFL, das die Axiome U, I, P*, S^0, E und CF erfüllt.

Theorem 12′ (d'Aspremont und Gevers, 275):
Das Leximin–Prinzip ist das einzige SWFL, das die Axiome U, I, P*, A, E und CF erfüllt.

Theorem 13 (d'Aspremont und Gevers, 280):
Erfüllt ein SWFL die Axiome U, I, P*, A, SE und OL, so genügt es entweder der Bedingung E oder der Bedingung IN.

Theorem 14 (d'Aspremont und Gevers, 281):
Das Leximin–Prinzip ist das einzige SWFL, das die Axiome U, I, P*, A, SE, ME und OL erfüllt.

Theorem 15 (Roberts, 284):
Wenn ein SWFL die Axiome U, I, P, A und OL erfüllt, dann existiert eine Rangziffer $r \in N$, so daß für alle Alternativenpaare $x, y \in X$ gilt: $U_{r(x)}(x) > U_{r(y)}(y) \rightarrow xPy$.

Theorem 16 (Roberts, 289):
Wenn ein SWFL die Axiome U, I, P und CU erfüllt, dann existieren n nicht-negative reelle Zahlen a_i mit
$\sum_{i=1}^{n} a_i = 1$, so daß für alle x, y ∈ X gilt:

$$\sum_{i=1}^{n} a_i \cdot U_i(x) > \sum_{i=1}^{n} a_i \cdot U_i(y) \rightarrow xPy.$$

Theorem 16' (Roberts, 292):
Erfüllt ein SWFL die Axiome U, I, P, A und CU, so gilt für alle x, y ∈ X:

$$\sum_{i=1}^{n} U_i(x) > \sum_{i=1}^{n} U_i(y) \rightarrow xPy.$$

Theorem 17 (d'Aspremont und Gevers, 293):
Das utilitaristische Prinzip ist das einzige SWFL, das die Axiome U, I, P*, A und CU erfüllt.

Theorem 18 (Deschamps und Gevers, 296):
Erfüllt ein SWFL die Axiome U, I, P^0, UE und CF, so gehört es zur Klasse der utilitaristischen Regeln.

Theorem 19 (Maskin, 299):
Das utilitaristische Prinzip ist das einzige SWFL, das die Axiome U, I, P*, A, SE, C und CF erfüllt.

Theorem 20 (Deschamps und Gevers, 302):
Erfüllt ein SWFL die Axiome U, I, P*, A, SE und CF, so genügt es entweder der Bedingung E oder der Bedingung IN oder der Bedingung UE.

Theorem 21 (Deschamps und Gevers, 305):
Erfüllt ein SWFL die Axiome U, I, P*, A, SE, ME und CF, so ist es entweder das Leximin–Prinzip oder eine utilitaristische Regel.

Theorem 22 (Roberts, 312):
Wenn ein SWFL die Axiome U^+, I, P, A, SE und RF erfüllt, dann existiert eine reelle Zahl ε, so daß für alle x, y ∈ X gilt:

$$\sum_{i=1}^{n} \frac{[U_i(x)]^{1-\varepsilon}}{1-\varepsilon} > \sum_{i=1}^{n} \frac{[U_i(y)]^{1-\varepsilon}}{1-\varepsilon} \rightarrow xPy.$$

Personenregister

Sachregister

Alber-*Reihe*
Rechts- und Sozialwissenschaft

Michael Baurmann und Hartmut Kliemt (Hg.):
Die moderne Gesellschaft im Rechtsstaat
Beiträge von Karl Graf Ballestrem, Michael Baurmann, Werner Becker, Ernesto Garzón Valdés, Hartmut Kliemt, Lothar Kuhlen und Erhard Meinel
1990. 222 Seiten. Gebunden. ISBN 3-495-47685-7

Ernesto Garzón Valdés:
Die Stabilität politischer Systeme
Analyse des Begriffs mit Fallbeispielen aus Lateinamerika
1988. 206 Seiten. Gebunden. ISBN 3-495-47660-1

Frank Rotter:
Bürokratisches und künstlerisches Handeln
Eine Studie zur Kultursoziologie
1988. 148 Seiten. Gebunden. ISBN 3-495-47667-9

Johannes Schmidt:
Gerechtigkeit, Wohlfahrt und Rationalität
Axiomatische und entscheidungstheoretische Fundierungen von Verteilungsprinzipien
1991. 344 Seiten. Gebunden. ISBN 3-495-47709-8

Ruth Zimmerling:
Externe Einflüsse auf die Integration von Staaten
Zur politikwissenschaftlichen Theorie regionaler Zusammenschlüsse
1991. 272 Seiten. Gebunden. ISBN 3-495-47710-1